失われた聖櫃《アーク》

LOST SECRETS OF THE SACRED ARK

謎の潜在パワー

ローレンス・ガードナー

楡井浩一 監訳

清流出版

「エゼキエルの幻《ヴィジョン》——ケルビムと天空の王座」
ピーター・ロブソン卿作(2001年)

「エリコの城壁に沿って契約の櫃を運ぶイスラエルの民」
ジャック・J・ティソ(1836〜1902)作

「シナイで黄金の仔牛を礼拝するイスラエルの民」
ジャック・J・ティソ(1836〜1902)作

セラビト・エル・カディムにあるハトホル山岳神殿の遺跡

セラビト・エル・カディムにある神殿のホレブ山洞窟入口

「不死鳥《フェニックス》の復活」
ピーター・ロブソン卿作(2001年)

「アルマゲドンの戦いに臨むトトメス三世」
H・M・ハーゲット作(1940年)

「イエスの洗礼」アート・ド・ゲルダ(1645～1727)作
(ルネッサンス美術における飛行物体の例)

二匹の蛇が巻きついたヘルメスの
〝カドゥケウスの杖〟が、錬金術のシンボリズム
では月と太陽のエネルギーを表わす

「アシュドッドの災厄」——ペリシテ人と契約の櫃
ニコラ・プッサン作(1630年)

ツタンカーメンのエジプト厨子《ちゅうし》(Ark)
アヌビスが王の棺を守っている

ツタンカーメンの〝金色の聖堂〟に描かれた、
翼を持つケルビム

「ソロモン王と青銅の容器」
ジャック・J・ティソ（1836〜1902）作

「エルサレム神殿の地下にある貯水池、〝バール・エル・カベエル〟」
ウィリアム・シンプソン作（1870年）

シャルトル大聖堂の迷路模様

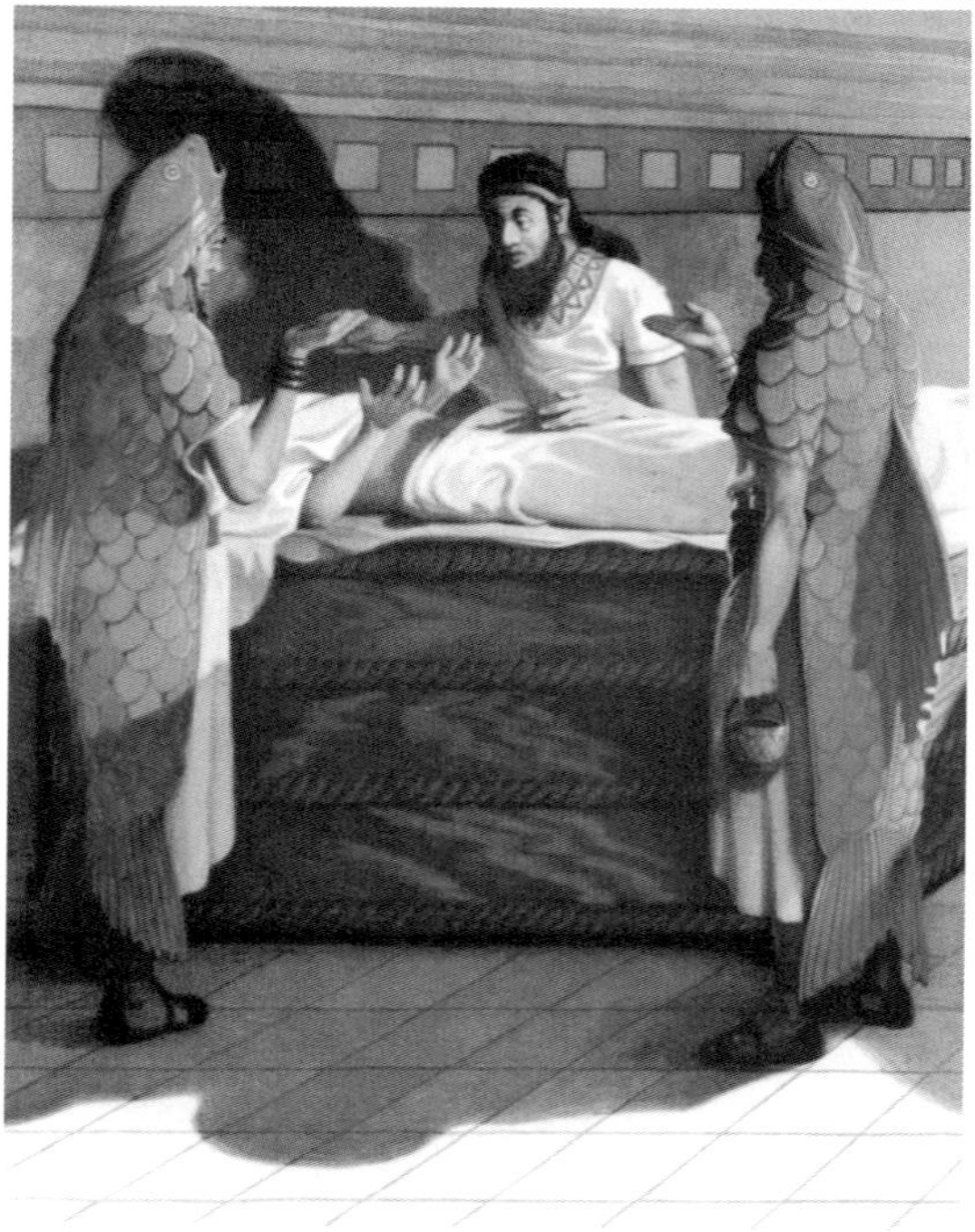

「魚の衣裳をまとった、メソポタミアのアプカル治療者たち」
H・M・ハーゲット作(1940年)

デンデラ、ハトホル神殿の不可思議なレリーフ

アッシュールナジルパル二世のニムルド宮殿に描かれた、
アッシリアのアプカル(松かさを持つ精霊)と王(紀元前870年ごろ)

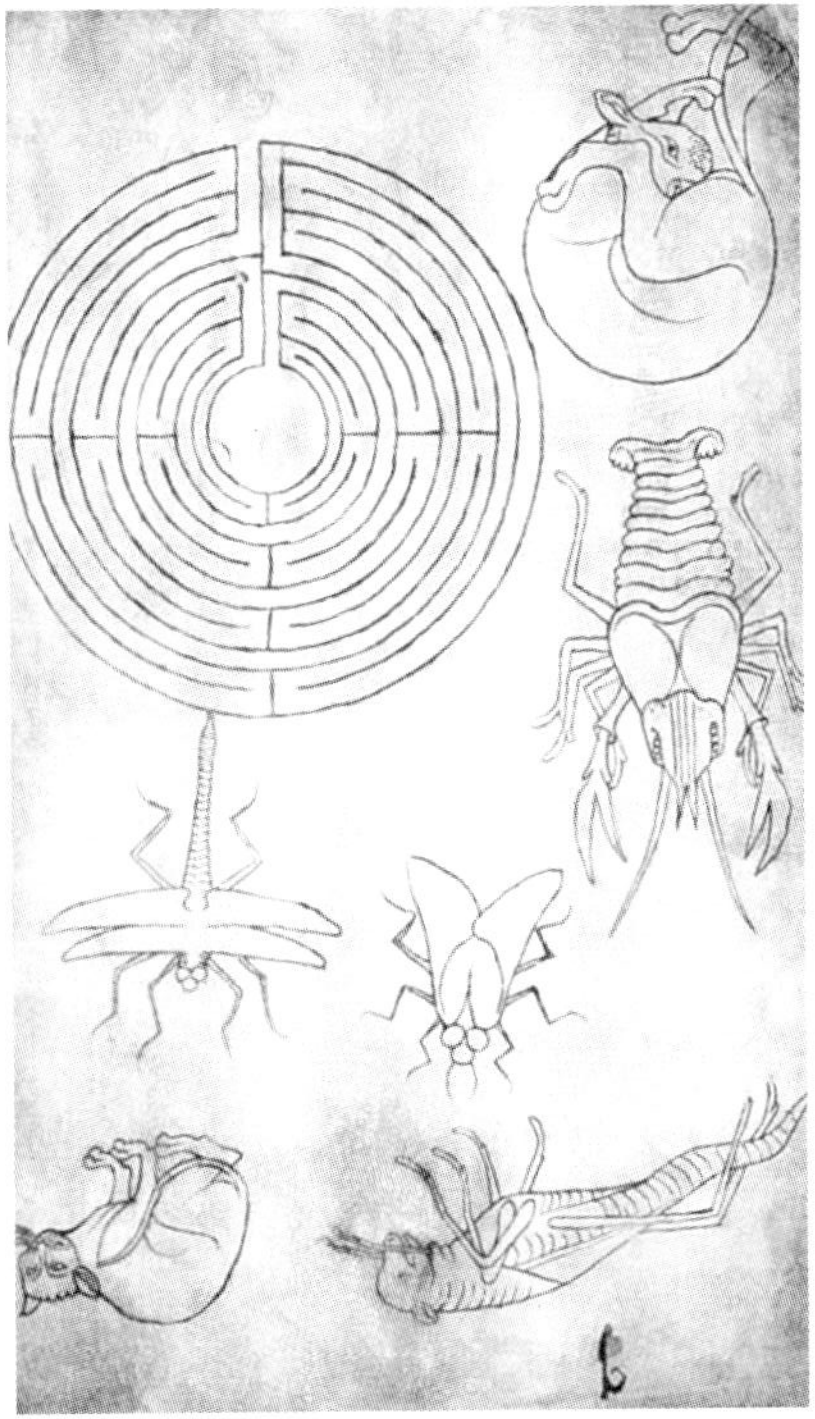

二世紀のギリシア文献からヴィラール・ドオンクールが模写し、シャルトルの迷路模様になった意匠

「黄金の王家の天命」ピーター・ロブソン卿作(2002年)

HIC AMITTITUR

「水辺の高貴な婦人」(プロヴァンスに上陸するマグダラのマリアの図)
アンドルー・ジョーンズ作(2001年)

「王立協会」ジョン・エヴェリン作(1667年)。チャールズ二世の胸像、
ブランカー子爵、フランシス・ベーコン卿に加え、
薔薇十字団『友愛団の名声』に登場する〝名声の天使〟が描かれている

フリーメーソンの表象である、
契約の櫃が中央に置かれたロイヤル・アーチの図
ローレンス・ダーモット作(1783年)

「ジャック・ド・モレーの処刑」1314年３月18日、パリ

「パリ支部に集うテンプル騎士団・1147年４月22日」
フランソワ＝マリウス・グラネ作（1844年）
ヴェルサイユ宮殿所蔵

失われた聖櫃《アーク》

目次

謎の潜在パワー

謝辞――5
序文――8

第一部

第一章　黄金の王家　12
第二章　楽園の石　29
第三章　光と完全　44
第四章　エジプト脱出　62
第五章　契約の櫃（はこ）　86
第六章　黄金の力　109

第二部

第七章　エレクトリカス　130
第八章　光の軌道　148
第九章　ソロモン王の秘密　168
第十章　闇の中へ　189

第三部

第十一章　平行次元　210
第十二章　量子の法則　231
第十三章　荒野の炎　248
第十四章　デスポシニ　262

第四部

第十五章　ヘルメス哲学のルネッサンス　288
第十六章　秘匿文書　306
第十七章　よみがえる不死鳥　321
第十八章　安住の地　344

付録一　墓の謎――364
付録二　出エジプト――366
付録三　売りに出る金――368
付録四　アメンエムオペトと箴言――371
付録五　消失点に向かって――373
付録六　テセウスとミノタウロス――379

装丁・本文設計――西山孝司
編集協力――久保匡司
翻訳協力――山岡万里子
勝俣孝美
宮脇貴栄
森直美

謝辞

本書執筆の調査を進めるにあたって、数多くの公文書保管人、図書館司書、博物館学芸員の方々に、ひとかたならず助けていただいた。特に大英図書館、大英博物館、フランス国立図書館、ボルドー図書館、ルーブル美術館、シカゴ大学東洋研究所博物館、オックスフォード・アシュモール博物館、ロンドン・ヴァールブルク研究所、ダブリン・王立アイルランドアカデミー、国立スコットランド図書館、バーミンガム中央図書館、デヴォン州図書館の皆さんに感謝申し上げる。

各種専門分野・科学分野については、ワールドゴールドカウンシル、プラチナ金属会議、霊魂の科学財団、アルゴンヌ国立研究所、米国物理学会、パトリック財団、エジプト調査協会の関係各位より、直接・間接の支援をいただいたことに感謝したい。こと専門分野に関しては特に、物理学者ダニエル・シュエル・ウォード博士の寛大なお力添えに感謝申し上げる。

スチュアート王家と〝聖アントニウスのテンプル騎士団〟についての、王室・騎士団関連文書を閲覧する恩典を与えてくださった、オルバニー公マイケル殿下に感謝申し上げる。加えて、本研究の達成に惜しみない助力を注いでくれた妻のアンジェラと、いつも励ましてくれた息子のジェームズにも感謝を捧げる。それから、本書を出版に至るまで見守ってくれた、代理人のアンドルー・ロウニー、海外著作権代理人のスカーレット・ナン、編集者のマシュー・コーリー、そしてエレメントとハーパーコリンズの皆さんに、深くお礼を申し上げる。ピーター・ロブソン卿の、美術担当者としての貴重な貢献――特に、本書のために〝黄金の王家の運命〟を制作してくれたこと――に、そして同じく、画家アンドルー・ジョーンズの情熱的なコラボレーションに、厚く感謝申し上げる。

さまざまな形でこの道のりを導いてくれた、多くの友人たちにも謝意を表したい――特に、デイヴィッド・ロイ・スチュアート士爵、ジャック・ロバートソン士爵、デイヴィッド・カスバート・ストーカー、サンドラ・ハンブレット、トニー・スキエンス、ジャズ・コールマン、ショーン・ペティグリュー、〝サトル・エナジー〟のバリー・カーター、ウエセックス・リサーチ・グループのナイジェル・ブレア、ゴールデン・エイジ・プロジェクトのエドマンド・マリッジに。

国際的に、わたしの研究を惜しみなく支援してくれた方々に、特に感謝したい。キーウィズ・グラフィックスのカレン・ライスター。ピーター・ロブソン・スタジオのエレノア・ロブソンとスティーヴ・ロブソン。〝ネクサス〟のダンカン・ローズ、ルース・パーネル、マーカス&ロビン・アレン、ジェフリー・ウィリアムズ、トム・ボスコ。《エラ》のアドリアーノ・フォルジョーネ。J・Z・ナイトと〝ラムサの覚醒の学校〟の皆さん。それから、〝金の糸〟のクリスティナ・ゾース。エントロピック・ファインアートのナンシー&マイク・シムズ。ウルフ・ロッジ財団のローラ・リー、ホイットリー&アン・ストリーバー、ナンシー・リー、ロバート・ゴースト・ウルフ博士&ショシャンナ。そしてニューサイエンス国際協会の皆さんに。
最後に、わたしの研究を支持し、励ましてくださった読者の皆さん——特に、かくもさまざまな示唆に満ちた論評や情報を送ってくださった皆さんに、深く感謝申し上げる。

ローレンス・ガードナー

序文

前世紀をとおして、特にアルバート・アインシュタインの時代以降、科学者たちは、現代物理学の〝聖杯〟、すなわち彼らが「万物統一理論」と位置づけるものを探し求めてきた。その結果、驚くべき発見やまったく新しい言語の出現がもたらされた。超弦《スーパーストリング》、クォーク、超伝導、そしてわれわれの慣れ親しんだ時空を超越する、未知なる存在次元の認識などだ。

量子力学の分野では、物質が同時にふたつの場所に存在しうるということが最近立証された。今では、〝量子のからみあい〟を通して、何百万光年も離れた分子同士が、物理的接触なしに結合できることが確認されている。時空の操作が可能になり、瞬間移送《テレポーテーション》が現実のものとなり、耐重力の素材が空中輸送でもてはやされ、仮想科学によって高次元環境への理解が深まった。

拙著『聖杯王たちの創世記（Genesis of the Grail Kings）』（仮題／小社より刊行予定）で単原子金・プラチナの性質について論じたとき、これら貴金属の秘めた力が、化石燃料に代わる、環境に優しい燃料電池として、輸送その他の実用目的に使われる日も近いだろう、と述べた。同時に、将来的には医療分野、特にがん治療の分野で活用される可能性にも触れた。さらには、これら〝新奇物質《エキゾチック》〟の反重力的性質や、超伝導を起こしたり、文字通り時空を歪める力についても考察した。簡単な予告にとどめたにもかかわらず、それらのくだりは、拙著に記した他のどの分野にも増して読者の興味を掻き立て、メディアからの取材依頼をもたらした。その結果このテーマに絞って、ここに一冊の本が書かれる運びとなった。

高スピン金およびプラチナ族金属の謎の白い粉末にまつわる、真に驚くべき事実とは、これが実は〝新発見〟ではないという点だ。古代メソポタミア人はこの粉を〝シェム＝アン＝ナ〟と呼び、エジプト人は〝ｍｆｋｚｔ〟と記した。アレクサンドリア学派の者たちやニコラ・フラメルなど後世の化学者たちは、これを〝楽園〟からの贈り物として尊び、〝賢者の石〟と名づけた。この聖なる「投入の粉末」は、その歴史のすべての段階において、浮揚、変性、瞬間移送という驚くべき力を持っていると考えられてきた。目もくらむほどの光と、死に至らしめる光線を放つかと思えば、肉体的に効果のある長寿への鍵でもあったという。現代の世界では、オースティン先端研究所がこの物質を「新奇物質《エキゾチック》」と呼んでおり、その超伝導力は、イリノイ大学高等研究センターをして、「宇宙においてこれほどの並はずれた物理的特質は存在しない」と言わしめるほどだ。

だが、聖職者による浮揚術、神との交信、〝エレクトリカス〟の驚異的な力の存在したはるかなる古代世界においても、その原理が理解されていたかどうかはともかく、超伝導体と重力抵抗の特質が知られていたことは、古代の記録からも明らかだ。ギリシア神話では、この物質の秘密を探ることは〝金羊毛〟伝説の核心であったし、聖書で言えば、それは〝契約の櫃《はこ》〟——モーセがシナイ半島から持ち出し、後にエルサレム神殿に祭られることになる、黄金製の櫃――の神秘的領域のことであった。

この白い粉末のもたらす現象をめぐる、今日の詳しい研究内容を語るにあたって、それ自体、波乱に満ちた歴史が伝えられている契約の櫃（約櫃）こそが、最良の案内役となるだろう。しかし本書『失われた聖櫃《アーク》 謎の潜在パワー』は、単に約櫃の探求にとどまらない（もっとも、現在の在り処を実際に追跡してはいるが）。より正確に言えば、モーセからテンプル騎士団の時代に至るまでの、約櫃の仕組みと機能について考察し、そこから発展して、近年もたらされたその聖なる科学の再発見物語を、世界第一級の科学者たちによる学説と共に紹介している本である。

ローレンス・ガードナー

二〇〇二年七月　エクセターにて

第一部

第一章　黄金の王家

聖なる山

　この物語は、前世紀の初頭、エドワード七世が英国を治め、セオドア・ルーズベルトがアメリカ合衆国の大統領であった、一九〇四年の三月に幕を開ける。世界大戦（一九一四〜一八）はまだ誰も知らぬ未来の出来事で、当時は冒険と探査に情熱が注がれた時代だった。ロバート・スコット大佐とディスカヴァリー号の乗組員たちは南極からイングランドへの帰航の途に着いており、一方、時を同じくして、英国の考古学者W・M・フリンダーズ・ピートリー卿率《ひき》いる一行は、シナイ砂漠にある風吹きすさぶ岩だらけの高原に立っていた。

　ピートリー探検隊は、新設されたエジプト調査財団（現エジプト調査協会）の後援を受けていた。その目的は、エジプトの東部、紅海の北に位置し、スエズ湾とアカバ湾に挟まれたシナイ半島へ赴いて、銅とトルコ石の古い採掘場を調査することだった。その地方にあるのが、聖書に登場するモーセの山、すなわち旧約聖書出エジプト記（欽定訳聖書）にホレブ山

(Mount Horeb) と記されている山だ。紀元前三世紀の古代七十人訳《セプトゥアギンタ》ギリシア語聖書はより正確に、これをコレブ山 (Mount Choreb) と表記している。モーセの時代、〝コレブ〟および〝ホレブ〟という言葉が単なる呼び名にとどまらず、重要な意味を持っていたことについては、あとで述べようと思う。

ピートリーの遠征以前、ホレブ山の位置の確定がむずかしかったのは、シナイの山岳地帯があまりに広大で、地域住民たちも (古代の歴史に関心があっても) 高地についてはさほど知識がなかったからだ。紀元四世紀にはキリスト教修道僧の一団が、シナイ半島南端寄りの山に聖カタリナ修道院の伝道拠点を築き、その場所を〝ジェベル・ムーサ〟(モーセの山) と名づけた。しかし、この結論は明らかに誤りだった。聖書の地理的記述と矛盾していたからだ。出エジプト記には、紀元前一三三〇年ごろ、モーセとイスラエルの民がエジプトのゴシェンと呼ばれるデルタ地帯を出発し、紅海を渡ってミディアン地方 (現ヨルダン北部) に至るまでのルートが記されている。シュルとパランの荒野を横切るこの道筋をたどってみると、モーセの聖なる山は、パラン平原を見下ろす砂岩に覆われた台地に、七百メートル以上の高さでそびえ立っていることがわかる。今日ここは〝セラビト・エル・カディム〟(傑出したカディム) という名で知られているが、このけわしい露頭こそ、ピートリー探検隊が登った場所だった。特に期待するものもなく、調査の一環として頂上を目指したに過ぎなかったのだが、彼ら自身驚いたことに、そこで途方もない大発見がなされたのだった。

一行が見つけたのは、巨大な人工洞穴と、その手前およそ七十メートルにも及ぶ古い神殿の廃墟で、その碑文から、紀元前二六〇〇年ごろの第四王朝スネフェル王時代に建てられたものと判明した。のちにピートリーはこう記している。「すべてが地中に埋まっており、掘り起こしてみるまで、なんの遺跡なのか皆目見当もつかなかった」。発見したのが、セム人の祭台など何か儀式に使われた場所だったなら、彼らもさほど驚かなかっただろう。だがこれは巨大なエジプト様式の神殿であり、見るからに重要な史跡だった。

数年前に拙著の中でこの探検隊に言及したときには、まさかそれが、現代の冒険家たちの興味を掻き立てることになろうとは思いもよらなかった。しかしそれ以来わたしのもとには、苦しい登山を終えた読者たちから、訪問の様子を記し、その偉業を収めた写真を添えた手紙が、どっさり送られてきた。それを思うと、読者からの手紙でその事実に触れたものはなかったが、やはりわたしは明言しておくべきだったのだろう。神殿の遺跡は今も観覧可能であり、その場所の特異性からして感銘深いことに変わりはないのだが、ピートリーの写真や文章に描かれた独特な遺品の数々は、多くがその場にはもはや存在しないということを。

残念だが世の習いとして、考古学者たちは他国の領土にある古代遺跡を踏み荒らし、その戦利品を西洋の博物館へ持ち帰ってきた。手に持てる品のみならず、巨大な彫像、オベリスク、果ては壁全体までもが、エジプトやアッシリア、バビロニアなどの遺跡から持ち出された。英国、ヨーロッパ、米国の博物館や金庫室には、そういった品々が溢れている。普通なら、セラビト山でピートリーが発見した遺物のうち重要なものについては、今日どこに所蔵されているかを付記するのが当然だろう。しかし実を言えば、セラビトの埋蔵品は、現在の所在を突き止めるのが難しい。なぜなら、なかには公開展示に至った物もある一方で、ほかの多くは、意図的に一般大衆の目から遠ざけられたからだ。それでも喜ばしいことに、わたしは調査の多くに成功し、セラビトの遺品が納められた博物館のリストを、作成することができた。ピートリーの記録のうち破損していた品目の多くは、一九〇四年の調査のあとの、博物館職員による搬出から免れたが、いったん当地の詳細が知られてしまうと、他の者たちによる略奪は避けられなかった。その結果、一九三五年に今度はハーバード大学の調査隊が訪れたときには、もはや何も見つけることができなかった。

最初の遺物の多くが秘匿《ひとく》されるに至ったのは、ピートリーの発見が、出エジプト記の聖なる山の記述と矛盾していると見なされ、多大なる不興を買ったためだった。その山こそ、モーセが燃える柴を目撃し、エホバの神と対話をし、黄金の子牛を焼き払い、〝あかしの板〟を授けられたといわれる場所だからだ。実際には、ピートリーの調査報告は聖書記述をなんら覆したわけではなく、脅《おびや》かされたのはむしろ、聖書物語についての教会の解釈とその宣教方法だった。ピートリーの発見は、根本的にエジプト調査財団の規約に違反していた。一八九一年の財団創設の際に採択された『協会規約および定款』には、財団の目的のひとつとして、「旧約聖書の記述について解明・例証するために、調査・発掘を促進すること」が挙げられている。当然これは、従来の聖書解釈のことを言っており、必ずしも聖書の記述そのものを指すのではなかった。

一九〇一年にヴィクトリア女王が死去したとはいえ、大英帝国は依然栄光の絶頂期にあり、一九〇四年にピートリーが遺跡を発見したときも、ヴィクトリア朝の価値観がまだ絶大であった。人々が強要されたその価値観も、今日ならばけっして誉められたものではなく、むしろ体制側からの脅迫と見なされるだろう。十年後の第一次世界大戦という悲惨な試練を経てようやく、そのような料簡が多少なりとも中和させられることになるのだ。けれどもピートリーは、当代きっての著名な考古学者であったにもかかわらず、当局に否定されることの重大さを痛感した。帰国後、発見記録を公表すると決めたとき、これまで難なく支給されてきたエジプト調査財団からの資金提供が、打ち切られたのだ。彼は報告書でこう述べている。「そのため今後は……エジプト研究基金と英国エジプト考古学研究所に頼らざるを得なくなった」。

　ピートリーの記録は、彼自身の手で『シナイにおける調査』という重厚な本にまとめられ、一九〇六年にロンドンのジョン・マリー社から出版されたが、ほどなく絶版になってしまい、現在は入手するのが非常にむずかしい。かなりの歳月を経た一九五五年、スタイルも思想も一新したエジプト調査協会が、（オックスフォード大学出版と共同で）シナイの浮き彫り《レリーフ》や碑文を扱った、独自の改訂版を出版した。上下巻からなるこの書物は、前半でピートリーの発見に触れているが、下巻はそれをめぐる著名なエジプト学者アラン・H・ガーディナーとT・エリック・ピートの論述に終始している。ふたりは協会に対するピートリーの功績をさらに発展させ、象形文字や彫刻を翻訳し、関連づけ、検討した。しかし、セラビト・エル・カディムにもともとあった遺物は、いったいどこに行ったのか？　ピートリーたちが描写したあの品々は、どこにあるのだろうか？

公開されたごく一部を除き、一九〇六年以降、相当数の遺品が安全な場所に封印されてきたことが、しだいに明らかになっている。現在確認できているところでは、巨大オベリスクや石碑から小さな杖や器に至るまでしめて四百六十三品目が、正式にかの山岳神殿から搬出された。幸いなことに、今日遺物を管理しているのはまったく新しい世代の人々であり、それらの品々の存在について問い合わせると、(ヴィクトリア風の頑《かたく》なさはすでに消滅し)、喜んで答えてくれた。

現在わたしは、セラビト山の遺物のうち百十四品目について、博物館のデータベースにアクセスすることができる。個々に記録され、番号が振られ、説明文がついたこれらの遺物は、梱包された状態で何十年も倉庫に入れられていた。「出土場所：エジプト、シナイ半島、セラビト・エル・カディム」と目録に記載されているのは、供物台、彫像、石碑、祭壇などのほかに、壺、お守り、飾り板、杖、工具などだ。様々なファラオのカルトゥーシュや碑文からは、第四王朝から中王国(特に第十二王朝)を経て、新王国(特にモーセと同時代の第十八王朝)から、最後は第二十王朝として栄えたラムセス王の時代まで、非常に長い年月が見てとれる。これは、神殿の稼動していた期間が千五百年もの長きに及ぶことを表わしている。

終始、女神ハトホルに捧げられてきたセラビト神殿だったが、紀元前十二世紀にはすべての機能を停止したらしい。それはエジプトが経済的に衰退した時期で、そのころ国外勢力に屈したことが、ひいてはギリシア人プトレマイオスによる支配を招くことになる。ともあれ、神殿はギザのピラミッド建設より前から使われ、ツタンカーメンや大王ラムセスの時代まで、つまりロートパゴス人や神王たちの雄大な時代のあいだずっと、脈々と機能し続けたのだ。だがなぜ、それほど重要なエジプトの神殿が、国の中央から紅海をまたいで、何百キロも離れた荒涼たる山の頂に存在したのだろうか？

福者の野

『聖杯王たちの創世記（Genesis of the Grail Kings）』（仮題／小社刊行予定）の内容と重複することになるが、ピートリーの発見の重要な特徴をあえてここでおさらいし、のちに西洋で巻きおこった論争の詳細を付け加えるのは、意味のあることだろう。

神殿の地上部分は、山から切り出した砂岩を使って建てられた。その構造は、互いに隣接する大広間、聖堂、中庭、小部屋、中部屋などから成っており、すべて、まわりを囲む外壁の中に納まっている。発掘された部分の中で特に重要なのが、ハトホル広間、聖所、王の聖堂、前廊つき中庭だ。周囲に立ち並ぶ石柱や石碑には、さまざまな時代のエジプト王たちの名が刻まれているが、なかでもトトメス三世をはじめとする特定の王たちは、立石や壁面のレリーフに繰り返し描かれている。発掘作業を終えたピートリーはこう書いている。「保存状態が劣悪であったことが、これほどまでに惜しまれた遺跡は、かつてなかった」。

ハトホルの洞窟は自然石を掘ったもので、内部の平壁は丁寧に磨き上げられていた。その中央にはアメンエムハト三世（紀元前一八四一～一七九七年）の、大きな直立柱が据えられており、王の宰相クヘネムスや紋章運び人アメニー・センブも描かれていた。ピートリーは洞穴の奥深くで、石灰岩でできたラムセス一世の石碑を発見した——それは、ラムセス（従来エジプト学者たちから、アクエンアテン王が信仰した一神教の神アテンの信者たちとは、対立していたと考えられていた）が、驚くべきことにみずからを「アテン神が抱くすべての者の支配者」と表現した石板だった。ほかにもアマルナ時代の、王冠にカルトゥーシュを配した、アクエンアテン王の母ティイ皇太后の頭部像も見つかっている。

　神殿外部の中庭や広間では、おびただしい数の石彫りの長方形水槽や円形水盤、それに、前部がえぐれたり表面が段違いになっている、奇妙な形の長椅子型祭壇が数多く見つかった。ほかにも円卓、盆、受け皿、そして雪花石膏《アラバスター》の飾り壺や盃があり、多くは蓮の花をかたどっていた。加えてそれらの部屋には、光沢のある飾り板、カルトゥーシュ、スカラベ、それに渦巻き、市松、かご細工などの模様があしらわれた宗教的な装身具が、山ほど収められていた。材質不明な硬い物質でできた杖もあり、前廊には、高さがそれぞれ十五センチと二十二・五センチのふたつの円錐形の石があった。調査隊の面々はこれらの品々にすでにじゅうぶん圧倒されていたが、さらに彼らを驚かせたのは、板石の下に慎重に隠されていた、冶金用の坩堝《るつぼ》と、大量の真っ白い粉末だった。

　この発見のあとエジプト学者たちは、なぜ神殿に坩堝が必要だったかを討論し始め、同時に、セラビトの壁や石碑の碑文に何十回と登場する〝ｍｆｋｚｔ〟（時に「ムフクズト」と発音される）という謎の物質をめぐって議論が起きた。ｍｆｋｚｔは銅だと言う者もいたが、多くはトルコ石説を支持した。山の向こうの低地でこれらの鉱物が採掘されていたのが知られていたからだ。さらに孔雀石も候補に挙がったが、いずれの説も立証できずじまいだった。しかもこれらの物質は、どれも現場にまったく見当たらなかったのだ。もしトルコ石の採掘が、歴代王朝の時代を通して神殿の名匠たちの主たる役目であったなら、当然その場にトルコ石の痕跡が残っているはずであり、エジプト王たちの墓にもふんだんに埋蔵されてしかるべきだろう――しかし事実はそうではなかったのだ。

この論争のさなかに、ドイツ人言語学者カール・リヒャルト・レプシウスが一八四五年にエジプトで「ｍｆｋｚｔ」という単語を見つけ、すでにこの言葉についての研究を行なっていたことが明らかになった。そればかりか、さらにさかのぼる一八二二年、フランス人科学者ジャン・フランソワ・シャンポリオンがロゼッタストーンの解読の鍵を発見し、エジプト象形文字（ヒエログリフ）の文章を理解する方法を開発したときにも、同じ問いが発せられていたのだ。実を言うと、ピートリー調査隊以前のある時点で、ｍｆｋｚｔはトルコ石、銅、孔雀石のいずれでもないという結論が出ていた。ただし、非常に貴重で、かつどこか不安定な、なんらかの「石」を指すことだけは確認されていた。エジプト人が貴重と考える物質が書かれた数多くのリストにｍｆｋｚｔも含まれていたので、消去法から、同じリストに挙げられた他の宝石、鉱物、金属ではないことがわかった。百年以上に及んだ研究調査の末、一九五五年にリストを調べたエジプト学者たちが出した結論は、「ｍｆｋｚｔは貴重な鉱物性生産物である」ということだけだった。

しかし、おそらく最も多くを語るのは、シナイ半島の外で発見されたｍｆｋｚｔに関する歴史的な記述であろう。それは、外見的にはまったく別種で、より叙述的な〝ピラミッド・テキスト〟に登場する。第五王朝ウナス王の墓であるサッカラのピラミッドを飾ったこの聖なる碑文には、死後の世界に向けた王の再生の道筋が示されている。ここには、死んだ王が神々とともに永遠に生きると言われた場所が描かれているが、そこが〝mfkztの野〟と呼ばれているのだ。ピラミッド・テキストにもうひとつ出てくる天界の場所の名が〝イアルの野〟——福者の次元——であり、両者には共通性があると考えられる。このことから、mfkztは単に、ときに「石」と分類される地上の貴重な物質というだけでなく、名状しがたいある場——異次元における物質存在の状態——への鍵であったことがわかる。「場」という言葉はまた、重力や磁力などの力が働く領域を表わす言葉なのだが、これに関してはいずれ述べることにしよう。

偉大なる者

調査の過程で、科学者たちのさらなる驚きのもとになったのは、セラビトの碑文に無数に見つかった「パン」という言葉と、〝王の聖堂〟に描かれた「光」を示す一般的な象形文字（円の中の一点）だった。そしてもちろん、ピートリーの見積もりでは何トンにものぼったという、謎の白い粉のことも考慮に入れなければならない。

粉末のことを議論する過程で、銅の精錬による残留物ではないかという憶測もあったが、ピートリーも指摘するように、精錬によって残るのは白い粉ではなく、どす黒い鉱滓《こうさい》だけだ。銅の鉱石が採れる場所は神殿から何キロも離れており、しかも精錬はさらに別の、かなり遠くの平地で行なわれていたことが確認されている。そのほか、この粉は、アルカリを得るために植物を燃やしたあとの灰ではないかという意見もあったが、植物の燃えかすもまったく見つかっていない。

ほかに説明のしようがないので、白い粉と円錐形の石は、なんらかの生贄《いけにえ》の儀式と関連があるだろうとも考えられた――しかし、神殿は古代エジプトの遺跡であり、プトレマイオス以前のエジプトには、けものを生贄にする習慣はなかったはずだ。しかも、そのとき初めて白日のもとに晒された貯蔵室の粉末には、骨の残骸などの異物は、いっさい混じっていなかった――まったく純粋な粉だったのだ。ピートリーは報告書にこう記している。「これらの灰を十回以上も丹念に調べ、風に当ててより分けてみたが、小さな骨のかけらひとつすら、発見できなかった」。

白い粉とｍｆｋｚｔがともに正体不明であり、なおかつ非常に重要なものらしいことから察するに、ふたつは同じものだと言えるだろう。しかし、粉がなぜ「石」と表現され、またそれらがどうして異世界の領域への鍵になりえるのか？　さらには、パンや光とかかわりがあるとは、いったいどういうことだろう？

調査のこの段階で、セラビト神殿に関係ある別の貴重な物質が、方程式の中に入ってきた。金《きん》である。ハトホル洞窟の入口付近にあった石の銘板に、トトメス四世がハトホル女神と対面している場面の描写が見つかった。王の前には蓮の花を載せた供物台がふたつ置かれ、後ろにはひとりの男が立って、「白いパン」と説明のある円錐形の物体をささげ持っている。別の石

円錐形の〝シェム＝アン＝ナ〟をささげ持つ財政長官セベクヘテプ
ハトホル女神と並んで、アメンヘテプ三世に献上している

碑には、石工アンキブが、王に円錐形のパンのかたまりをふたつ差し出している場面が描かれ、似たような描画が神殿の別の場所でも複数見つかった。なかでも重要な絵のひとつは、ハトホル女神とアメンヘテプ三世を描いたものだ。女神はお馴染みの牛の角と太陽の円盤を頭につけ、片手に首飾りを持ち、もう一方の手で、生命と統治の象徴をファラオに授けている。女神の後ろには財政長官のセベクヘテプが円錐形の「白いパン」ひとかたまりを、すっかり準備してささげ持っている。

注目すべきは、財政長官セベクヘテプが、神殿内の別の碑文に「陛下に高貴な〝貴石〟を献上した」人物であると書かれていることだ。さらに彼は「王の真の知人」であり、「〝黄金の王家〟の秘密を支配する〝偉大なる者〟」であると書かれている。

理解が困難ではあるものの、第十八王朝の

王の財政長官が「白いパン」だという円錐形の物体を差し出す様子が描かれ、一方で同じ人物が、〝黄金の王家〟の権威ある管理者として記されている。ところがピートリーの記録によれば、ホレブ山のセラビト神殿では、金はまったく見つかっていない。事実、シナイ半島で金が採掘されたという証拠はどこにもないと、エジプト調査協会の記録者たちが報告書の中で断言している。ただし、金がそこに持ち込まれた可能性まで否定できるものではない。あるいは、神殿に残っていたものがあったとしても、ピートリー到来以前の長い年月のあいだに、遊牧民の盗賊に盗まれたのかもしれない。考古学の成立以前に破壊と略奪に遭ってきた、ほかの多くのエジプトの墳墓と同じように。

ここで興味深い要素として、古代エジプト人がこの半島をシナイとは呼ばず、「ビア」と呼んでいたことに注目しよう。そこから、しだいにパズルが組み立てられていく。神殿がハトホル女神に捧げられていたこと、そして黄金の王家の財政長官が「偉大なる者」と呼ばれていたことを念頭に置いて、大英博物館にある中王国の財政副長官シ＝ハトホルの石碑を見てみよう。その碑文には、シ＝ハトホルの言葉として「わたしは子どものころビアを訪れ、偉大なる者たちに、黄金を洗ってくれるようせがんだ」とある（「洗う」という言葉のあとには疑問符がついており、翻訳者が象形文字の意味を完全には理解できなかったか、あるいは偉大なる者たちが金を使って何をしたかがはっきりとは分からなかったことを示している）。

金が元来シナイ半島の産物ではないという事実にもかかわらず、旧約聖書には、シナイと金についての重要な記述がある――ホレブ山（〝傑出したカディム〟）と特にゆかりの深い出来事だ。のみならず、聖書には黄金を謎の粉末と結びつけている記述があり、さらに、水についての言及もある――金を洗うためではなく、浸すための水だ。

出エジプト記の中で、モーセとイスラエルの人々は、エジプトから紅海を渡って旅を続け、ホレブ山に到着する。モーセは岩山を登り、〝エル・シャダイ〟、すなわち〝山の神〟（のちにエホバと呼ばれる）から、今後はその神だけを自分たちの神とし、黄金で偶像や神の似姿を作ってはならないと命じられる。その間、山のふもとでは、モーセがいつまでも戻らないのできっと行方不明になったのだと考えたイスラエル人たち（何千人もいたらしい）が、待ちきれなくなって、みな自分の金の耳輪を取ってモーセの兄アロンに渡した。アロンは造作なく耳輪を溶かして黄金の子牛を造り、旅の無事を祈るために拝む偶像とした。その後まもなくモーセは下山し、偶像を囲んで踊る民衆を見て憤り、真に驚くべき変化現象を起こしてみせた。出エジプト記の三十二章二十節にはこうある。「そして〔モーセは〕、彼らが造った若い雄牛の像を取って火で焼き、それを粉々に砕いて水の上にまき散らし、イスラエルの人々に飲ませた」。

物語はこの行為を人々への懲らしめであるかのように語っているが、実際にはむしろ儀式のように見える。アロンは先に、偶像をかたどるため火で金を溶かしたが、金を燃やすと溶融金ができて粉にはならないはずだから、モーセがしたのは明らかに別のことだった。セプトゥアギンタ聖書はもっと明確に、モーセは「金を火で焼き尽くした（consumed）」と述べており、加熱し溶解したというよりは、むしろ細かく砕いたと言っている。『オックスフォード英語辞典』は「to consume（焼き尽くす）」を「消えてなくなるまで、あるいはわずかな粒子になるまで、縮小すること」と定義している。では、火を用いて黄金を粉にまで縮めてしまうこの方法とは、いったい何なのだろうか？　そしてなぜモーセはそれを「水の上にまき散らし」、民衆に飲ませたのだろうか？　ここでもセプトゥアギンタの記述は微妙に異なり、モーセは粉を水に「蒔《ま》いた」としているが、おそらくこのほうが意味深い。いずれにせよこれは、最終的に「洗う」という不可解な言葉に翻訳された、シ＝ハトホルの例の象形文字と同じことを指しているのであろう。

金にまつわる謎の技術といえば錬金術を連想させるので、今度は十七世紀の錬金術師エイレナエウス・フィラレテスの著書を見てみよう。アイザック・ニュートン、ロバート・ボイル、エリアス・アシュモールら同時代の学者たちから崇敬されたこの高名な英国人哲学者は、一六六七年に『明かされた秘密』という本を記している。その論文の中で彼は、従来、卑金属を黄金に変えるものと考えられていた〝賢者の石〟の本質について論じている。フィラレテスはこの誤った認識を否定して、賢者の石はそれ自体が金でできており、錬金術とはそれを完成させるものだと主張した。「われわれの〝石〟とは、最高度の純度と微妙な凝固性を達成するために圧縮された黄金にほかならず……われわれの黄金とは、もはや俗悪な代物ではなく、〝自然〟

ファラオがアヌビス神に円錐形の貴石を捧げているところ
アビドス神殿の第十九王朝のレリーフより

の究極の目的なのである」。

『天界ルビーへ至る道筋』という別の論文の中で、フィラレテスはさらにこう断言する。「それが〝石〟と呼ばれているのは、その固い性質のためであり、ほかのどんな石にも劣らず、火の作用に耐えうるからだ。種類としては黄金であり、純金中の純金でありながら、石のように強固で不燃性を持ち、それでいて外見は非常に細かい粉末である」。

フィラレテスは著書の中で、金のことを「圧縮された」と表現しているが、この言葉はモーセの物語に出てくる「焼き尽くされた」と非常に近い――両者とも、何かを細かく砕く、あるいは物理的、精神的、化学的同化の目的で、使いやすい形にするために縮小するといった意味を表わしている。前述のとおり、エジプトの記録ではｍｆｋｚｔを石だと識別する。錬金術における賢者の石同様、モーセは金の子牛を火で焼き尽くし、粉末に変えた。セラビト・エル・カディムのホレブ神殿は、〝黄金の王家〟の君主たち、つまり〝偉大な家《ファラオ》〟のために建てられたが、ここでは金属形態の金はまったく発見されていない——ただ得体の知れぬ白い粉だけが保存・貯蔵されていた。

ピラミッド・テキストに、王が死後の世界で至るべき〝ｍｆｋｚｔの野〟が言及されていることに関連してもうひとつ、エジプトでは白いパンのかたまりが、ジャッカル神アヌビスとも結びつけられていることに注目しておこう。アヌビスは埋葬の儀式を司り、死者を死後の世界へ導くと言われる神だ。また〝秘密の守護者〟とも呼ばれ、アビドスにある第十九王朝のレリーフには、ある厨子《アーク》の上にアヌビスが座り、ファラオが円錐形の貴石のかたまりをささげている様子が描かれている。

セラビトの遺物の中で、〝貴石〟（ｍｆｋｚｔ）に関して特に重要なのは、第十八王朝のトトメス三世とアメンヘテプ三世の時代に作られた、上部が丸いふたつの石碑だ。ひとつめは、トトメスがアメン・ラー神に円錐形のかたまりをささげている場面が描かれ、「命を授かるために、白いパンをささげる」と刻まれている。ふたつめは、アメンヘテプがセペドゥ神に円錐形のかたまりをささげているところで、「彼は報酬の黄金を与えた。その口は喜んだ」と記されている。これらの例から明らかなように、白い粉のパンは命を与えるものと考えられており、まさにそれは、黄金から作られていたのだ。

第二章　楽園の石

命を与えるもの

古代エジプト王朝の初期のころから、シナイ半島は今と同様に、エジプトの一部として統合されていた。駐留軍隊や常駐総督は置かれなかったが、ファラオの直轄領であった。モーセの生きた第十八王朝の時代（アクエンアテンとツタンカーメンの治世）、シナイ半島はふたりの高官の監督下にあった。在外の勅命行政長官と勅命送達吏だ。アクエンアテンの直前のトトメス四世とアメンヘテプ三世の時代、勅命送達吏はネビーという名の役人だった。彼はまた、イスラエル人たち（ヤコブ＝イスラエルの子孫。カナンのヘブライ人たちとは区別される）が、アブラハムの時代から何世代ものあいだ住んできた、デルタ地帯のゴシェン（セプトゥアギンタ聖書ではゲセム）地方にある、ザルという町の市長兼司令官だった。一方勅命行政長官の地位は昔からパネハスのヒクソス一族【訳注：ヒクソスは、紀元前十七世紀ごろ、エジプトを百年ほど支配し第十五・十六王朝を築いた小アジアの異民族で、イスラエルの民と同じセム系の民族と考えられている】によって占められており、アクエンアテンは、その子孫であるパナヘシー（出エジプト記のピネハス）に、シナイ半島の統治を任せていた。そのためモーセは、彼とイスラエルの民がエジプトのデルタ地帯から脱出する際、シナイが安全であることを知っていた――ホレブ山で稼動中のエジプト神殿を擁する、安全地帯であることを。

W・M・フリンダーズ・ピートリー卿が一九〇四年に実際に発見したのは、アクエンアテンやそれ以前のファラオたちのための、錬金術工房だった。そこでは神聖なｍｆｋｚｔ、すなわち謎の黄金の白粉を製造するために、溶鉱炉が燃えさかり、煙が立ち昇っていたことだろう。ｍｆｋｚｔは体内への摂取を通して（円錐形のパンのかたまり、あるいは水に浸す形で）〝黄金の王家〟の王たちに「命を与えるもの」であり、また死後の不思議な超次元空間への入口を提供するものであった。これらのことを踏まえれば、セラビト遺跡で冶金用の坩堝が見つかったのもうなずける話だ。このようなまったく新しい視野をもって読むと、次のような出エジプト記の一節も理解できる。「シナイ山は全山煙に包まれた。主が火の中を山の上に降《くだ》られたからである。煙は炉の煙のように立ち上《のぼ》り、山全体が激しく震えた」（出エジプト記十九章十八節）。

神殿が神を礼拝する場所のみならず製造工房の一種であったとは、なにやら奇妙に思えるが、歴史的な語法を見れば、奇妙でもなんでもないことがわかる。実は、われわれの「worship（礼拝する）」という言葉こそが、長年のあいだ間違った解釈をされてきたのだ。結果的に「worship」に翻訳されたセム語の原語は“avôd”であり、それは単に「work（働く）」を意味していた。古代の人々はただ神殿で神々を崇拝するだけでなく、神々のために働いていたのだ。その点について、オックスフォード・ワード・ライブラリーは「worship（礼拝する）」（古い英語の"weorc"から来ている）という言葉の語源的基盤は、"weorchipe"――つまり「work-ship（働き手）」だと説明している。このように、神殿がある種の工房を兼ねることはこの時代では珍しくなく、そこの指導者兼責任者たちは「職人」という称号で呼ばれていた。彼らの技術の中身は（現代のフリーメーソンにおける「技《わざ》」と同様）、"kynning"と呼ばれる特別な奥義に関わるものだった。その秘密を守っていた者は「職人的（crafty）」あるいは「巧妙な（cunning）」という言葉で形容された。新約聖書でも、イエスの父ヨセフは最初「職人」（アラム語の"naggar"、ギリシア語の"ho tekton"）と記されていたが、十七世紀に昔の語法が誤解された結果、誤訳が生じて「大工」と書かれるようになってしまった。

ｍｆｋｚｔが「命を与えるもの」と思われていた理由は、ふたつあるようだ。まずは、体に摂取する物質として、王のこの世の寿命において重要であったこと。ふたつめは、死んだあとも王が死後の世界で生き続けるための手段であったことだ。当然ながら前者に関しては、王たちは自然死や戦死の形で実際に死を迎えていたのだから、これが確実に効いたというわけではない。しかしｍｆｋｚｔは明らかに彼らの生命を何らかの形で強めていて、おそらく潜在的な寿命は通常よりも延びていたのだろう。その点から言えば、中世騎士物語に登場する不思議な〝青春の泉〟に似ている。

このような概念を前面に押し出すことで、ハトホルがセラビト神殿に結びついた理屈も明らかになってくる。ハトホル女神自身が、命を与えるものと見なされていたからだ。古代エジプト人にとってのハトホルは、バビロニアの女神イシュタルに代わる存在で、〝太母〟イシス同様、慈愛の母の象徴だった。ハトホルはまた西の女王、あるいは冥府の女主人とも呼ばれ、正しい呪文を知る者を、冥府へ案内すると言われていた。また尊敬すべき女性らしさの守護者であり、無花果《いちじく》の貴婦人、トルコ石の貴婦人、そして愛と墓と歌の女神であった。この女神の乳によってファラオに神性が宿り、彼ら自身も神となると考えられていた。バビロニアの王たちがイシュタルの乳に育《はぐく》まれたのと同じように、ファラオたちはハトホルの乳に育まれたという。母親の母乳がテロメラーゼという酵素（最近では「不老不死の酵素」とも呼ばれる）を含むのだから、mfkzt（ハトホルの乳の象徴）は、なんらかの形でこの酵素の製造を強めていたはずだ。奇しくも現代の科学者たちはテロメラーゼのことを「青春の泉」と表現している。

《サイエンス》誌の記事および、民間研究所やテキサス大学サウスウェスタン医療センターの研究報告によれば、テロメラーゼは独特の老化防止の属性を持つことが確認されている。健康な体細胞は一生のあいだに何度も何度も分裂を繰り返すようプログラムされているが、この分裂・複製のプロセスには限りがあり、最終的には分裂不能な状態がやってくる。細胞分裂の潜在能力はDNA鎖の端についているキャップ（靴ひもの先端のプラスチックキャップに似たもの）によって制御されていて、それらのキャップの名がテロメアだ。個々の細胞が分裂するたびにテロメアの一部が失われていき、テロメアがある一定の長さにまで短くなると、分裂プロセスが停止する。そうなると新しい細胞は複製されず、あとは劣化する一方――つまり老化現象が起きるのだ。

組織標本を使った実験で、遺伝子に働く酵素テロメラーゼを加えると、細胞分裂・複製時にテロメアの短縮が抑えられることが示された。その結果、体細胞は本来プログラムされた制限をはるかに超えて、分裂し続けることができるのだ（同じ仕組みによって、この酵素を豊富に持つがん細胞は、どこまでも増殖する）。テロメラーゼは通常、正常な体組織には表われないが、悪性腫瘍の中に存在する以外に、成熟した男性生殖細胞と発育中の女性生殖細胞の中にはっきり識別できる。つまり、われわれのＤＮＡ構造のどこかに（おそらく、いわゆる「ジャンクＤＮＡ」の中に）老化を防ぐこの酵素を作り出すための遺伝的能力があるが、なぜかその潜在能力のスイッチが切られてしまっているのだろう。ロンドンのブルネル大学生物・生化学科のロバート・Ｆ・ニューボルドはこう語る。「この遺伝子を分離（分子クローニング）できれば、人の様々な悪性腫瘍に潜む、その繊細な構造全体を分析することが可能になる。そうなれば、人間のがん細胞成長を不活性化させるための、重要な標的としての役割が、確立されることになる」。

科学者たちはすでに、もしテロメラーゼが悪性腫瘍に不滅性をもたらすのなら、それを人間の正常細胞に働かせれば、寿命を延ばす効果が得られるはずだと指摘してきた。多くの遺伝子研究者の意見の一致するところでは、「（若い正常細胞に典型的な、二重らせん構造、成長特性、遺伝子発現パターンを維持したまま）細胞寿命を延長する能力は、生物学研究、製薬産業、医学にとって、非常に重要な意味を持つ」。

これらのことから、もしｍｆｋｚｔが本当に（エジプトの記録で定義された）効果を持つならば、次の三つを兼ね備えているはずだと推測できる。（ａ）抗がん特性および、ＤＮＡ鎖の奇形を修復して細胞変形を抑える能力。（ｂ）内分泌系の一定のホルモン機能を刺激する潜在能力。（ｃ）現世の次元を超えた物質存在の場を、何らかの形で活性化させる方法。これから見ていくように、ｍｆｋｚｔの白い粉には、まさにこれらの資質が備わっている。

日ごとの糧《かて》

現代の実験室環境におけるｍｆｋｚｔについて――それが何で、何からできていて、どう作用するかの確認――は、後述しよう。同時に、ｍｆｋｚｔが特にモーセ、イスラエルの民、そしてユダの王たちにとっていかなる意味を持っていたのかを知るために、聖書の中の記述を調べなければならない。これらの人々（バビロニア王朝とエジプト王朝から派生した）は、〝黄金の王家〟を継承したのだ。

不思議な物質――（ｉ）はじめは金で、（ii）火によって白い粉に変化し、（iii）パンを作ることができ、（iv）石と呼ばれる――の軌跡を辿る旅を始めてわかったのは、長年の歴史を通して、それへの言及があまた存在することだった。聖書の言葉として最初に登場するのは、モーセの時代から六百年ほどさかのぼった創世記十四章十八節だ。ここには、いと高き神の祭司であったサレムの王メルキゼデクが、アブラハムにパンとぶどう酒を持ってきた場面が描かれている――のちに聖餐の儀式へと発展する祭儀的行為の、最初の記述だ。

当時アブラハムはみずから軍を率いて、数人の厄介な王たちの軍勢を相手に戦って勝利を収め、カナンでの軍事作戦を完了したところだった。ここで言及されている神は、古いテキストではもっと明確に、山の神エル・シャダイという名で呼ばれている――のちにシナイのホレブ山でモーセと語った主《しゅ》が、ふたたび示唆した呼び名だ。伝承物語が文字に書き記された時代になって初めて、ヤハウェ（Yahweh）という表現が使われ始めたのだが、これはヘブライ語で「わたしはわたしである」【訳注：日本語訳聖書では「わたしはある」となっている】（出エジプト記三章十四節）という意味のYHWHから派生したものだ。モーセが主に、本物の主であることの確証を求めたのに対する返答なのだが、実際にはむしろ、名前を告げることを拒否しているように読める――「わたしはわたしである」と言うのは「わたしの名前など関係ない」と言うのに等しいからだ。しかしそれ以上に大切なのは、この主がモーセに語った（出エジプト記六章三節）、自分はアブラハムの神であるという言葉だ。初期のテキストではアブラハムの神のことを〝エル・シャダイ〟と呼んでいる（創世記十七章一節）が、現在の聖書では誤って〝全能の神〟と訳されてしまった。ヘブライ語テキストで使われ、ラテン語訳ウルガタ聖書（編注：ヒエロニムスがヘブライ語の旧約聖書、ギリシア語の新約聖書の原典を基にラテン語に直したもの。カトリックで使用。公に承認された聖書という意味がある。92頁／第五章「聖書の起源」の項参照）にも継承された、セム語の〝エル・シャダイ〟とは、〝イル・クル＝ガル〟すなわち〝大いなる山の神〟とも呼ばれたメソポタミアの神エンリルと同義である（ぐっと時代が下った一五一八年に、ヤハウェは現代の混成語エホバへと変わった）。

メルキゼデクはつまり山の神に仕える祭司であり、彼はその役職の務めとして、アブラハムにパンとぶどう酒を与えたのだ。フランスのシャルトル大聖堂にある北の〝密儀参入者《イニシエイト》の門〟に立つメルキゼデクの像を見ると、その手は石がひとつ入った杯《カリス》を差し出しており、〈パン＝石〉とぶどう酒とがひとつに描かれている。この大聖堂はテンプル騎士団によって設計され、一一九四年に〝ソロモンの子どもたち〟と呼ばれた石工たちのギルドによって建設が開始されたもので、彼らが独特の古代流石細工の知識を得たのは、エルサレムのソロモン神殿跡を発掘したテンプル騎士団が、一一二七年に秘宝や文書を西洋に持ち帰ったあとのことだった。

メルキゼデクという名前は、メレク（王）とツェデク（正義）というふたつのヘブライ語から成っている。つまり彼は〝正義の王〟であり、また創世記に記されたように〝平和の王〟（サレム＝〝シャローム〟は、〝平和の町〟エルサレムに含まれる言葉）でもあった。『死海文書』の一部として見つかった『メルキゼデク王子文書』の断片によると、メルキゼデクと天使長ミカエルは同一だとされている。死海文書（一九四七年に、ユダヤ荒野の死海のほとり、エリコに近いクムラン、ムラバアト、ミルドで発見された）は今や、福音書以前のユダヤ文化を理解するうえで欠かせない貴重な資料だ。これら古い羊皮紙の中で、メルキゼデク（ミカエル＝ツァドク）は〝天来の者〟あるいは〝光の王子〟と呼ばれており、はるか昔にパンとぶどう酒を授与したことから、聖餐の礼典を始めた人物と考えられている。

メルキゼデクの話から、おなじみ〝主の祈り〟の一節「われらの日ごとの糧をきょうも与えたまえ」に至るまで、ユダヤ教・キリスト教形成期を通して、パンは常に特別重要な位置を占めてきた。ダビデ王やイエスの生誕地までもが、ベツレヘム（パンの家）と呼ばれている。余談だが、主の祈りは新約聖書（マタイ六章九～十三節と、ルカ十一章二～四節。実はこれらは異なるバージョンである）に定められてはいるが、これは本来、あるエジプトの祈りから翻訳されたものだ。エジプトの主神アメンに対する祈りで、「アメン、アメン、天にまします神よ」で始まるものだ。伝統的にキリスト教の表現ではアメンの名をこの祈りの最後に置いており、この習慣はほかの祈りや讃美歌にも見られる。

さて、モーセやホレブ山のことに戻ってみると、主の祈りや〝ベツレヘム〟が指し示す、実際のパンの存在が見えてくる。それは出エジプト記二十五章三十節にある「供えのパン(shewbread)」だ。この「shew」という接頭辞は、「show」の古いスペリングにほかならず、パンの当初の描写がこの表現に変化したのは、十六世紀イングランドの聖書翻訳者ウィリアム・ティンダルの手によるものだ。ティンダルによると「供えのパンというのは、それが主の御前《みまえ》に置かれたから」である。より良い訳語としては、セプトゥアギンタ聖書に正しく記されたような「御前のパン」または「御前のパン塊」であっただろう（列王記上／サムエル記上二十一章六節）。

旧約聖書の出エジプト記二十五章二十九～三十一節によれば、供えのパンは、ウリ・ベン・フルの息子ベツァルエルがホレブ山で作ったことになっている。理性と識見と知識に満たされていたという人物だ。このベツァルエルはまた、すべての「巧妙な」工芸において優れた金細工師・職人であり、〝契約の櫃《はこ》〟（約櫃）や幕屋の建設を任されていた。ベツァルエルが、すべて純金製のさまざまな飾り縁《ふち》、環《かん》、水差し、燭台などをいかに作ったかを詳述するくだりで、テキストは「供えのパン」も貴重な品々のひとつとしてリストに加えているが、それ以上特に説明もなく、製作は着実に進められ完成している（出エジプト記三十九章三十六節）。この目録はのちに新約聖書ヘブライ人への手紙（九章一～二節）で回想され、シナイの契約の場では、幕屋の聖所の内側に、燭台と机と供え（物）のパンが置かれていたと述べられている。

レビ記（二十四章五～七節）では、ふたたびベツァルエルと供えのパンの話題に戻り、パンには乳香が添えられたと書かれている。しかし、一九五〇年代にロシア系ユダヤ人の精神科医イマニュエル・ヴェリコフスキー博士が鋭く指摘したように、「供えのパンの材料は、小麦粉などではなく、銀か金であった」。彼はこの説を唱えるにあたり、エジプト・カルナック神殿の浅浮き彫り《バスレリーフ》に描かれた、トトメス三世の財宝に着目した。〝巧妙な製品〟と分類された金属類の中に、たくさんの円錐形の品があった。銀の円錐一個に金の円錐が三十個あると説明されており、そこにはまた「白いパン」と書き添えてあった。

聖なるマナ

モーセとイスラエルの民がホレブ山にいたときの出来事で、もう一カ所、不思議な白い物体についての記述がある。出エジプト記十六章十五節の言葉だ。「イスラエルの人々はそれを見て、これは一体何だろう《マナ》と、口々に言った。彼らはそれが何であるか知らなかったからである。モーセは彼らに言った。『これこそ、主があなたたちに食物として与えられたパンである』。

このあと、マナは白くて種に似ており、蜜のような甘い味がしたと書かれている（出エジプト記十六章三十一節）。

紀元一世紀にユダヤ人歴史家フラウィウス・ヨセフスによって編集された『ユダヤ古代誌』に目を転じると、ヨセフスは、マナが最初に発見されたのは土の上に置かれた状態のときであり、「人々はそれが何かわからず、雪が降ったのかと思った」と説明している。続けて、「それはあまりに神々しくすばらしい食べ物だった……そこでヘブライ人たちはこの食べ物をマナと呼んだ。なぜならわれわれの言語では接頭辞“man”は、『これは何か？』という問いかけだからである」。フラウィウス・ヨセフスが個人的視点から記した『ユダヤ古代誌』と『ユダヤ戦記』には、聖書その他の事柄についての非常に重要な記録が残されている。彼は紀元六〇年代、ローマ帝国占領軍に対してユダヤ人が蜂起した際、ガリラヤを防衛した軍司令官であった。

朝になると山の周囲に現われ、モーセが〝パン〟と呼んだ甘い味の白い物体は、得体が知れないがために、〝マナ〟（これは何か？）と名付けられた。同じ問いは、世界最古の完全書物といわれる古代エジプトの『死者の書』にも登場する。『アニ（王の書記官）のパピルス』という別名でも知られる、テーベで見つかったこの第十八王朝の巻物（一八八八年より大英博物館所蔵）は、挿絵がふんだんに使われ、長さは二十三メートル以上に及ぶ。この古代の祭儀的作品では、「御前《みまえ》のパン」は「癒し（スケファ）の食べ物」と呼ばれていて、死後の世界での究極的な悟りを求めるファラオは、旅の途上ことあるごとに「それは何か？」という問いを繰り返すのだ。

別の『死者の書』（断片的で不完全だが）は紀元前三千年紀にまでさかのぼっており、セラビトのレリーフからも、エジプトの王たちが黄金の白いマナを紀元前二一八〇年ごろからすでに摂取していたことが明らかだ。しかし、神秘主義一派の治金の達人たち（巧妙な職人たち）しか、その製造方法の秘密を知らなかった。これらの達人たちは現役の神官であり、メンフィスの祭司長は、〝偉大なる名工〟という称号を持っていたという。

死においてと同じく生においても、究極的な悟りが常に探求の的になっていた。物理的な体とは別に、人は「光体」を持つと信じられており、そちらも成長のためには栄養を摂らなければならなかった。光体は〝霊魂《カー》〟と呼ばれ、本来目に見えぬ生命の特質だが、肉体の死後も生き続けると言われていた。カーの食物は光――それによって、悟り、またはギリシア人の言うところの〝霊知《グノーシス》〟が生まれる――であり、この「光」という言葉こそが、あのセラビト・エル・カディムの王の聖堂で見つかった象形文字だ。今日フリーメーソンの第一位階の儀礼では、目隠しをされた徒弟の密儀参入者《イニシエイト》が、最も望むものは何かと問われる――儀式上の答えは「光」だ。古代シリア・フェニキアでは、より高度な悟りの境地は〝シャル＝オンの段階〟すなわち〝光の軌道の次元〟と呼ばれた。この言葉はのちに俗化し誤用され、イスラエルのハイファとテルアヴィヴ・ヤッファにはさまれた、海沿いの〝シャロン平野〟を指すようになった。

古代エジプト神秘主義一派の錬金術の教えでは、悟りの意識状態に到達させるプロセスが、ことに重要だった。そのプロセスを助けるため、神殿の賢人たちは不思議な「投入の粉」を用意して、それによって卑しい人間の無知を、霊的黄金の鋳金へと変形させることができた。この「投入の粉」こそがmfkztであり、マナであり、黄金の白い粉であり――また、後世の錬金術が名付けた賢者の石であったのだ。

エイレナエウス・フィラレテスの言葉を再度ここで引用しよう。「われわれの〝石〟とは、最高度の純度と微妙な凝固性を達成するために圧縮された黄金にほかならず……種類としては黄金であり、純金中の純金でありながら、石のように強固で不燃性を持ち、それでいて外見は非常に細かい粉末である」。

新約聖書で、マナは「霊的な食物」と表現され（コリントの信徒への手紙Ⅰ十章三節）、また聖餐のまことのパンであると制定されている（ヨハネによる福音書六章三十一～四十一節）。このことからわかるように、ぶどう酒とともに供される聖餐のパンは、クレチアン・ド・トロワ作の十二世紀騎士物語『聖杯物語』――ペルスヴァル（パーシヴァル）の物語――で聖杯によって供されるミサのウェハースと同じものだ。この物語が世に出たのはシャルトル大聖堂の建設が始まる直前の一一八〇年ごろで、しかもそれはまさにテンプル騎士団の世界から直接生まれた。クレチアン・ド・トロワと密接な関係があったアルザス伯、シャンパーニュ伯、レオン伯はみな、このエルサレムの騎士修道会に所属していたからだ。シャルトルにある〈パン＝石〉を入れた杯《カリス》を持つメルキゼデクの像も、聖なるマナを供する聖杯を、ことごとく象徴している。

聖パウロは新約聖書の中で、イエス自身もメルキゼデクの位階において、大祭司の地位に高められたと説明している（ヘブライ人への手紙五章六節、六章二十節）。こうして、イエスは

〝最後の晩餐〟でパンとぶどう酒の聖餐を司る権利を得たのだ。パウロは、これは非常に大切な特権であり、イエスにこの権利を付与するために、律法は正式に書き換えられねばならないと言っている（ヘブライ人への手紙七章十一〜十七節）。なぜなら、イエスはユダ族ダビデの血統であり、そのため王権を擁してはいても、祭司の権利は持たなかったからだ。

新約聖書ヨハネの黙示録（二章十七節）にはこうある。「勝利を得る者には隠されていたマナを与えよう。また、白い小石を与えよう。その小石には、これを受ける者のほかには誰にもわからぬ新しい名が記されている」。聖書のほとんど冒頭から最終章まで旅してきてなお、聖なるマナはその重要性を失わず、しかも白い石とじかに結びつけられているのだ。

これによく似た描写が、もっとあとの中世聖杯伝説にも登場する。バイエルンの騎士ヴォルフラム・フォン・エッシェンバッハ作の騎士物語『パルツィファル（パーシヴァル）』の中に、以下のくだりがある。「娘であろうと若者であろうと、聖杯への旅に召された者たちの名前や血筋を教える銘が、石の端のあたりに刻まれている。読まれたとたんに消えてしまうので、誰もその銘を読むにはおよばない」。ここで語られている石とは「地上の楽園の完成」といわれたもので、驚くべき治癒と老化防止の特質を持っていた。その名も〝ラピス・エリクシス〟、錬金術でいう賢者の石を示す〝ラピス・エリクシル〟の異形語だ。テキストはこう続く。「その石の力によって不死鳥《フェニックス》は燃えて灰となり、しかし灰はまたたく間に彼の命をよみがえらせる。このように不死鳥は換羽してその羽毛を変化させ、その後は前と同じように、まばゆく輝くのだ」。

この『パルツィファル』の逸話を読み解く鍵は、古代神話の不死鳥にある——この鳥はヘリオポリス神殿で焼かれて灰となったが、その灰から大いなる悟りが生まれたと伝えられる、エジプトの鳥「ベヌー」と同じものだ。ヘリオポリス（古くはオンと呼ばれ、太陽神の光と関連づけられる）は〝偉大なる白の友愛組合〟——トトメス三世（紀元前一四五〇年ごろ）の名匠《マスタークラフツメン》たち——の中心地であった。カルナックの最高評議会のうち三十九名がそのメンバーだったということこの友愛組合の名前は、彼らが謎の白い粉に傾倒していたことの表われだ。

そのような石はまた、『アレクサンドロスの楽園への道』——アレクサンドロス大王の楽園《パラダイス》への旅路にまつわる古い寓話——にも登場する（パラダイスは古いアヴェスタ語で〝パイリ・ダイゼの領域〟、すなわちペルシャの光の神アフラマズダの王国という意味）。この物語が取り上げている魔法の〝楽園の石《パラダイス・ストーン》〟は、老人に若さを与え、同量の金より重く、なおかつ、一枚の羽根でも秤が釣り合うという！

ここから先に進むにつれ、〝楽園の石〟（金より重く羽根より軽い）は、けっして遠い過去の神話にとどまらないことがわかるだろう。今やそれは現代物理学の世界で主要な位置を占めており、その不可解な重量比も、科学的事実としてじゅうぶん説明されているのだ。同様に、不死鳥も実験室環境において出現し、その〝光〟の復活の秘密が、現代テクノロジーの中核を担っている。事実、その〝フェニックス〟は、粉（灰）に変質するときにはまさに楽園の石となる。それは賢者の石であり、モーセにとってのマナ、そしてセラビト神殿の職人たち、すなわち黄金の王家の偉大なる者たちにとっての、ｍｆｋｚｔにほかならないのである。

第三章　光と完全

宝石の神秘

旧約・新約聖書が独特の言葉で表現した、錬金術の〝楽園の石〟と並び、同じくらい重要な石が、いくつか出エジプト記に登場する。すぐに思い浮かぶのは、あかしと十戒の記された銘板だ。これは俗に、重い二枚の石板だと思われている――山から降ろす必要があったというのに、絵画では、モーセが抱えきれないほどの大きさに描かれるのが常だ。しかし、出エジプト記は石の形や大きさにまったく言及していない。一方、ユダヤ教の中でも厳格なカバラ主義の教えによれば、あかしの銘板は〝スケティヤ〟と呼ばれる神聖なサファイアでできており、モーセの手のひらに乗るほどの大きさだったという。

カバラの光と知識の言い伝えは、モーセより六百年ほどさかのぼったアブラハムの時代に始まる。アブラハムは「失われた文明の遺言」を受け継いだのだという。創世記によれば、彼の生誕地はカルデアのウル（シュメール人の支配したメソポタミアにあった古代都市）とされているが、カバラではさらに、彼は文化的に〝アウル・カスディーム〟すなわち〝魔術師の光〟を受け継いだと述べている。このアブラハムの銘板には「人類が過去に知り得たすべてのこと」と「人類が将来知り得るすべてのこと」が収められていたという。古代シュメール人はこれを〝天命の書板〟と呼んだ。エンリル神とエンキ神（天来の神々の集団の長である空神アヌの息子たち）から授かったこの書板を、バビロニアの主神マルドゥクが胸につけていたことが、マルドゥクについて記した聖書以前の書物に描写されている。

カバラの教義によれば、天命の書板はサファイアでできており、のちにモーセに受け継がれ、さらにユダの王ソロモンの保護下に置かれることになった。つまり、後世の画家が描いた石の解釈は間違いで、出エジプト記の〝あかしの銘板〟はありふれた石の板ではなく、はるかに貴重な石だったということになる。ちなみに、カバラの英語訳では「サファイア」となっているが、古いテキストの原語はサッピール（sappir）だ。これに対し、聖書で通常「サファイア」と訳されている言葉の原語は、レシェム（leshem）である。

カバラの主要文献は『セフェル・ハ・ゾハール』（光輝の書）だ。これは古代ユダヤ教の伝承をもとにした、百万語近くにのぼる応用聖書哲学の書物で、大半がアラム語で書かれている。アラム語とは、メソポタミアに紀元前十三世紀ごろから定住し、のちにシリアやパレスチナへと散らばっていった、アラム人の言葉だ。紀元前五〇〇年ごろからペルシア帝国の公用語となり、ユダヤ人の言葉としては、約千年のあいだ、ヘブライ語よりも盛んに使用された。『ゾハール』の文章は二世紀のパレスチナのラビ、シメオン・ベン・ヨハイによるもので、一二八六年にスペイン・カスティリャのモーゼス・ベン・シェム・トヴ・デ・レオンによって整理・編集された。ひとことで言えば、ユダヤ教の律法を構成するトーラー――モーセ五書《ペンタトゥーク》――についての研究・注釈書だ。『タルムード』と並び、アジア、アフリカ、ヨーロッパの国々に住むディアスポラ（離散ユダヤ人）たちに尊ばれてきた書物である。

ソロモン王のスケティヤ石は、カバラ主義の伝統のみならず、ロイヤル・アーチ・フリーメーソンの教義でも重要な位置を占める。ユダヤ教の『タルムード』（ヘブライの哲学的文章の注釈書）によると、スケティヤは「土台の石」と呼ばれていた。エルサレム神殿の至聖所（サンクトゥム・サンクトゥラム）において、契約の櫃《はこ》が地面と接触しないように――床から指三本分の高さに浮かせておくため――空中浮揚装置として機能していたらしい。約櫃を完全に宙に浮かせた状態に保つことができたため、この石はまた「完全石」とも呼ばれた。

もうひとつ、ソロモンとゆかりのある石に、シャミールと呼ばれるものがある――「電光石」として知られる石だ。『タルムード』には、王がこれを使って、彼の神殿の石材を正確な形にした様子が語られている。シャミールは、強力な光線を発することで、音もなく精確に岩石を切断することができたという。スケティヤ同様、この凄まじい力を持つ光り輝くシャミールもモーセが持っていたと考えられており、のちにソロモンが指輪にはめ込んだとされている。

〝完全石〟と〝電光石〟の秘儀的な特性が明らかになったところで、聖書に戻って、これらの石が幾度も言及されている箇所を見ていこう。ふたつの石が最初に登場するのは、まさに出エジプト記、ホレブ山でのモーセの場面だ。そこではモーセの兄アロンが契約の櫃を守る初代大祭司として身に着けるべき、黄金の胸当て（エッセーン）の作りかたが描かれる。出エジプト記二十八章三十節には「裁きの胸当てにはウリムとトンミムを入れる。それらは、アロンが主の御前《みまえ》に出るときに、その胸に帯びる」とある。ウリムとトンミムという言葉は、それぞれ「光」と「完全」を意味する。このことから、『タルムード』のシャミール（電光石）とスケテイヤ（完全石）は、出エジプト記のウリムとトンミムの同義語であると言えるのだ。

旧約聖書では、ウリムとトンミムの性質についていかなる問いも発せられない。形、大きさ、色、重さなどの説明もない。単純に、モーセが慣れ親しんでいるものという前提で書かれている。にもかかわらず、ここにあるのは、ふたつの不思議な石だ。一方は光り輝く宝石で岩をも切り裂く電光を発し、他方は空中浮揚の力を持つ。

これらの宝石はその後アロンから息子のエルアザルへ、大祭司の地位とともに受け継がれた（民数記二十章二十八節）。そのあまりに強力なエネルギーから、石は神自身の臨在を象徴するものとされた――フリーメーソンの〝職人〟（第二位階）の儀式で呼ぶところの「偉大なる光源」だ。旧約聖書エズラ記二章六十三節とネヘミヤ記七章六十五節から、ふたつの石の継承が、歴代レビ人大祭司の特権であり続けたことが確認できる。彼らこそが、シナイでの幕屋の仮住まいと、エルサレム神殿での安置場所において、これらの石と約櫃を守り続けた人々だった。

胸当て《エッセーン》のほかに、大祭司が身に着けた衣装として、袖なしで前掛けと帯のついた〝エフォド〟と呼ばれるチュニカがあった。のちにこの衣服はレビ人約櫃守護者たちの印となり、前掛け部分が帯の上に垂れるように、小さな折り返しのついたエプロンのような形になった。当時白い亜麻布で作られたこの祭服は、今日、フリーメーソンの衣装である短いエプロンに象徴されている。サムエル記下六章十三～十五節によれば、ダビデ王は約櫃の前で踊ったとき、「麻のエフォドを着けていた」という。

奇妙な螺旋《らせん》

民数記二十七章二十一節には、大祭司が主の判断を仰ぐとき、ウリムが使われたことが記されている。その神の知恵は、契約の櫃《はこ》の上に置かれた一対の黄金のケルビムのあいだから授けられた（出エジプト記二十五章二十二節）。士師記二十章二十七～二十八節が述べているように、約櫃の前に立つということは、まさに神の御前《みまえ》に立つことであった。神の言葉を伝えるために、ウリムとトンミムが約櫃の前に存在する必要があったことから、これらの石はさいころや御神籤《おみくじ》のようなものだったのではないかという説もある。だが、約櫃を前にしたウリムの大事な特性はその発散する光であり、しかも聖書は「神は光なり」と述べている。ゆえに、この教えに沿って考えれば、ウリムによる約櫃の光は、目に見える神の顕現だったのだ。

では、約櫃の力を呼び出すのにそれほど不可欠だったウリム＝シャミールの正体とは、いったいなんなのだろうか？　これまでのところ、これが貴石で水晶状の宝石であり、一定の条件下で岩石を精確に切断する力を持っていたことがわかっている。古代エジプトという、科学技術が未発達だったはずの時代において、これは信じがたい話だ。しかし、楽園の石ｍｆｋｚｔとの関連でこれから見ていくように、わずか五十年前の研究者にとってさえ不可解であったよ

知恵と治療のシンボル、蛇

うなことの多くも、最新の科学によって次々に立証されてきている。

それがウリム＝シャミールであれその他の神意の出所であれ、メソポタミア（現イラク）文明の初期から変わらず、知恵の象徴とされている図柄がある。それは、シュメール人の神エンキ、すなわち〝聖なる目の主〟の紋で、杖または軸を中心にして巻きつく蛇の図だ。古代エジプト・カルナックの〝白の友愛組合〟はテラペウタイ派の職人兼祭司の集まりだったが、彼らがｍｆｋｚｔを用いて行なった業には治療行為も伴っていたので、知恵と治療が同義語となり、同じ蛇の紋章が採用された。

古代ギリシアの伝説で医学の父として有名なのが、テッサリアのアスクレピオス（紀元前一二〇〇年ごろ）（ローマ名はアエスクラピウス）だ。ローマのカポディモンテ美術館に立つ彼の像には、やはり杖に巻きつく蛇が描かれている。アスクレピオスの志を継承しているのがギリシア人医師ヒポクラテス（紀元前四六〇年頃～三七五年頃）で、彼の〝ヒポクラテスの誓詞〟は、今日にいたるまで医療従事者たちによって唱えられている。そして今でも螺旋状の蛇は、英国、米国、オーストラリアの医師会、さらには世界医師会の標章になっている。問題はなぜなのかという点だ。螺旋状の蛇が、医学や聖なる石から得られた知恵に、どんなかかわりがあるのだろう？　さらに、それ以外のものとして注目しておきたいのが、知恵が昔から光（Light）と関連づけられており、知恵を得ることが〝悟り（enlightenment）〟や〝啓蒙（illumination）〟と定義されるようになったという事実だ。

シナイの物語においても、蛇の紋はイスラエルの民の治癒に直接的な関係がある。主がモーセに「蛇を作り杖につけよ」と命じている場面だ（英語の聖書では通常「brazen serpent（青銅の蛇）」「pole（旗竿）」という言葉が使われているが、もともとのギリシア語セプトゥアギンタ聖書では、ただ「serpent（蛇）」「staff（杖）」と表現されている）。さて、ここに見られる興味深い矛盾は、契約の櫃《はこ》の上に置かれた黄金のケルビムに関するものと同じだ。蛇やケルビムを作るようにとの指示は神からの命令だとされているが、その同じ神が、次のような命令を下しているのだ。「あなたはいかなる像も造ってはならない。上は天にあり、下は地にあり、また地の下の水の中にある、いかなるものの形も造ってはならない」（出エジプト記二十章四節）。モーセは、黄金の子牛を造ったアロンとイスラエルの民を叱咤したかと思いきや、次の瞬間には、せっせと蛇やケルビムを造っているというのだ！　あのような犯すべからぬ禁止令を受けたあとで、モーセが神の命によって生物の造形物を作製するとは考えにくい。ということは、serpent（蛇）はsnake（蛇）そのものではなく、また、ケルビムも天使ではなかったと考えるべきではないだろうか。

紀元一世紀のクムランのエッセネ派集団について論じている部分で、ヨセフスは、これら白装束をまとったエジプト・テラペウタイ派の後継者たちは、薬効のある石の知識を、古代人から得たと説明している。いずれmfkztにも薬効があることを述べるが、当座はウリム＝シャミールという岩石を切る宝石──「電光石」──のことに集中しよう。

大祭司の胸当て《エッセーン》（そのポケット部分に、ウリムとトンミムがうやうやしく納められた）には十二の貴石が飾られたと、出エジプト記二十八章十七〜二十節は記す。それらは紅玉髄《サージウス》、黄玉《トパーズ》、ざくろ石《ガーネット》、翠玉《エメラルド》、青玉《サファイア》、金剛石《ダイアモンド》、黄水晶《リギュール》（琥珀）、瑪瑙《めのう》、紫水晶《アメシスト》、緑柱石《ベリル》、縞瑪瑙《オニックス》、碧玉《ジャスパー》だ。ここで注目すべきは、リストにルビーが含まれていないということ【訳注：新共同訳では、一番目がルビーとなっている】だが、ヨブ記二十八章十八節と箴言八章十一節は、知恵をルビー【訳注：新共同訳聖書では真珠】になぞらえている。

驚異のルビー

さてここで、比較的最近の一九六〇年のカリフォルニアへと時間を進めよう。当時マリブのヒューズ・エアクラフト研究所で働いていた物理学者セオドア・メイマンは、米国物理学会の機関誌《フィジカル・レビュー》で興味深い記事を読んだところだった。その記事は、コロンビア大学のある教授と研究員が、ベル電話研究所において、光増幅の調査を行なっていることを伝えていた。彼らの名はチャールズ・タウンズとアーサー・ショーロウで、さまざまな分子の不可解な性質を扱う、マイクロ波分光分野の専門家だった。マイクロ波放射の波長が短くなればなるほど分子との相互作用は強くなるため、それが光屈折の成分階級を測る強力な分光装置になりうることが、ふたりにはわかっていた。彼らが開発しようとしていたのは、マイクロ波より短い波長――赤外線と可視光線の波長――の制御装置だった。ふたりは合わせ鏡を使って光を往復させ、その後、《フィジカル・レビュー》に論文を発表して、可視スペクトルの中でいかに単一周波数増幅を達成したかを説明した。しかし、この発見は応用できるものがなく、「求職中の発明」というレッテルを貼られることになった。

　これに魅了されたセオドア・メイマンは、タウンズやショーロウとは別に、色の波長や相対的なエネルギー準位を独自に調査した。そして、クロム原子が緑と青の光を吸収し、非常に浸透性の強い赤だけを放出することを発見した。クロム原子によってその赤い色が作られる発振鉱石はルビーであり、メイマンは、これらの原子にある電子が高度なエネルギー準位に励起させられ、強烈な白い光線を発することに気づいた。棒状のルビーを使い、両端の平行面を（一方の反射率が他方よりわずかに低くなるように）銀で蒸着し、それから水晶製のコイル状フラッシュランプをルビーの周りに巻く。急速な閃光で光ポンピングさせると、ルビーの棒《ロッド》は非常に強力な赤い光線を放射した。一九六〇年八月、メイマンはこの実験結果を《ネイチャー》誌に発表する。その後ベル電話研究所が、フラッシュランプをアークランプに替えて、高エネル

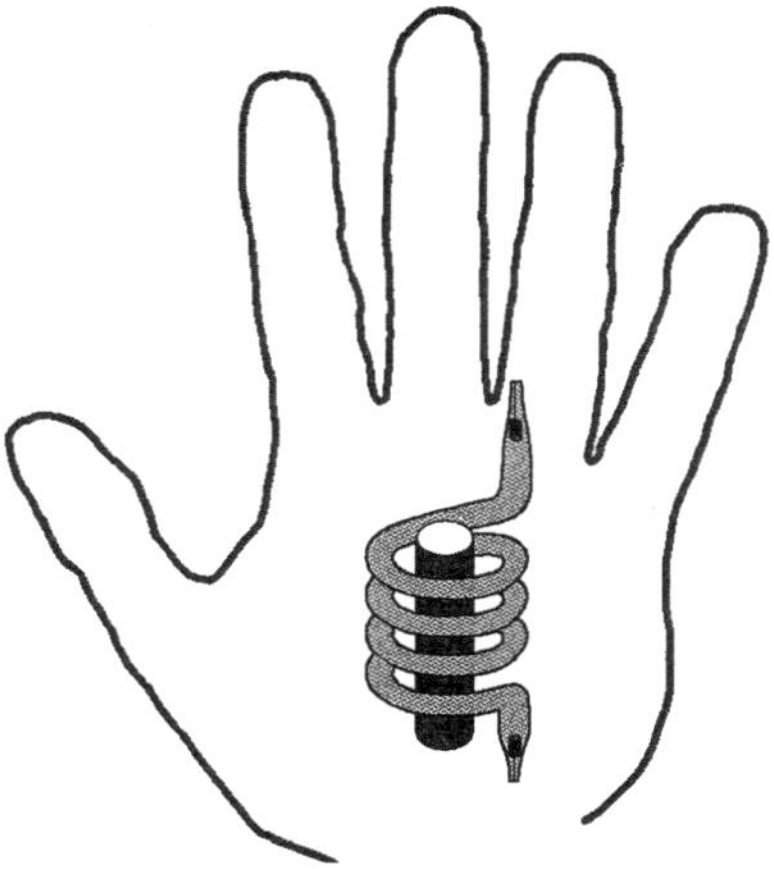

メイマンが作った最初のルビー・レーザー

ギー光線を連続して生じさせることに成功した――太陽の百万倍も明るい可干渉性《コヒーレント》の光束《ビーム》だ。この光束は非常に細く、完璧な状態であれば、まるでバターを切るナイフのように、鋼鉄をも精確に切断することができた。このプロセスは「Light Amplification by Stimulated Emission of Radiation（誘導放射による光の増幅）」と呼ばれ、間もなく「Laser（レーザー）」と略されるようになった。

さて、今から四十年ほど前に作られた、このいわゆる〝世界初〟のルビー・レーザーは、どんな形をしていたか？　まさに、中央の軸に巻きつく蛇の形――エンキやアスクレピオスの標章と同じだった。レーザーがその後すぐに医学の世界で使われるようになり、顕微手術の分野では外科用メスに取って代わったことは、驚くに値しない。ウリム＝シャミールが円筒形のルビーで、これをはめこむ適当な水晶の螺旋状スリーブがあったとしたら、起動させるためには、接続できる電源さえあればよかったのだ。

あかしの指輪

過去の芸術家たちは、モーセが運んだという十戒だけが記された銘板を、一メートル近くある墓石のような大きさに描いてきた。対照的に、発掘された数々の古代メソポタミアの銘板には、十センチ前後の粘土製の板に、比較的多量の情報が銘刻されている。

シュメール人の〝天命の書板〟は、原物がどんなものだったかを知るのは難しいが、その歴史は聖書のいかなる記述よりもはるかに古い。最初にこれに言及しているのは、約三千五百年前に作られた、七つの銘板から成る、創世記以前の天地創造物語〝エヌマ・エリシュ〟(「高きにありし時」の意)だ。紀元前一九六〇年ごろアブラハムに受け継がれたとき、その書板には「人類が過去に知り得たすべてのこと」と「人類が将来知り得るすべてのこと」が収められていたという(「書かれていた」とは記されていない——ただ、板がこの情報を「収めて」いたということのみだ)。もし、カバラの教えが説くように、モーセが受け継いだのがまさにこの書板であったなら、おそらく出エジプト記の記者が〝あかし〟と呼んだ石がこれだったのだろう。しかしそれは、旧約聖書の語り部も断言しているように、十戒とはまったく異なるものだった。

出エジプト記(二十〜二十三章)には、十戒がホレブ山で主からモーセと民衆に伝えられたこと、そしてそれには口頭による一連の規定が伴ったことが記されている。モーセはそれらの事柄をすべて書き記し（出エジプト記二十四章四節）、ふたたび、イスラエルの民に彼らの新たな〝契約の書（Book of the Covenant）〟として読み聞かせた（二十四章七節）。モーセがこれらの規定を、何を使って何に書き記したのかは不明だが、ただそれが（板ではなく）「書物」の形態であったことだけは明らかだ。この書物が読まれたあと、主がモーセに言う。「わたしのもとに登りなさい。山に来て、そこにいなさい。わたしは、彼らを教えるために、教えと戒めを記した石の板をあなたに授ける」（二十四章十二節）。

その後、主がこう言ったと記されている。「この櫃《はこ》に、わたしが与えるあかし【訳注：新共同訳聖書では掟の板】を納めなさい」（二十五章十六節）。さらに、「主は…（中略）…二枚のあかし【同じく掟】の板、すなわち神の指で記された石の板をモーセにお授けになった」（三十一章十八節）。ところが、板を手に山から下ったモーセは、イスラエルの民が踊っている光景を見て、即座に「手に持っていた板を投げつけ、……砕いた」（三十二章十九節）。ここからわかるのは、これらの板は壊れやすいものだった、つまり、明らかにこの場面では、神秘の〝サッピール〟ではなかったということだ。

そこから物語は、通常聖書の教えとして語られるのとは違った、二番目の板の話を描き出す。主はモーセに言う。「前と同じ石の板を二枚切りなさい。わたしは、あなたが砕いた、前の板に書かれていた言葉を、その板に記そう」（三十四章一節）。しかしこの板についてはそれ以上の言及がない。実際の展開では、主はさまざまな民の規則を口頭で反復し、そのうえでモーセにさらなる指示を出している。「これらの言葉を書き記しなさい」――そこでモーセは「十の戒めからなる契約の言葉を板に書き記し」(三十四章二十七～二十八節)、彼自身が記した板を持って、山を降りた(三十四章二十九節)。

旧約聖書のこの話の筋をどのように読もうと(ギリシア語セプトゥアギンタであろうと、マソラ学者によるヘブライ語聖書であろうと、あるいは欽定訳聖書であろうと)、一般的な認識とは裏腹に、モーセには神によって書かれたものが何ひとつ残されなかったという事実に変わりはない。彼の手にあったのは、〝契約の書〟(モーセ自身が書いたもの)と十戒(同様に彼自身の手によるもの)だけなのだ。では、神の手から授けられ、〝契約の櫃《はこ》〟に納められるべきだった〝あかし〟は、いったいどうなったのだろう?

これに関して、その後、出エジプト記四十章二十節には、モーセは「あかしを取って箱に入れ」たと書かれており、一般的にこれが十戒を記した板のことだと考えられている。だが十戒の板は何の変哲もない板で、モーセ自身が一連の短い規則を記したものだ。そんな代物のために、豪華に装飾された一・二二メートルもの黄金の箱を製作するのは割に合わない。しかもその内容は秘密でも何でもないのだ。そこにいたすべての人々に知らしめられ、現代のわたしたちも多くがその内容を知っている。またモーセが約櫃の中に納めたのは、契約の書でもなかったはずだ。それはたんなる司法的判断や命令の集合体に過ぎず、いわば民法を司る者の参考書であったからだ。すぐ手に取れる場所にあることが大事であって、隠してしまうべきものではない。しかし理由がなんであれ、約櫃はレビ人の祭司たちによって厳重に保護され、エルサレムに運ばれてからは、隔絶され聖別された場所に置かれたのだ。

近代以降のキリスト教会では、約櫃の中身の価値をより重大に見せるために、約櫃には十戒のほかに、マナの壺とアロンの芽吹いたアーモンドの杖が納められたと教えられるのが一般的だ。しかし旧約聖書のこの文脈では、これらの品々に触れてはいない。約櫃と関連づけられるようになったのは、ずっとあとの新約聖書におけるキリスト教的思想によるものであって、聖パウロの記したヘブライ人への手紙の九章四節に初めて登場するのだ。ならば、モーセが約櫃に納めたという、いわゆる「あかし」とはいったい何だったのだろう？

その答えは列王記上十一章十二節、(紀元前八三九年ごろ) ユダの王ヨアシュが祭司によって任命される場面にある。「そこでヨヤダが王子を連れて現われ、彼に冠をかぶらせ、あかしを渡した。人々はこの王子を王とし、油を注いだ」。この「あかし」とは当時の重要な王家の記章――王位に就く者の大事な護符《タリスマン》で、宣誓と証言を表わす螺旋状の指輪だった。

出エジプト記三十五章二十二節には、幕屋の飾りの黄金として用いられるために、イスラエルの民がモーセのもとに持ってきた宝飾品のリストが挙げられている。その一節には（一六一一年の欽定訳聖書によれば）「男も女も次々と腕輪、耳輪、指輪、銘板、およびすべての金の飾りを携えて来た」とある。一八八五年の改訳旧約聖書ではこの銘板をもっと直接的な「腕飾り」と言い換えており、一方マソラ学者による聖書では、「印環」としている。しかしもともとのセム語「tabba'ats」は、セプトゥアギンタ聖書が正しく表現しているように「指輪」という意味だ。つまり、ヨアシュ王の護符の指輪そのものが、「あかしの銘板」であり前に確認した〃サッピール〃だったのだ。

少し前に、ソロモン王が「電光石」（シャミール）を指輪にはめこみ、神殿の石材を切断するのに使ったと述べたが、この王家の表章――あかしの〈銘板＝指輪〉――こそが、ソロモンの血筋の王たちによって、七代あとの後継者ヨアシュ王の時代まで受け継がれたのだ。しかしソロモンの指輪は貴金属（シナイ半島での金の指輪同様）で出来ていたといわれており、かたや、サッピールの銘板は石だと認識されているのだ！　これまでに明らかになったように、mfkztは黄金でできていながら、錬金術では石と呼ばれた。同様に、スケティヤ――凄まじい力を持つ螺旋状の水晶――も、この先見ていくように、名匠たちによってイリジウムから作られたのだ。この驚くべきガラス様の物質は、古代メソポタミア神殿の鍛冶職人たちにも知られており、彼らはこれを〃アン＝ナ〃（耐火石）と呼んでいた。一方、mfkztの粉は〃シエム＝アン＝ナ〃（高位耐火石）と呼ばれていた。

ウリム（男性的な石）は神の顕現だと考えられていたが、女性的なトンミムは、カナン人がアナテと呼んだ天の女神を象徴していた。フェニキアでは〃バラト・アン＝ナ〃（高貴なアンナ）として知られ、その文化がゆくゆくは部族社会のブリテンに入り、ブリタニアという名で呼ばれるようになる。

モーセが山から持って降り、約櫃に納めた（出エジプト記四十章二十節）「あかし」は、おそらく、貴重な螺旋状の水晶の中にウリム＝シャミールがはめ込まれていたものだったと考えられる――その宝石のためにこそ、ソロモンは聖なる安置場所としてエルサレム神殿を建てたのだ。モーセはそれをエル・シャダイ（山の神）から授けられたのであり、その点からすれば、銘板はモーセが手のひらに握れる大きさのサッピールだったというカバラの教義のほうが、はるかに説得力があることになる。彼が持っていたのは光の槍因子の片割れ――螺旋状のスケティヤ、あるいはアロンやエルアザルら大祭司たちの呼ぶところのトンミムであった。特に注目すべきは、出エジプト記の中では終始、約櫃が〝あかしの櫃《はこ》〟と呼ばれていることだ。民数記十章三十三節（イスラエルの民がシナイ半島から先へ旅立ったとき）になって初めてそれが改名され、神への忠誠の印として、〝契約の櫃〟と呼ばれるようになった。

ウリムとトンミム（聖書では別個のものと認識されている）は相互作用を及ぼす仕掛けだったことから、モルモン教の伝承が、効力発揮中の両者をひとつの物体〝ウリム・トンミム〟と見なしていることは、あながち誤りとも言えない。これらふたつの石は男性と女性のようなものであり、いっしょに約櫃の前に置かれたとき、光と完全がひとつとなって現われる。しかしカバラの教えで述べられているように、トンミム＝スケティヤは、単独でも浮揚の特性という独特の力を持つ物質である。

新しい王朝

これまでにわかったシナリオを整理してみよう。紀元前約二六〇〇年、古代エジプト第四王朝のスネフェル王のころ、セラビト・エル・カディムの神殿がシナイ半島のホレブ山で稼動を始めた。この王朝には、クフ（ケオプス）、カフラ（ケフレン）、メンカウラーという、ギザの三大ピラミッドを建てた王たちがいた。セラビトでは〝偉大なる者〟たちが黄金からｍｆｋｚｔと呼ばれる不思議な白い「投入の粉」を作ったが、それはイスラエルの民が〝マナ（これは何か？）〟と問うたものだった。ｍｆｋｚｔは円錐形のかたまり（「白いパン」と呼ばれた）に成形され、〝黄金の王家〟一族の王たちが食した。それは王位の質を高めると同時に、死んだ王が送られるという謎の死後の「場」――〝ｍｆｋｚｔの野〟――とも関連があったらしい。

セラビト神殿は、ラムセス王の時代（紀元前一三三〇年ごろ）に錬金術工房としての機能を停止し、黄金の王家の秘密が、山の神からアロンとその子孫の祭司という新しい聖職階級へと伝えられた。正統なエジプト王朝の時代は終焉を迎え、国外から新たな勢力が押し寄せてきていた。ラムセス一世（紀元前一三三五年ごろ〜）は王家の血筋ではなく、彼の妻サトラーはファラオの従兄弟の家系だったが、王権の相続者候補としてはあまりに血が薄かった。少年王ツタンカーメンが夭折し第十八王朝が衰退していく中で、王家の血統は新たに旅立つべき時期だった。同じころ、ツタンカーメンの妹がイスラエルのある家系の者と結婚した。エジプトの王権は女系相続を厳格に重んじたことから、彼女こそが旧来王朝の真の後継者だった。彼女はシナイ半島に、夫とモーセとともに旅立った。

〝黄金の王家〟の秘宝（ウリム＝シャミールとトンミム＝スケティヤ）は、モーセと新しいイスラエル人祭司の保護下に置かれた。彼らはシナイにおいて、〝約束の地〟で支配王朝を築くことを命じられた。いずれそれらの王（エジプト第十八王朝の末裔）はユダの王家となる――ダビデ、ソロモン、そして最終的にイエスに至る血統だ。しかし、エルサレムに新たな君主国を建てるには、まず、カナンの地（のちのパレスチナ）にたどり着き、そこを横切り、征服するという大仕事が待っていた。

第四章　エジプト脱出

イスラエルの子ら

モーセの時代、イスラエル人《びと》とヘブライ人《びと》のあいだには明確な違いがあった——聖書ではあいまいにされている点だ。「ヘブライ人」という呼称は、アブラハムの六代前、メソポタミアに住んでいた太祖エベル（別名ヘベル／アブハール。紀元前二四八〇年ごろ）の名から来ている。一方「イスラエル人」という言葉は、アブラハムの孫ヤコブにつけられた新しい名前〝イスラエル〟がその由来だ（創世記三十五章十〜十二節）。ヤコブ＝イスラエルの子孫が、紀元前一七九〇年ごろからのエジプト寄留時代に、イスラエル人、または〝イスラエルの子ら〟と呼ばれるようになった。翻訳方法の違いにより、"Is-ra-el"が「エルの戦士」を意味したり、"Ysra-el"が「エルは支配する」だったり、また「エルは戦う」という解釈もある。ヤコブが新しい名を授かった場所自体も、それまでルズと呼ばれていたのが、ベテル（Beth-el）つまり「エルの家」に改名された（創世記二十八章十九節）。

古代カナン語の言葉である「エル（El）」は、〝偉大なる主《しゅ》〟、または〝高貴な者〟を意味する――シナイでモーセに銘板を授けた山の神エル・シャダイのエルだ。古いヘブライ語テキストの出エジプト記六章三節には、エル・シャダイはアブラハムの時代にも使われた言葉だと書かれている。三八五年ごろのウルガタ聖書ではそのまま、「エル・シャダイ」という表現が聖書正典に四十八回見られるが、一六一一年刊行の欽定訳英語聖書では、そのすべてが「全能の神」と訳されている。古いメソポタミアの伝承において、エル・シャダイの同義語は〝イル・クル・ガル〟すなわち「偉大なる山の主」であり、一方、シュメール人の言語で〝エル〟はもっと限定的に「輝ける者」を意味した。

ちなみに「Jew（ユダヤ人）」という言葉は、「Judaean（ユダヤ人）」という呼び名から来ている――ユダヤ人とは、カナン南部のユダヤの地でふたたび一緒になった、イスラエル人とヘブライ人のことを指す。そしてその後、イスラエル＝ヘブライ国家全体を表わす呼称になった（〝ユダヤ〔Judaea〕〟とは〝ユダ〔Judah〕〟のローマ語化した言葉）。ユダヤの北にはサマリア、そのさらに北にはガリラヤがあった。

モーセの出エジプト以前、代々エジプトに住んできた元祖イスラエル人たちは、カナンにいた、祖先を同じくするヘブライ人たち、つまりエジプト人が〝ハビル〟と呼んだ部族とは、ほとんど接点がなかった。しかし紀元前一三三〇年ごろ、イスラエル人たちはシナイ半島に到達し、やがてヘブライ人たちと遭遇する途上にあった――何世紀ものブランクを超えて、両者がついに繋がり合うことになる。そのためにエル・シャダイは、イスラエル人たちに新しい土地の法律、習慣、義務を伝授した。つまり彼らはホレブ山で、ヘブライ人の文化を命令（規定）の形で学び、一種の憲法である〝契約の書〟に対して忠誠を固めたのだ。

十戒はというと、また話が違ってくる。これは、イスラエルの民がエジプトで尊重してきた戒律を、忘れてしまわぬよう書き出したものだった。出エジプト記二十章に記されているこれらの戒律は、新たに作られた行動規範ではなく、エジプトの『死者の書』呪文百二十五番に出てくる古代ファラオの告白を、新しく書き変えたものだ。たとえば、「わたしは殺さなかった」という告白が「殺してはならない」という命令に置き換えられ、「わたしは盗まなかった」が「盗んではならない」に、「わたしは嘘をつかなかった」が「偽証してはならない」に変わったという具合だ。

では、モーセについてはどうだろう。モーセはユダヤ人だと思われているが、当時ユダヤ人なるものは存在していない。ヘブライ人と考える向きもあるが、彼はイスラエル人とともにエジプトから出てきたのだ。あるいはイスラエル人の長老ととらえる者もある。しかし、これら一般的な理解に反して、旧約聖書はすこぶる明快に、モーセはヘブライ人でもなければイスラエル人でもなかったと伝えている。特に出エジプト記二章十九節では、モーセのことを「ひとりのエジプト人」と呼んでいる。さらに四章十節を見ると、モーセは（三章十二節で神から命じられたように）エジプト在住のイスラエルの民に向かって語るには、その能力がないことを危惧しており、自分は「弁が立つ方ではなく」、また「口が重く、舌の重い者」であると告白している――これはつまり、イスラエルの民の言語に通じていなかったということだ。

マネト（紀元前三〇〇年ごろのファラオ・プトレマイオス一世の顧問）の記した『エジプト史』には、モーセはエジプト・ヘリオポリスの神官だったと書かれている。その後紀元一世紀のユダヤ人歴史家フラウィウス・ヨセフスは、マネトのこのモーセ＝エジプト神官説に異を唱えたが、あとになって『ユダヤ古代誌』の中で、彼自身モーセのことを、エチオピアとの戦争におけるエジプト軍司令官だったと述べている。

モーセが誰だったのかを知る手がかりは、その名前にある。ヘブライ語の〝モーシェ（Mosheh）〟に改められてはいるが、これはイスラエル人やヘブライ人の名前ではない。このこと、出エジプト記十一章三節が「モーセその人もエジプトの国で……大いに尊敬を受けていた」と伝えていることを合わせれば、モーセという名がエジプトに起源を持つことがわかってくる。ジグムント・フロイト、ジェームズ・ヘンリー・ブレステッド、アフメド・オスマンなど、語源を調べた学者たちによれば、モーセという名前は実はエジプトの〝mose〟（ギリシア語ではmosis）から来ているという。これは「子孫」や「世継ぎ」を意味する言葉で、その伝で、トトメス（Tuthmose/Tuthmosis）は「トト（Thoth）を継ぐ者」、アメンメス（Amenmose/Amenmosis）は「アメン（Amen）を継ぐ者」となる。

ヘブライ語のモーシェという名は「引き上げる者」を意味する〝mosche〟から派生したといわれている。これは、赤ん坊モーセが入れられた葦の籠を川から引き上げた王女が、その名をつけたとされているからだ。しかし、エジプトの王女がヘブライ語の語源学に通じていたとは考えにくいし、しかもエジプトのデルタ地方に定住してすでに四百年が経っていたイスラエル人の話す言葉は、もはやヘブライ語ではなかったはずだ。王女は単純に、自分が養子にした少年にエジプトの名前をつけたのだろう。しかもモーセは「引き上げる者」ではなく、「引き上げられた者」だったはずで、それを表わすヘブライ語は〝moshiu〟だ。

〝籠またはパピルスの中の男の子〟という話の原型を探すのは、難しいことではない。その記録は、ネブカドネツァルによってバビロンの捕囚となった（紀元前五八六～五三六年ごろ）後世のイスラエル人たちが、先祖への関心を胸に探求したに違いない。当時、メソポタミアの図書館には、最初の天地創造物語『エヌマ・エリシュ』とともに、大洪水を描写した『ギルガメシュ叙事詩』や最初の王アダマについて語る〝アダパの銘板〟などが収められていたはずなのだ。紀元前六世紀の時点ですでに古典であったこれら粘土製銘板の文書の中には、パピルスの籠の原型が登場する、シャルルキン、のちのアッカドのサルゴン大王（紀元前二三七一～二三一六年）の伝説があった。サルゴンについて述べた、アッシリアのある文書にはこう書かれている。「わたしの取替え子の母がわたしを宿した。母は密かにわたしを産んだ。母はわたしをパピルスの籠に入れ、松やにでふたを封じた。母はわたしを川に投げ入れたが、川の水がかぶることはなかった。川はわたしを支え、水の引き上げ手、アッキのもとへと運んだ」。

それでは、モーセと呼ばれたエジプト人の赤ん坊（のちに大人の男性として登場）とは――ホレブ山でかの有名な使命を揺るがぬものにし、後世のユダヤ教律法の開祖としての運命を見出した、伝説の人物とは——いったい誰だったのだろうか？　本書執筆の前段階として、わたしは『聖杯の血統（Bloodline of the Holy Grail）』（仮題／小社刊行予定）と『聖杯王たちの創世記（Genesis of the Grail Kings）』（仮題／小社刊行予定）の中で、モーセの出自について論じた。これから、契約の櫃《はこ》を携え、シナイ半島から新たな旅——千三百年以上あとの福音書時代まで、そしてさらにその後何世紀にも及ぶ長い旅——に出発するにあたり、鍵となる断片を集約するべきときが来たようだ。読者がすでに耳慣れた話題からいくつかの要素について語ることになるが、それは新たな光景を描き出すために必要なことなのだ。特に、本シリーズのほかの作品をまだ読んでいない読者のためにも。

オックスフォード大学のある神学者が、ＢＢＣラジオ討論の場で、「アブラハム、モーセ、ダビデ、ソロモンなどの人物が実在したという歴史的証拠はひとつもない」とわたしに語った。辺境のヘブライ語資料にしか出てこないから、というのだ！　そこでまず、「歴史」の本質について確認しておこう。その正しい定義は「重要あるいは公的な出来事、過去の出来事や事件《くだん》の、年代順の記録」だ。歴史とは出来事の記録であって、出来事そのものではないのだ。件の教授が示唆したような、英国あるいはキリスト教国の記録だけが歴史として認められるなどというルールは、どこにも存在しない。その点からすれば、中東で見つかった古代ヘブライ語文献も、他のどの場所で見つかったどんな民族の記録とも等しく、歴史的正当性を持つはずだ。当然より広い範囲の状況を量ろうとするなら、すべての事柄を考慮に入れなければならない。当然のことながら、遠いユダヤの記録に残る人物たちが、彼らの生きた環境から外れた国々で、歴史に顔を出すはずがない（それは、ブリトンのボアディケアやカラクタクス【訳注：ともに古代ローマ時代当時の英国の歴史的人物】が中東の年代記に登場しないのと同じことだ）――だが、だからといって、彼らが登場するのが聖書に限られているわけではない。

二十世紀より前の時代には、古代カナン人の伝承についてはほとんど知られていなかったが、一九二九年以降、古くは紀元前一四〇〇年ごろまでさかのぼる大量の文書が、シリア北西部のラス・シャムラ（古都ウガリト）で発見された。さらに比較的最近の一九七五年には、テル・マルディフ（古都エルバ）で別の銘板が発見された。エ・サ・ウム（エサウ）、アブ・ラ・ム（アブラハム）、イス・ラ・イル（イスラエル）、イブ・ヌム（エベル）など、これまで聖書の中にしか登場しないと考えられていた人物たちが、考古学的によみがえったのだ。これらの発見は、メソポタミア、エジプトその他の土地での同様の発見と併せて、いかなる時代であっても、記録保管所に収められた資料だけに歴史を限定してはならないということを、如実に示すことになった。けっして陽の目を見ることのない歴史の記録が、海や砂漠の奥深くに、今なお眠っているのだ。

出エジプト記は、ファラオがイスラエル人の男の赤ん坊を殺せという命令を下したため、新生児モーセに命の危険が迫っていたと語る。この死刑宣告の理由は、イスラエル人が「おびただしく数を増し、ますます強くなって国中に溢れた」（一章七節）ためだとされている。「生まれた男の子は、ひとり残らず川にほうり込め」と言い渡されていたため、レビ家のある女性は、生後三カ月の自分の息子をパピルスと松やにの籠に入れ、葦の茂みに置いた。

そこから物語は、やや信じがたい展開を見せる。ファラオの娘が、まるで父王の命令など歯牙にもかけぬ様子で、通りかかるのだ。王女は赤ん坊を見つけ、たまたまそばにいた赤ん坊の姉と話し始める。そして赤ん坊は、王女が乳母として雇った実の母親の元に戻される。あっという間に男の子は出発地点へ舞い戻り、同時にファラオの迫害の恐ろしさもすっかり忘れ去られてしまうのだ！　王女は後年その男の子を養子にしてモーセと名付けるのだが、彼の生みの親のことを問いただす者もない。そしてモーセの子供時代についての聖書の記述はここで終わり、次の一節で（二章十一節）、彼はいきなり成人男性として描かれる。

カイロ出身の歴史言語学者アフメド・オスマンが、モーセの身元と当時の習慣について、徹底的な調査を行なった。明らかにシャルルキン伝説の焼き直しであるその物語とは裏腹に、オスマンは、当時の習慣に照らして、未婚のエジプト王女が子どもを養子にするのを許されることなどありえないと指摘する。エジプトの記録を探ると、パピルスの籠の物語には、もとになった事実が存在しており、しかもその登場人物や話の筋は、より説得力のあるものだという。強い影響力を持つユスフ・ユヤ（ヨセフ）というイスラエル人が、トトメス四世とその息子アメンヘテプ三世の宰相を務めていた。トトメスの逝去に伴いアメンヘテプは、女系相続によって彼が王位を継ぐために、（王家の伝統として）妹シタメンと結婚した。その後すぐに、大人の王妃を置くため、アメンヘテプはユスフ・ユヤの娘ティイとも結婚した。しかし、ティイの産んだ息子は王位を継いではならないという命が下された。ティイの父の執政が長年に及び、彼のイスラエル人親族たちがエジプトで力を持ちすぎているという、一般的な懸念があったたからだ。加えて、ティイは正統な王位継承者ではなかったので、国の主神アメン（アモン）を象徴することができなかった。そのためティイが身ごもったとき、王宮の一部の官僚は、それが男の子だったら直ちに殺そうと考えた。その陰謀を察したティイは、ナイルデルタ地方のゴシエンに住むイスラエル人の親戚とのあいだで計画を練り、デルタ近くのザルという町に夏用の別宮を建て、そこで男児を出産した。このような展開の中で、助産婦たちは、レビ家の娘でティイの義理の妹テイを、男の子の乳母として立てた。

少年アメンヘテプ（紀元前一三九四年ごろ出生）はのちに、（マネトがモーセについて説明しているとおり）ヘリオポリスでラー神に仕えるエジプト人神官たちによって教育され、さらに十代の時期をテーベで過ごす。そのころには、産んだのが男の子ではなくネフェルティティという女の子だけだった第一王妃シタメンよりも、彼の母ティイのほうが力を持つようになっていた。その後ファラオであるアメンヘテプ三世が病に倒れ、王家にはほかに直系男子がいなかったため、若きアメンヘテプが表舞台に立たされることになった。彼は、この難局でともに摂政を務める相手として、腹違いの妹ネフェルティティと結婚し、父王の没後、アメンヘテプ四世として即位した。

古代エジプトでは、王が王位を女系によって継承するため、姉妹と結婚するのが慣わしだった。これらの妻はたいてい王の異父姉妹だった。当時の系図を見ると、エジプトには多くの王朝が継続的に存在したが、ファラオが後継者となる男子のいないまま死亡した場合にだけ、王家は名を改め番号を変えた。大事なのは王妃に女性の跡継ぎがいることで、その娘が別の男性

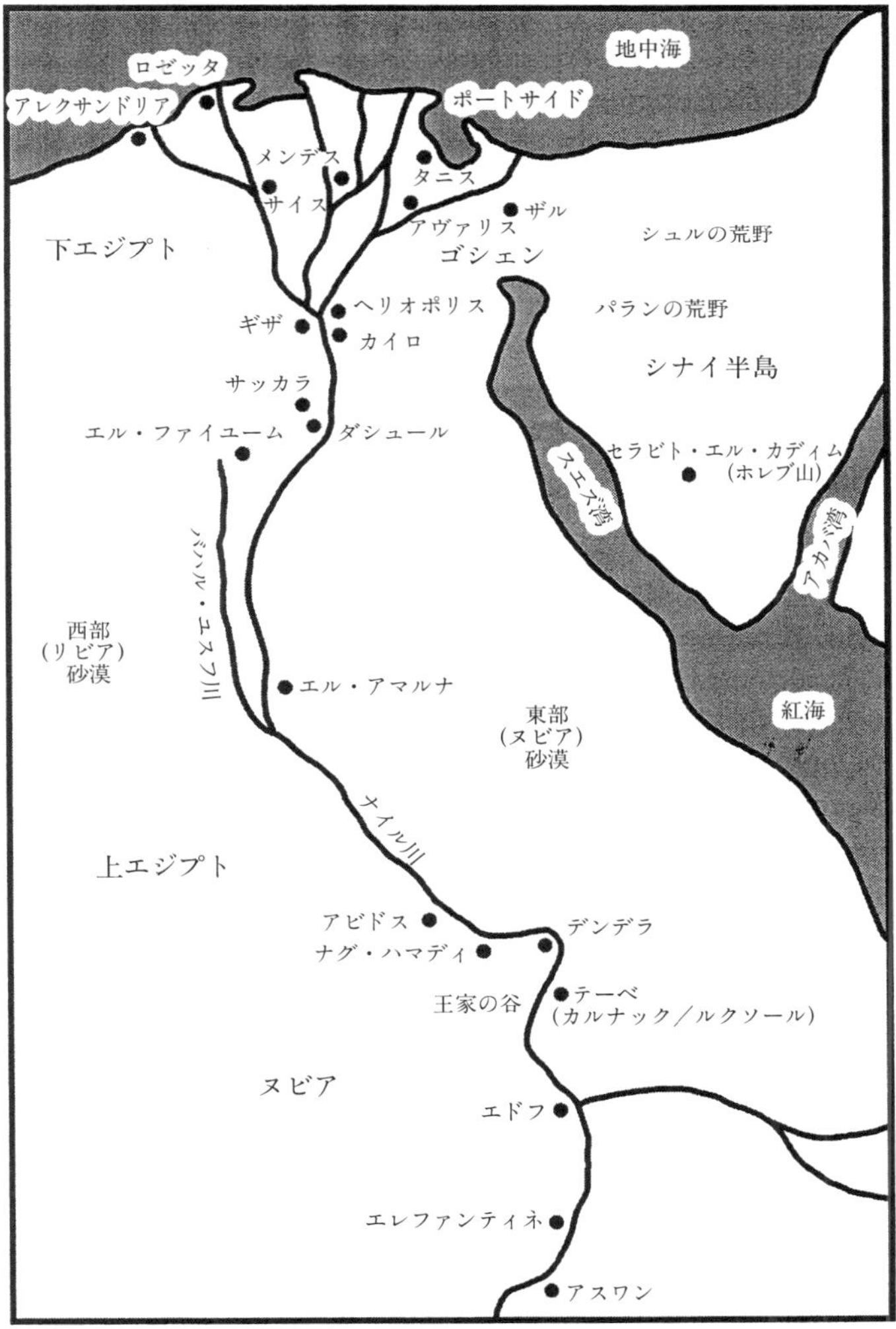

エジプトとシナイ半島――出エジプトの地

の家系へ嫁ぐことで、新たな王朝が誕生したのだ。

またどうやら、多くのファラオたちは政略的に選んだ妻を多くめとり、古代エジプト初期王朝の祖先であったメソポタミアの元祖王家筋の、さまざまな家系と縁を結んだらしい。そのような場合、皇太子たちは父王の第二・第三王妃の娘たちと結婚し、一見父系相続を永続させつつも、実際には女系の血筋を、代々受け継がれるべく強化する役割を果たしたのだ。

一部イスラエル人の教育を受けたアメンヘテプ四世（ときにアメノフィス四世と呼ばれる）は、エジプトの神々や無数の偶像を受け入れることができなかった。そこで彼は、アテン神という概念を作り出した——下向きに光を注ぐ太陽円盤によって表現された（エジプトの太陽神ラーとは区別される）、姿形のない全能の神だ。アテンという名はヘブライ語のアドン——フェニキア語から拝借した言葉で「主」を意味する——と同じだ。ちなみに「わが主」を意味するアドナイもよく知られている言葉だ。さて、このときアメンヘテプ（＝アメンは喜ぶ）は、自分の名前をもアクエンアテン（アテンの偉大な霊）に改名した。エジプトの神々の神殿をすべて閉鎖したことで、彼は国民の受けが悪くなったが、とりわけラーや国の前主神アメンに仕える神官たちから大いに反感を買った。

アクエンアテンは妃ネフェルティティとのあいだに六人の娘をもうけ、非常にしつけの行き届いた王室を築いた。しかし彼の命を狙う謀略がめぐらされ、顔のないアテン神以外にも、伝統的な神々を祀ることを許さぬのなら、武力蜂起も辞さないという脅しをも受けた。それを拒んだため、彼はついに王位を追われ、短期間、王座を従兄弟であるスメンクカラーに譲ることになる。さらにそのあとは、ツタンカーテン（側室キヤが生んだアクエンアテンの息子）が継いだ。

およそ十一歳で王位に就いたツタンカーテンは、自らの名をツタンカーメンと変えさせられる――そうすることで、アテン神ではなくアメン神への新たな忠誠を示すため――が、彼はその後九年か十年しか生きられなかった。一方アクエンアテンは紀元前一三六一年ごろエジプトから姿を消していたが、支持者たちはまだ、彼を正統な君主だと考えていた。彼らにとってアクエンアテンはいまなお、父の王座の生ける跡継ぎ、王家の世継ぎ《モーセ》（ギリシア語のモシス）だったのだ。

亡命生活が始まったときから、アクエンアテン（以下モーセと同等と見なす）はシナイへ二度旅をするが、出エジプト記が記すように、そのあいだの短い期間にエジプトに戻っている。彼が率いたイスラエルの民のエジプト脱出は、紀元前一三三〇年ごろの二度目の旅の出来事だ。アテン神崇拝はツタンカーメンの死後しばらく続いたが、そのころ王位はツタンカーメンの大叔父アイに移っていた。アイの妻テイはアクエンアテンと彼の異母妹ネフェルティティの乳母だった人で、〝神々しい者〟すなわち〝ヨカバール〟、聖書が呼ぶところのヨケベデであった。アイのあと王位はその義理の息子ホルエムヘブ将軍に受け継がれたが、彼はアテン神を無視し、アクエンアテンの名を口にすることを禁じ、アマルナ期の王たちを公式な王名簿から削除し、さらに当時の記念碑をことごとく破壊した。それゆえ、一九二二年十一月のツタンカーメンの墓の発見が、大いなる驚きをもって迎えられたのだ。この墓の主《ぬし》のことはそれまでほとんど知られていなかったからだ。

出エジプト記二章十五節~三章一節に書かれているように、モーセは最初、シナイ半島の東にあるミディアンの地へと逃げた。彼の第一王妃ネフェルティティはこの少し前に死去したらしく、遺体は発見されていないが、その名を刻んだカルトゥーシュが、一九三〇年代にアマルナの王墓で見つかっている。

ミディアンでモーセはまた別の妻ツィポラ（祭司エトロの娘）をめとり、彼女はゲルショムとエリエゼルというふたりの息子を産んだ（出エジプト記二章二十二節、十八章四節）。それから物語はシナイのホレブ山での「燃える柴」の場面へと移る。この柴は炎の光に包まれていたが燃え尽きず（三章二~四節）、その中から御使い《みつか》（天使）が出てきたという。主、エル・シャダイ本人が現われて、モーセに、自分を「わたしはわたしである」（三章十四節）――YHWH、ヤハウェまたはエホバ――と呼ぶようにと告げる。続けてモーセは、エジプトへ戻り、残酷な新支配者によって奴隷にされていたイスラエルの民を連れ出すようにと告げられる。

エジプトでは、そのころまでにホルエムヘブの世も終わり、まったく新しい支配体制が始まっていた。ラムセス一世の興した第十九王朝だ。エジプトから久しく遠ざかっていたモーセは当然、主に、イスラエルの民にどうやって自分の身元を証明すればいいのかを尋ね、それに対して三つの指示が与えられる。このことは長年、神学者たちを悩ませてきた事柄だ。なぜなら、聖書はいかなる奇術も良しとしていないのに、モーセに限っては、三つの奇術を行なうよう勧められているからだ。概してそのような行為が語られる場合は「奇跡」と呼ばれるのがふつうで、その人の成し遂げたことは常に、神の至高の力を示すものとされる。ところがこの場合モーセが神聖な力を授けられた目的は、エジプト寄留のイスラエルの民に、彼が真に退位させられた王であることを説得するためだったのだ（四章一～九節）。

最初に受けたアドバイスは、杖を地面に投げるとそれが蛇に変わり、手につかむとふたたび杖に戻るというものだ。ふたつ目は、手をふところに入れると、白く皮膚病にかかったように変わり、再度ふところに入れると元に戻るというもの。最後は、川の水を地面にまくと、それが血に変わるというものだった。

王位継承権

物語のこの時点までは、名前のわからないモーセの姉（川辺で王女に話しかけた姉）が出てきただけだったが、ここでアロンという名の兄が登場する（出エジプト記四章十四節）。ところがこれが、少々不可解な波紋を広げるのだ。モーセとアロンはエジプトへ出かけ、イスラエルの民に自分たちのことを知らしめる――ところが杖と蛇の奇術を行なったのは、イスラエルの民ではなくファラオの面前だった。【訳注：出エジプト記四章三十～三十一節に、「アロンは…（イスラエルの）民の面前でしるしを行なったので、民は信じた」とあるので、ここでも〝奇術〟を行なったはず】しかも、それを演じたのは当初予定していたモーセではなく、アロンだった（七章十～十二節）。

この場面は非常に重要だ。なぜなら、モーセと同じくアロンにも、王位に就く権利があったことを示唆しているからだ。蛇と杖や腐った手の儀式（聖書には奇術として描かれているが）は、両方とも、エジプト王たちの若返りの祭礼――彼らの神聖な力が強められる儀式――の特徴なのだ。ファラオは場面によっていくつもの笏《しゃく》（杖）を使い分けていたが、若返りの笏は、先端に青銅の蛇のついた杖だった。また王が自分の右腕を弱々しく胸の前に掲げ、左手で支えるという慣わしもあった。この儀式の準備の様子は、王妃ティイの執事を務めたケロフの墓に絵で示され、そこにはティイの夫（モーセの父）アメンヘテプ三世が描かれている。

では、モーセ（アクエンアテン）には、自らもファラオであり、その生後は行方が知れず、死亡ではなく失踪が記録されている兄弟がいたのだろうか？　実はいたのだ――少なくとも、アクエンアテンとネフェルティティの乳きょうだいで、彼らの乳母であったイスラエル人女性テイ、すなわちヨカバールを実の母に持つ人物が。ファラオとしてはアクエンアテン廃位ののち短期間王位にあった人で、名をスメンクカラーといった。彼は宰相ユスフ・ユヤの孫で、アイ（アクエンアテンの生みの母ティイの兄弟）の息子だった。正確に言うと、このファラオの名前はスメンク・カ・ラー（力強いのはラーの霊）だ。ラーは、またの名をヘリオポリス〝光の家〟の太陽神オンといい、王スメンク・カ・ラーはまたスメンク・カ・ラー・オンであり、その語尾から音声学的に、アロンという名前が派生する。同時に、この名前は「ark」に当たるセム語の「ăron」からも派生している（スメンクカラーについての詳細は、付録一「墓の謎」参照のこと）。

紀元前一三六一年ごろの亡命以降、シナイやミディアンの地に身を潜めた末に、モーセは、多くのイスラエル人たちを奴隷にしていたらしい後任ファラオのラムセス一世に対し、イスラエルの民の主張を掲げるために、アロンとともにエジプトへ戻った。彼ら自身の第十八王朝は、正式な跡継ぎのいなかったホルエムヘブを最後に終わりを迎え、軍司令官セティの息子で、ホルエムヘブの元宰相だったラムセスが、新しい王朝を開いていた（紀元前一三三五年ごろ）。蛇の杖や腐った手の秘儀を演じることで、アロンは公然とラムセスの王位継承権に異議を申し立てた。しかしラムセスはエジプト軍を掌握しており、そのことは権力闘争における決定的要因となった。アマルナの従兄弟たちは、王権を奪還することはできなかったが、ラムセスに、ゴシェンに住むイスラエルの民の出国を認めさせることには成功した。

ラムセス一世は王位に就いて二年ともたなかったが、このことは、聖書が暗示するイスラエル人追跡途上でのファラオの死と一致する（出エジプト記十五章十九節）。しかしその後すぐ（しかもラムセスの遺体保存すら行なわれていないうちに）、彼の息子セティ一世がシナイとシリアに侵攻し、カナンへのすばやい軍事攻撃を行なった。この軍事侵攻に関する記録文書にイスラエルの民の名が言及されている事実から、彼らが当時すでにカナンに到達していたことが証明される――というのも、イスラエル人（イスラエルの子ら）とはすなわちヤコブ＝イスラエルの、エジプト生まれの子孫たちを指すからだ。出エジプトの出来事以前、エジプトの国外にヘブライ人はたくさんいたが、イスラエル人は（仮にいたとしても）ほんの少数しか存在せず、イスラエル人の国なるものもなかった。【訳注：ここでの著者の理論は少々不可解。「ファラオの死」はイスラエルの民がエジプトを出てすぐの話で、その後四十年間シナイをさまよう

ことになっている。しかしここでは、セティがラムセスの死後すぐにカナンを攻撃し、イスラエル人を攻めたことになっている】

セティの軍事侵攻に関する記録は、一八九六年、W・M・フリンダーズ・ピートリー卿によって発見された、大きな花崗岩の石碑に記されている。テーベにあるメルエンプタハ王（紀元前一二三六～一二〇二年ごろ）の葬祭殿で見つかったこの石碑には、モーセの父アメンヘテプ三世の時代以降の記録が銘刻されている。メルエンプタハ（セティ一世の孫）は石碑の裏面にそれまでの歴史を書き起こしており、その治世の五年目に、カナンに住むイスラエル人たちについて語っている。イスラエルの民はシナイの荒野にさまよう日々を終えていたばかりか、カナンに住み着いて久しく、ファラオにとって脅威に映るほどになっていたのだ。現在カイロ博物館所蔵のこの石碑は〝イスラエル碑文〟と呼ばれており、メルエンプタハによるその記録の中には、数回に及んだ対イスラエル軍事行動の詳細が含まれている。エジプト学者たちはこれらを、メルエンプタハの先代王たちラムセス二世とセティ一世の時代のことと考えている。「イスラエルは破壊された」と碑文は語る。「その種はついえた。パレスチナはエジプトの寡婦となった」。ここから、イスラエルの民のエジプト脱出は、これより前の、ラムセス一世の治世（紀元前一三三五年ごろ）に起きたと推測されるのだ（この年代に関する詳しい説明は、付録二「出エジプト」参照）。

モーセとアロンの身元はわかったが、もうひとり、家族の一員で調べなければならない人物がいる。姉のミリアムだ。ひとりの姉がまず、パピルスの籠の話に登場する（出エジプト記二章七節）が、この段階では名前が記されていない。ずっとあとになってから（十五章二十節）ミリアムと呼ばれる女性が登場し、アロンの姉だとの説明がある。そして最終的に（民数記二十六章五十九節）、彼女はモーセとアロン両方の姉だと記される。

ヘブライ語のミリアムという名前は、ギリシア語のマリア／マリーに相当し、これは「愛される者」という意味のエジプトの名前メリーから派生している。アクエンアテンの直系にメリトアテン（アテンに愛される者）という王女ふたり――アクエンアテンの娘と孫娘――の名があるのは驚くに値しない。メリーという通称は王妃ネフェルティティ本人にも使われた。彼女自身、乳母がアロンの母親、レビ家のテイだったことから、スメンクカラー（アロン）の乳きょうだいに当たる。アマルナのテイの墓の碑文には、「王妃の乳母であり教師」だったと書かれている。同様に（モーセについても）、テイは「偉大なる乳母、神の養母、王の飾り手」だったという。これらの点から、モーセが赤ん坊のときに川辺に現われた彼の姉はネフェルティティであるという説が、何年か前に浮上した。理論上はそのような推測も合理的に思えるが、パピルスの籠の話自体がそもそも一部作り話をもとにしているので、この逸話に描かれる姉が誰だったかは、さほど重要な問題ではない。

もっと大事なのは、後年、モーセとアロンとともにシナイで初めて姿を見せるミリアムだ。ここでは、メリーという通称が、アクエンアテンの妻でもあった、別の異母姉妹にも使われていたことに注目しよう。この第二王妃は「王の寵妃、生けるアテン神の子」と呼ばれていた。

彼女はネフェルティティ王妃より格下だったが、多くの点で競り勝っていた。当時キヤ王妃として知られたこの著名な王族は、非常に愛されたメリー・キヤ、すなわちアメンヘテプ三世とその第三王妃ギルケパの娘だった。キヤの信望が高かった理由のひとつは、(第一王妃ネフェルティティと違い)、アクエンアテンの息子を産んだことだ——のちのファラオ、ツタンカーメンである。

キヤの地位が高かったもうひとつの根拠は、その母親ギルケパが、ミタンニのシュタルナ王を父に持つメソポタミアの王女であったことだ。キヤという名前はミタンニの女神"Khiba"(キヤと発音する)から来ている。そしてまさに、カナンの領主のひとりアブダ・キヤ(キヤの従僕の意)という人が、ヘブライ人の侵入を防ぐため、アクエンアテンの助けを求めている。当時、ミタンニ代々の君主はカナン全土で力を持っており、彼らのメソポタミアの血統(エジプト第二王朝と同じ起源を持つ)は、非常に高貴なものと崇められていた。

記録によれば、アクエンアテンの治世が終わりに近づくにつれ、メリー・キヤ(キヤに愛される者)は、メソポタミアとエジプト両方の王の血筋を受け継ぐ者として、王妃メリー・アメン(アメンに愛される者)と呼ばれ、優位に立った。彼女こそが、国を追われたモーセとともに亡命し、イスラエルの民にミリアム(メリー・アメン)として知られるようになった人物であり、彼女の母系の血筋を娘（ツタンカーメンの妹）に授けることによって、のちのユダ王家の王位継承権を確たるものにした人なのだ。ホルエムヘブ王が戦略的にアマルナ時代の資料を破壊したため、彼女の娘の名はエジプトじゅうでことごとく抹消された。そのため、この王女は現在、キヤ・ジュニア（キヤ＝タシエリット）という名で呼ばれている。

その君主にふさわしい出自にもかかわらず、ミリアムは旧約聖書の中であまり紙数を割かれていない。出エジプト記十五章二十節では、シナイ半島でティンブレル（タンバリン）を持って、イスラエル人女性たちの先頭に立ったと書かれている。また彼女とアロンは、エチオピアの女性と結婚したことでモーセを非難した（民数記十二章一節）とある。この女性とはエチオピア【訳注：新共同訳聖書ではクシュ】の王女タルビスのことのようだ。（『ユダヤ古代誌』によれば）タルビスはモーセが若いころのエジプト軍遠征時からモーセと結婚しており、シナイでもその存在が知られていたのだ。その後ミリアムはカデシュで死亡し（民数記十二章十節、二十章一節）、彼女についての聖書の言及はそこで終わっている。しかし公式な聖書の外では、ミリアムに関してかなり長い記述がある。『ヤシャルの書』という、旧約聖書正典には選ばれなかった著作である。

ばらばらだった旧約聖書の文書がひとつの書物にまとめられたのは、イエスの時代よりあとのことで、その際いくつかの文書は、構成計画上矛盾が生じるという理由で除外された。それらのうちのひとつがヤシャルの書だが、この著作も以前は重視されており、その証拠に聖書正典に二度も名前が登場する。ヨシュア記十章十三節とサムエル記下一章十八節にその名が記されていることから、ヤシャルの書は、これらが書かれる前からあったことがわかる――しかも両者はヤシャルの書のことを本質的な知識の宝庫だと述べているのだ。主流派に受け入れられなかったとはいえ、ヤシャルの書は何も歴史上の謎であったわけではない。長さ三メートルにも及ぶそのヘブライ語の巻物は、皇帝シャルルマーニュ（八〇〇～八一四年）率いるフランク王国の戦利品だった。のちにパリ大学を創設した僧侶アルクインによって、ペルシアで発見されたものだ。その功績に対する褒賞として、アルクインには三つの大修道院が与えられ、さらに、イングランドのカンタベリー大主教の地位が付与された。

ヤシャルはカレブのエジプト生まれの息子だった。また最初のイスラエル人士師オトニエルの義理の兄弟で（士師記一章十三節）、モーセの王の杖持ちに任命された者だった。それゆえヤシャルの書は、ミディアンの地に住むモーセの義父を最初レウエルと呼んだ、聖書の誤り（出エジプト記二章十八～二十一節。同三章一節では訂正されている）を繰り返さず、最初からこの人物をエトロと呼んでいる。また先ほどから徐々に明かされているいまひとつの違いは、ミリアムを最も重要視している点だ。彼女は常にモーセとアロンの助言者であり、また明らかに、イスラエルの民から大いに尊敬された文化的指導者であった。ここに、ヤシャルの書が聖書正典からはずされたもうひとつの理由を見ることができる。相談に来る者がみな無条件に受け入れるような指示を出す女性は、聖書の他の文書には見当たらないからだ。実際ヤシャルの書を読めば、ミリアムの絶対的な王位継承権を疑う余地はほとんどない。

ヤシャルの書と聖書の記述の主要な相違点は、ホレブ山で主がモーセに律法や規定を告げる場面に始まる。それらは通常、十戒に付随する命令として知られているが、ヤシャルの書ではあまり触れられていない。出エジプト記二十一章一〜三十六節には、主がモーセに対し、主人と奴隷、盗み、隣人としての態度、犯罪、結婚、道徳など多くの項目について、極めて重要な安息日の規定も含め、指示を出したことが書かれている。しかしヤシャルの書によれば、これらの法や規定は神からモーセに伝えられたのではなかった。ホレブ山のふもとで、ミディアンの長老エトロから、直接聞かされたという。シナイの上級祭司として、モーセにエル・シャダイ、すなわち〝山の主〟を名乗ったのは、彼だった。エトロはつまり、ホレブ神殿の力ある〝偉大なる者〟であり、〝黄金の王家〟の監督だったのだ。

物語のその時点で、ミリアムが異議を申し立てたとヤシャルは述べている。彼女は、なぜイスラエルの民がこれまでの習慣を捨てて、異国の法律に従う必要があるのかと問いただし、「ヤコブの子らが分別を持たぬというのですか?」と尋ねる。その後の議論の中でも神への言及は皆無で、主エトロの名が繰り返されるだけだ。出エジプト記が、イスラエルの民のモーセへの忠誠を描くのとは対照的に、ヤシャルは「集まった支族たちの声は、ミリアムの側についた」と述べている。モーセは怒ってミリアムを監禁したが、「イスラエルの人々はモーセのもとに押しかけ、われらの助言者ミリアムを返せと抗議した」ため、モーセは七日後にミリアムを解放せざるを得なかった。

明らかに、ミリアムは異母きょうだいのモーセより民衆からの人気が高かったらしく、ヤシャルの書はその地位を重視しており、カデシュで彼女が死んだときのイスラエルの民の嘆きようを事細かに記している。「イスラエルの子らは四十日間、ミリアムの死を悼んだ。誰も自分の住みかから出てこなかった。その嘆きは甚だしく、ミリアムのあとを継いで立つ者は誰もいなかった……。その嘆きの炎がまわりの国々……実にカナン全土に及んだ。そして国々は非常に恐れた」。

トバイアスという名の学者が、ヤシャルの書に付記されたあかしの中で、ミリアムは「ひと粒の種をエジプトから導き出し、地に蒔いた」と書いている。しかしこのことは聖書編集者からはものの見事に黙殺され、男性主体の系図を作り出そうとする試みにより、ヘブライの族長たちの血筋だけが強調された。聖書の記述を読み進めるうちに、読者は、のちのダビデ・ソロモン王家の者たちがその地位を得たのは、ひとえに、イスラエル人のある羊飼いの少年がペリシテ人の巨人に石を投げたからなのだ、と信じ込まされる。ミリアムを通して、メソポタミアとエジプトの偉大な王朝から、君主としての血筋がダビデに受け継がれたのだということを、聖書はまったく語っていない。

聖書編集者によって古いテキストは不当に扱われたが、ミリアム（メリー・アメン）とその娘キヤ・タシェリット（ユダ族のラーマに嫁いだ女性）こそが、〝黄金の王家〟の聖杯の血筋における重要な人物として浮上していることは疑いない。しかし族長たちのための制度として創設された宗教体制によって、彼女たちは無視され忘れ去られたのだ。その結果、連綿と続くダビデ王家の開祖であったはずのモーセ（高貴なるメリー・アメンの夫）も、脇役へ押しやられた。代わりにイスラエルの民の救い手、律法の守り手として記憶されることになったが、モーセが当時なぜあれほどの権威を持ち尊敬を勝ち得た人物だったのかは、顧みられていない。一方で、聖書に記載されたアブラハムからダビデに至る公式な系図では、多くの世代（全体で四百年分）が完全に削除されている。それは、最終的に創世記と出エジプト記を書いた聖書記者たちが忌み嫌った、エジプトとの関係性への言及を避けるためだったのだ。

ミリアムについては、『アロンの書』――モーセの同盟者フル（出エジプト記二十四章十四節に登場する）の手によるもの――がこう語っている。「ミリアムはそののち、ヘブライ人たちから崇拝されるようになり、みながこぞって彼女を褒め称えた。彼女はイスラエルを導き、ヤコブの子らを教えた――そこで人々はその気高さを称えて彼女を〝先生〟と呼んだ。ミリアムは国の徳について研究し、アロンと人々はその話に耳を傾けた。民は彼女に頭を垂れ、悩める者は彼女にすがった」。このフルの息子がウリ・ベン・フルであり、そのまた息子が作ったのが、かの〝契約の櫃《はこ》〟（出エジプト記三十五章三十〜三十一節）だった。次はその話題に移っていこう。

第五章　契約の櫃《はこ》

申命記の矛盾

　聖杯や金羊毛《ゴールデン・フリース》と並んで、契約の櫃は、聖なる遺物探求の中軸をなす。しかし前二者のとらえどころの無さに対し、約櫃《やくひつ》は、その作製の様子が具体的に聖書に示される、実在した物体だ。それなのに約櫃は、聖杯や金羊毛同様謎めいている。収納場所としての目的は書かれているものの、なぜあれほどまで豪華に装飾されたのか、その理由は伝えられない。恐ろしいほどの破壊力を持っていたと描写されているが、その説明は満足のいくものではない。イスラエルの民にとって最も大切な財産であったことに疑いの余地はないが、四世紀ほどの波乱に満ちた歴史の末に、聖書の記録から忽然と姿を消してしまう。

　オックスフォード・ワード・ライブラリーによれば、「ark（櫃）」とは現在でいう「arc（弧）」を指す古語であり、ラテン語の「arca（収納箱・貴重品箱）」に相当する。そのような箱に秘匿される物は「arcane（難解な）」と形容され、錬金術やタロット占いでは、深い謎のことを「arcanum（奥義）」（複数形はarcana）と呼ぶ。文書を保管する収納庫を「archive（書庫）」と呼び、太古の遺物は「archaic（古めかしい）」「archaean（始生代の）」と形容される。ここから、そのような品々を掘り起こして分析する学問が「archaeology（考古学）」と呼ばれるようになった。

"ark"はまた、有蓋の船を指す言葉で、ノアの方舟（Noah's Ark）や、モーセのパピルスの籠（ark of rushes）にも使われている。また聖書で伝えられ、セプトゥアギンタ聖書のギリシア語から翻訳された「ark」という言葉は、箱あるいは容器を指すヘブライ語の「ãron」に対応している。これは創世記五十章二十六節の「ひつぎ」や列王記下十二章十節の「献金箱」の描写に使われている。

旧約聖書の中でも、出エジプト記以降の大部分の時代において、契約の櫃は非常に大切に扱われ、また、イスラエルの民のカナン征服に重要な役割を果たした（ヨシュア記）。その過程では、規定の取り扱い手順に背いた者を、警告もなく殺傷したこともあれば（レビ記）、怒りの力を発散して、人々に腫れ物の疫病を生じさせたこともあった（サムエル記）。ところが、十戒の収納場所としては、最初の描写以降何も進展が見られない。前述したように、出エジプト記四十章二十節にモーセが十戒を約櫃に収めたと書かれているが、十戒についての記述は、ずっとあとの申命記に回想として登場するだけだ。その箇所では、イスラエルの民が約櫃とともにヨルダン川を渡る前に、モーセが彼らに、約櫃の偉大な力と、かつてのホレブ山での出来事を思い出させている。モーセは、神の指によって書かれた石の板は、民の面前でモーセ自身が地に投げて割ったことを語る。そして、ふたたび二枚の板を切り出すよう命じられたこと、さらに最初の板に書いてあったことが書き記され、それが約櫃に収めた「十戒」であったことを告げる。

神の指によって書かれたといわれる最初の板が、約櫃の中身とは別物だという事実は、何世紀にもわたって多大な困惑を生んできた。宗教的に言って、約櫃の伝説は、それが神から授かったものであるという理想をもとに成り立っているわけだが、ユダヤ教の学者たちは、それが歴史的に間違った俗説であることを知っている。この問題に折り合いをつけ、聖書記者らの教えを和らげるために、中世において、ある妥協的概念が作り出された。神学者たちが、約櫃はふたつ存在するはずだと宣言したのだ！ 出エジプト記四十章二十節で説明されているように、ベツァルエルが作った約櫃にはあかしの石板が納められ、もうひとつ（複製）のほうには、モーセが砕いた石板が納められたのだという！ もっとも、最終的にソロモン王の神殿に安置されたのは、本物のベツァルエルの約櫃のほうだ、との注釈がつく。十戒を納めた複製なるものの行方は、決して議論されない——少なくとも、ユダヤの歴史学者たちからは。

「第二の」約櫃という概念に喜んで飛びついたのは、エチオピアのキリスト教会だった。ユダヤ教徒がこの作り話でひと儲けする気がないならば、キリスト教徒がこれに新しい伝説を積み重ねればいい、というわけだ。果たして十四世紀に、『ケブラ・ナガスト（王たちの栄光）』という、作者不詳のエチオピア語書物が現われた。ヨーロッパ諸国がアフリカに侵入していったこの時代にあって、その書物の目的は、旧アビシニアにユダヤ＝キリスト教文化が既に根付いていたという虚構を築くことだった。それによると、アビシニア代々の王たちは、ユダのソロモン王とシェバの女王の隠し子であった、メネリクなる人物の子孫だという。そればかりか、メネリクは十戒の入った約櫃をエチオピアに持ち込んだというのだ。驚くべきことに、この伝説は今日まで生き続けている――エチオピア正教会とアクスム観光業界によるバックアップのおかげだ。当の約櫃はというと、けばけばしい造りの一九六〇年代の礼拝堂に納められているといい、そこへの出入りは、当然ながら禁止されている。よく言い渡されている門番によれば、約櫃について語ることは厳禁で、しかも誰ひとりとして（総主教でさえ）、実物を見たことがないという！

さて、申命記の文章と、それより前の出エジプト記の記述との食い違いは、見過ごせない――申命記の回想部分で、モーセがみずから約櫃を作ったと語っている（申命記十章五節）ほどなのだ。これは、ベツァルエルという職人による約櫃の制作手順を示した、下記のように詳細なもとの説明と、完全に矛盾する。「ベツァルエルはシッテム材【訳注：新共同訳聖書ではアカシア材】で箱を作った。寸法は縦二・五キュビト【訳注：新共同訳聖書では「アンマ」】、横一・五キュビト、高さ一・五キュビト。純金で内側も外側も覆い……」（出エジプト記三十七章一～二節）。これに先立ち、ベツァルエルが（助手のオホリアブとともに）、主からその任務のために特別に選ばれたことも書いてある。ではなぜ、出エジプト記の記述と、のちの申命記の回想部分とに矛盾が生じたのだろう？

現在では、旧約聖書の冒頭から、モーセ五書《ペンタトゥーク》（創世記、出エジプト記、レビ記、民数記、申命記）には複数の著者がいたことが、学者のあいだでの通説になっている。これらの書物を含む旧約聖書全体が、別々の記者によって書かれただけでなく、個々の書物の執筆時期もまた、まちまちなのだ。要するに、旧約聖書は切り貼りされた記事の寄せ集めであって、まさに冒頭から、複数文書のせめぎ合いが見て取れる。創世記一章二十七節では、神がアダムを創造したと伝えられる。そして二章七節で、ふたたびアダムの創造が語られる。ここから、同じ話をふたりの別の記者が記していることがわかる。実際、創世記にはふたつの別個の創造物語が存在する。ひとつ目（創世記一章一節～二章四節）は、紀元前六世紀の祭司兼筆記者（priestly writer。学術的には「P」と略される）の手によるものと考えられており、その目的は、混沌の闇から大地を出現させた、神の栄光を伝えることだ。ふたつ目の創造物語（二章五～二十五節）はそれより少し古く、その記者は通常、ヤハウィスト（Jahvist）（通称「J」）と呼ばれる。エホバ（ヤハウェ）という神の名を最初に採り入れた人物だからだ。そのほか、モーセ五書《ペンタトゥーク》の記者はエロヒスト（Elohist＝「E」）や申命記記者（Deuteronomist＝「D」）などに分類されている。

旧約聖書の文書は紀元前六～二世紀のあいだに編集された。イスラエル人のバビロニア捕囚時代に作業が始められ、ユダヤに戻ったあとの世代によって完成されたのだ。メソポタミアやユダヤの資料から、別々の記述をつなぎ合わせたので、全体としてまとまりに欠ける文書になった。このため、列王記と歴代誌などのある部分では、膨大な繰り返しが見られるのだ。旧約聖書のある部分は預言的、ある部分は歴史的、またある部分は単刀直入に宗教的な聖典だ。これらの分類に沿っていえば、申命記は非常にユダヤ教らしい宗教的な意味合いを持つ。記者たちは、厳しい困難と抑圧の時代にあって、共通の信仰体系のもとに人々を団結させることを、強く意図していた。

モーセの時代からおよそ八百年が経過していたが、申命記は意図的に、まるでモーセ自身の口から語られたような体裁を取っている。それは（出エジプト記のような）先祖の記録というよりも、むしろ、律法となるべき伝承の枠組みを作り出そうとするものだった。歴史の利用の仕方も完全に策略的だ。イスラエルの民による残虐なカナン侵攻を、神の意思だと言って正当化することが、まず求められていたからだ。具体的に見ると、モーセは、神が「あなたの前かららこれらの国々を滅ぼして、それを得させてくださる」と語ったという（申命記三十一章三節）。似たような宣告には、「（あなたは彼らを）必ず滅ぼし尽くさねばならない」（二十章十七節）や「彼ら（カナン人）と協定を結んではならず、彼らを憐れんではならない」（七章二節）などがある。当然、そのようなモーセの言葉は、ほかに記録が見当たらない。それどころか、出エジプト記では、彼がまったく逆の「あなたは殺してはならない」という神の命令を伝えているのだ。

申命記の、歴史的に歪曲されたこれらの側面は、芝居の台本に脚色が入るのと同じことだ。そのような枠組みの中に、十戒や約櫃についての誤った記述が散見される。実際、申命記はもっぱら内省的である。モーセの時代すなわちイスラエルの民が侵略者だったときを振り返っているが、同時に懸念も表明している。それはずっと時代が下り、ネブカドネツァルのバビロニア軍によって彼ら自身が侵略されたときの実感なのだろう。

聖書の起源

思い出してほしいのだが、一般のユダヤ人は、紀元一世紀の福音書時代になっても、ひとつにまとまったテキストを持っていなかった。さまざまな文書が独自のテキストとして存在しており、それは、一九四七年から五一年にかけてユダヤのクムランで発見された旧約聖書が、三十八の巻物から成る十九の書物だったことからも明らかだ。死海文書全体の中で最長の七メートルにもなる、ヘブライ語で書かれたイザヤ書の巻物は、紀元前一〇〇年ごろのものとされ、今のところ、現存する聖書テキストとしては最古のものだ。これらの巻物はシナゴーグで保存・使用されていたが、一般民衆の手には入らなかった。ヘブライ語聖書として認められる最初の文書集が登場したのは、紀元七〇年にエルサレムがローマのティトス将軍によって滅ぼされたあとだった。社会的動乱期にあって、ユダヤ教への信仰を建て直そうという努力の中で、聖書が編纂されたのだ（ちなみに〝Bible（聖書）〟という言葉はギリシア語で「書物の集大成」を意味する複数形名詞“biblia”から来ている）。

紀元一世紀の混成的形態の旧約聖書は、子音だけから成るヘブライ語の文体で書かれた。これと並行して、ギリシア語を話すヘレニストのユダヤ人が増えたため、ギリシア語の翻訳も登場した。これがセプトゥアギンタ（ラテン語で七十を意味する）聖書と呼ばれるようになるのだが、その名の由来は、七十二人の学者が翻訳のために雇われたからだった。さらに下って四世紀に、聖ヒエロニムスが、のちのキリスト教徒のために、ヘブライ語をもとにラテン語訳を作り、これがウルガタ（Vulgate）聖書と呼ばれることになる。「vulgar（一般）」の実用のために作られたからだ。

紀元九〇〇年ごろ、古いヘブライ語テキストの改訂版が登場した。これを作製したユダヤ人学者たちはマソラ学者とも呼ばれるが、それは、マソラ（伝統的注解書）をテキストに付加したからだ。コーデックス・ペトロポリタヌスという名で知られる、現存する最古の写本は、今からわずか千百年前、紀元九一六年のものだ。

今日わたしたちは、マソラ聖書、ウルガタ・ラテン語聖書、英語聖書、その他の言語の翻訳聖書のどれを使ってもいい。しかしいずれの場合も、これらはみな現代のものであり、翻訳上あるいは解釈上の修正を受けているという事実から逃れられない。セプトゥアギンタ・ギリシア語聖書は、（紀元前三世紀のテキストを底本にしているため）比較的信頼性が高いが、紀元一世紀やその後の修正に翻訳上の変形が加わり、これすら、真の原版からは乖離してしまっている。

住まい

〝臨在の幕屋〟はふつう、シナイで契約の櫃《はこ》を置くために建てられた、精巧な聖所だと考えられている。しかし、この贅沢な装飾を施した建物のイメージが登場するのは、モーセ五書の中でも〝祭司記者（「P」）〟が書いた部分に限られ、それ以外で描かれる簡素な〝会見の天幕〟

とはまるで別物のようだ。これに関して、エロヒスト（「E」）の言葉に次のような記述がある。「モーセは一つの天幕を取って、宿営の外の、宿営から遠く離れたところに張」った（出エジプト記三十三章七節）。このあと、非常に興味深い記述がある。それは、創世記三章八〜九節で主がエデンの園を歩き、アダムを探すくだりとよく似ている。この出エジプト記でも、約櫃の放つ光彩に存在する謎めいた神と、非常に人間的なしぐさが描かれる山の主エル・シャダイとのあいだに明確な違いがあることを、読者はかなり唐突に知らされる。出エジプト記三十三章十一節では、会見の天幕の入り口で、「主は人がその友と語るように、顔と顔を合わせてモーセに語られた」とある。似たような言い回しは民数記十一章十六〜三十節や十二章四〜九節にも見ることができる。【訳注：著者はTabernacle of the Congregation（臨在の幕屋）とTent of Meeting（会見の天幕）を、底本の記者の違い（PとE）で使い分けようとしているが、これらはむしろ欽定訳と新国際訳の違いであって、前者では一貫してTabernacle of the Congregation、後者では常にTent of Meetingと書かれている。ちなみに新共同訳聖書ではどんな場面でも「臨在の幕屋」で、「会見の天幕」に類する言葉はない】

エロヒストの描く宿営の外に張られた簡素な天幕と、祭司記者の描く、宿営の中央に建てられ、守衛やレビ人守護者の一団が守った巨大な幕屋とのあいだに、ほとんど類似は見られない。しかし、後者のとてつもなくかさばる幕屋と、青銅で覆われた大きな祭壇こそが、のちにソロモンがその相似形を複製して建てたエルサレム神殿の原型として、よりよく記憶されることになった。

華々しく描写される調度品、垂れ幕、輪、装飾品などはひとまず置くとして、幕屋の壁は縦四メートル×横六十九センチのまっすぐな板で建てられたという。厚いこの板を四十八枚以上使い、それに隅のピースが加わって、全体で縦横の比が三対一の、およそ十三・七メートル×四・六メートル、高さ四・六メートルの建物ができる。全体を重い亜麻布と山羊の皮で覆い、内部には、約櫃のための至聖所として、垂れ幕で仕切られた一辺約四・六メートルの立方体の空間が作られた。前述の「板」はおそらく「骨組み」の誤訳であろうとの指摘もあるが、古い技術用語ははっきりせず、どちらがより正確かを決めるのは難しい。いずれにせよ、そこに出現したのは、持ち運び可能とはとうてい言いがたい代物だ――持ち運ぶ必要があったというのに。ところが、さらに先があるのだ。この構築物（天幕というより、覆い幕のついた木造建物）は、約四十五・六メートル×二十二・八メートルの〝幕屋を囲む庭〟という囲い地の中に設置された――なんとオリンピックの競泳用プールほどの大きさだ。これは釘で固定した六十本の木の柱とその青銅の台座を据え、それに幅約百三十七メートルで高さ二・二八メートルもの重い幔幕を吊り下げたものだ。実際にこの描写のとおりだとすると、これらすべての寸法もかさも重さも、持ち運ぶにはあまりにも膨大だったはずだ。イスラエルの民のシナイ半島から先への旅が始まったとたんに、幕屋（ヘブライ語でミシュカン＝住まい）についての言及が減るのは、無理もない。のちにヨシュア記十八章一節で、エリコの戦いのあと、シロの地に幕屋が建てられたとの記述があり、さらに列王記上八章四節によれば、ソロモンが神殿を献呈したときに幕屋もエルサレムに到着したとある。その間、歴代誌上十五章一節によれば、ダビデが約櫃のために新たに天幕を張ったと説明されている。

戦車とケルビム

約櫃が聖書で最初に言及されているのは、出エジプト記二十五章十〜二十二節、主がその製造を命じ、仕様を伝える場面だ。箱本体の寸法にはキュビトという単位が使われており、一キュビト約十八インチという換算方法でいくと、幅四十五インチ、奥行き二十七インチ、高さ二十七インチ（百十三センチ×六十八センチ×六十八センチ）となる。キュビトというのは変動しやすい単位で、一キュビトが二十二インチの場合もあるので、そうなると幅五十五インチで奥行きと高さが三十三インチ（百四十センチ×八十四センチ×八十四センチ）だったかもしれないが、おそらくそのあいだのどこかだろう。いずれにせよ、奥行き・高さと幅の正確な比率は一対一・六六六になる。

箱の建材は「シッテム材」（通常アカシア材と目されているが、セプトゥアギンタ聖書の古いギリシア語から直訳すると「朽ちない木材」となる）で、内側も外側も純金で覆われている。上辺の周囲には長方形の飾り縁がつく。長辺の隅には金環が全部で四つ固定され、これに、やはりシッテム材で作り金で覆《あがな》った二本の担ぎ棒を通す。

描写のこの段階で、「贖いの座」なるものが、約櫃の上に置かれるとある。その寸法は空箱の外寸とまったく同じの一・五キュビト×二・五キュビト（一対一・六六六）だ。要するにこれは、箱の外縁部の飾り縁によって滑らないよう固定された、ふただった。しかし、このふた

契約の櫃《はこ》

は木ではなく純金の板だけを使っており、たわみを生じさせないためにはかなりの厚さが必要だったと思われる。〝贖いの座〟に相当するヘブライ語のよりよい訳語は「覆い」であり、セプトゥアギンタ聖書ではこれを「ふた」と訳し、そこが「宥和の場」だったと定義している。このふたの両端には純金のケルビムが置かれ、それらは互いに向かい合い、翼を内側に向けて贖いの座の上に広げている。そして最後に、神はふたの上の両ケルビムのあいだの空間から、モーセと対話すると書かれている（これらの描写はすべて、出エジプト記三十七章一～九節で繰り返され、ベツァルエルがこの仕様書に従って約櫃を作ったことが記される）。

約櫃を心に描こうとするときの最大の問題は、ケルビムの姿だ。主が以前に「あなたはいかなる像も造ってはならない。上は天にあり、下は地にあり、また地の下の水の中にある、いかなるものの形も造ってはならない」（出エジプト記二十章四節）という命令を下しているからだ。もしケルビムが、よく絵画に描かれるような天使の形をしていたとしたら、神の定めた規定は、のっけから破られたことになる。約櫃製造の少し前に、神の命令を重んじるモーセは、黄金の子牛を造ったアロンを戒めている（出エジプト記三十二章二十〜二十一節）。その直後に、当のモーセがベツァルエルに黄金の天使を二体造るよう命じたというのは、なんとも信じがたい。

この件に関してわれわれは、（鳥、蝙蝠《こうもり》、昆虫のように）ただ翼（wings）を持っていたということだけを根拠に、反射的に、ケルビムをなんらかの生物の形に想像する愚に陥ってはならない。病院にもwings（棟）があり、飛行機にもwings（翼）があり、シャツの襟にもwings（折り返し）があり、鋤にもwings（刃じり）がある。「wing」とは単純に、物の本体の横に突き出ている部分のことを指すのだ。また、メソポタミアやエジプト美術に見られる、翼を持った生き物に惑わされてはいけない。しかし、紀元前六世紀に出エジプト記を編纂《へんさん》した記者たちが、約櫃を描写するのに、それらのイメージに感化されなかったとも言い切れない。しかも約櫃は（ソロモンの神殿に安置されてから約四百年後の）当時、すでに失われていたらしいのだ。かりに紀元前五八六年に始まったネブカドネツァルの侵略とその後七十年に及ぶバビロン捕囚の直前まで、約櫃が神殿に存在していたとしても、約櫃を最後に見た祭司もその間に死んでしまい、ケルビムについては後人の解釈に委ねられただろう。百歩譲ってその可能性を除いたとしても、実際問題として、（神殿に安置された時代のいつをとっても）約櫃を見たことがあるのは大祭司に限られたのだ。直接的な経験を持たなかった出エジプト記の記者たちは、著述を伝承や伝聞に頼らざるを得なかったはずだ。

ケルビム（cherubim）という言葉に天使という意味を当てる一般的な語法は、ユダヤ教・キリスト教の権威が、ケルブ（cherub）という言葉の複数形として創り出した。つまり、「cherubims」（旧約聖書の翻訳による）は二重の複数形なので、ありえない。この誤りは随所で部分的に修正されている――出エジプト記二十五章十八～十九節には、「ふたつのcherubims」について、「cherub」を一つずつ両端に置く、というように書かれている。同じことが三十七章八節でも繰り返される。【訳注：ちなみに新共同訳聖書では、cherubもcherubimもすべて「ケルビム」に統一されている】しかし、セプトゥアギンタ聖書やその他の古いテキストでは間違いはなく、概して「cherubims」よりも「cherubs」を使っている。

ケルビムの本質を探る最良の鍵は、この言葉が以前に使われている箇所を見ることだろう。聖書を紐解くと、読者はまず、創世記三章二十四節でこの言葉に出合う。そこでは、（天使というより武装した戦車のように見える）ケルビムと、すべての方向を向く炎の剣【訳注：新共同訳聖書では「きらめく剣の炎」】が、命の木を守る目的で使われている。一方、聖書とはほとんど無関係なのが、三世紀のアレクサンドリアの論文『起源』だ。これには知恵の女神ソフィアやサボアトなる支配者が登場し、サボアトが「偉大なる王座を、顔が四つあるケルビムの戦車の上に造った」とある。

「ケルブ」という言葉は、「(乗り物に)乗る」を意味する古いセム語〝kerûb〟から派生している。したがって「ケルブ」は動詞を名詞に直したもので、正しい発音は「クェルブ」となる。このため、(聖書でもそれ以外でも)ケルブあるいはケルビムの姿が語られる場面では、必ず、ある種の動く王座として描かれ、しかも天来のもの、かつ飛行に関係があるものとして記される。けっしてそれ自体が生き物だとは描かれず、旧約聖書ではいたるところで、動く王座として認識されている。救いのわざに携わる主の説明で、サムエル記下二十二章十一節と詩篇十八章十一節には「(主は)ケルビムを駆って飛び、風の翼に乗って現われる」とある。また、エゼキエル書九章三節はケルブの上に座す神についてこう記す。「ケルブの上にとどまっていた神はそこから昇って、神殿の敷居の方に向か」った。同様に、歴代誌上二十八章十八節では、ソロモンの神殿で約櫃を守るケルブを、じかに「車」と呼んでいる。これらのケルブが、一般に浸透した天使型イメージとは異なることを知っていたヨセフスは、一世紀の『ユダヤ古代誌』の中で、こう記す。「これらケルビムがいかなる形をしていたのか、誰も知らないばかりか、想像すらできない」。ちょうど同じころ、ユダヤ人哲学者フィロン(紀元前三〇～後四五年)は、どんな姿であったにせよ、約櫃のケルビムは、むしろある種の知識の象徴だと考えられる、と述べている。

オックスフォード・ワード・ライブラリーによれば、「ケルブ」という言葉の根源的なルーツははっきりしないが、〝輸送〟という概念を起源とすることは確からしい。また〝kerûb(乗り物に乗る)〟という古代語は〝erûb〟と同義だという。このことに、モーセの聖なる山の名前コレブ（Choreb）とホレブ（Horeb）というふたつの派生語との直接的なつながりを、見ることができる。つまるところ、かの山は〝ケルブ山〟だったのだ。

ケルブと王座の関連について、聖書は随所で「彼（主）はケルビムのあいだに座られた」などと、主が約櫃の贖いの座の上に座したことを記す。また、主がモーセにこの王座から語っているのも確認できる。「（モーセは）贖いの座から、神が語りかけられる声を聞いた」。これらの点から見て、テキストが、エル・シャダイの実体的世界を語っているのは間違いない。しかし同時に、約櫃の光（全能の神の存在を知覚せしめるもの）の、抽象的な側面もある。約櫃の光はケルビムのあいだに常に存在し、レビ人たちはこれを、「危険な預かり物」と分類した。哲学的ユダヤ教では長らく、約櫃を神の王座の象徴ととらえてきたが、その畏敬の念の対象は、「火の管」や「ケルビムから発せられる火花」であって、その下の箱の中身ではなかった。しかしタルムードには明確に、モーセが約櫃の中にふたつのサファイア（サッピールの石）を入れたという記述がある。これらは、モーセ自身の杖が作られたスケティヤの水晶体と、同じものでできていた（一九〇六年にピートリーが作成した、ホレブ山のセラビト神殿で発見された遺物の報告書には、正体不明の硬い材質でできた、淡い青緑色の杖が含まれていた）。

戦車あるいは動く王座としてのケルビムについて、聖書の中で最も明確に語っているのは、エゼキエル書だ。この預言者の語る、心乱される幻《ヴィジョン》は、旧約聖書の中でも特に刺激的なエピソードのひとつだ。動く王座や、ケルブに乗って風を渡ることなど、これまで発見してきた事柄に加え、エゼキエルはさらに、興味深い新たな一面を付け加えている。彼のケルブには車輪がついているのだ。

エゼキエルはエルサレムの祭司のひとりで、紀元前五九八年に、ユダのヨヤキン王とともにバビロニアへ強制移送された人物だ(列王記下二十四章十二〜十六節)。他の捕囚の民とともに、彼はテルアビブ(イラク)に定住し、生涯をそこで送ったらしい。エゼキエルの物語が事実かどうかは、議論するまでもない。彼自身、それを幻と呼んでいるからだ。重要なのは、それが聖書のほかのどの逸話にも増して、ケルビムが当時いかなる姿に考えられていたかを突き止めるのに役立つということだ。それは天来のキューピッドなどではなく、機械仕掛けで宙を駆ける、恐るべき大型動力装置だったのだ。

エゼキエルはこう記す。「わたしが見ていると、四つの車輪が、ケルビムの傍らにあるではないか。……それらの車輪の有様は緑柱石のように輝いていた。それぞれの形の有様は、四つとも同じで、一つの車輪がもう一つの車輪の中にあるかのようであった。それらが移動するときは、四つの方向に進み、移動するときに、向きを変えることはなかった。先頭のケルビムが向かうところに他のものも従って進み、向きを変えなかったからである。……ケルビムが移動するとき、車輪もその傍らを進み、ケルビムが翼を広げて地上から上るとき、車輪もその傍らを離れて回ることはなかった」。

別の箇所でエゼキエルは、光と、騒々しく回転する外枠について、さらなる描写を加えている。北のほうから激しい風が吹き、火を放つ、と彼は記す。その輝きの中から、初め四つの生き物のように見えたものが飛んでくる。それぞれが四つの翼とまっすぐな脚を持ち、磨いた青銅のように輝いている。それらの翼は互いに触れ合い、それぞれ四つの方向に人間、牛、獅子、鷲の顔がついている。みなまっすぐに進み、松明のように輝き、稲妻を放つ（この幻惑的かつ不可思議な情景は、ピーター・ロブソン卿によって、すばらしく印象的な絵画「エゼキエルの幻《ヴィジョン》」として描かれている。口絵i頁参照）。

生き物の頭上には恐ろしい外枠があり、それは大水の音のように騒がしく、一方、空を飛ぶ不思議な物体は緑柱石のような緑色で、周囲一面に目がつけられていた。また生き物には車輪がついていて、宙を飛ぶときには引き上げられ、またその頭上には水晶のように輝く大空のようなものがあった。だが彼らが止まり翼を垂らしたとき、輝く大空の中に、王座とその上に立つ人間の姿が見えた。

車輪の燃える光景は、ダニエル書七章九節でも繰り返される。「その王座は燃える炎、その車輪は燃える火」。似たような乗り物については列王記下二章十一節にも言及があり、火の戦車によって、エリヤが嵐の中を天に上っていく様子が描かれる。さらにイザヤ書（六章一〜二節）では、宙に浮かぶケルブについてさらなる記述があり、いまひとつ、旧約聖書の恐るべき不思議な物体が登場する。イザヤは高く天にある御座を描き、次のように続ける。「上の方にはセラフィムがいて、それぞれ六つの翼を持っていた」。

燃え立つセラフィム（seraphims）は古代の文書にかなり頻繁に登場する。それらが炎を持っていることは、"seraph"という言葉の語源が「炎」を意味する古いヘブライ語の語幹に関係していることとも、つじつまが合う。ときにそれらは恐ろしく破壊的な特質を持ち、民数記二十一章六節には、主が炎の蛇をイスラエルの民に向かって送ったため、多くの死者が出たと記されている。このような伝説は中東の国々にとどまらず、似たような記録が同時代のチベット、インド、スカンジナビアなどにも残っている。それらはすべて、火と水銀を噴き出す天来の戦車と、青銅の翼を持つ雷神鳥について語っている。

かなりの憶測抜きには、このような騒がしく回転する翼、折りたためる車輪、光り輝く客室とその中の人を擁する自動装置らしきものが飛来する、明確な理由や目的を考察するのは不可能だ。古代のテキストに描かれたそのままに、提示するよりほかにない。ひとつだけ確かなのは、これらの宙を飛ぶ戦車（ケルビム）と、それに付随するセラフィム（燃え立つ、竜の形をした補助物）に対し、いかなる箇所でもけっして、天使という格付けはなされていないという点だ。聖書やその他の文書における天使の扱いは、これとはまったく違う。

興味深く、またおそらく関連があるであろう事実を述べれば、これらの飛行装置の概念は、古代神話とともに消え去ったわけではない。古代から欧州ルネッサンス期を経てその後の時代に至るまで、絵画の世界では、地上での重要な宗教的事件に呼応するかのように、光の槍を放つUFOのさまざまなイメージがもたらされている。十七世紀の一例としては、ケンブリッジのフィッツウィリアム美術館所蔵の、オランダ人画家アート・ド・ゲルダによる「イエスの洗礼」が挙げられる（口絵v頁参照）。

以上のことにもかかわらず、契約の櫃の上に置かれたケルビムは、神の動く王座ではなかったと結論しなくてはなるまい。ケルビムは金のふたの延長物として機能した。しかも約櫃の飛行能力などどこにも記録がなく、あるのは、ただその浮揚性と自動性への言及のみだ。これらのケルブはさほど大きくはなかったはずだが、形や大きさがどうであれ、その意義は、一対のケルビムのあいだ、特大の黄金板の上に存在したらしい、致死的破壊力にあるだろう。しかし、これらがケルブと呼ばれたことは確かなのだから、エゼキエル、イザヤ、エリヤ、ダニエルに現われた不思議な現象と、なんらかのつながりがあったはずだ。約櫃と〝天高き御座〟はどちらも壮観な動力装置で、ある種の、明らかに異質な炎と光を放っていた。両者とも絶大な破壊力を持っていたが、当然それも当時の常識では考えられなかったはずだ。もしケルブという言葉がなんらかの駆動源を意味したとすれば、それはさしずめ今日でいうところの「エンジン」(巧妙な仕掛けを意味する〝ingeny〟から派生)だろう。動力供給源として、定置機械にも、飛行機など動く機械にも使える言葉だ。

約櫃の前でウリムとトンミムが反応することに加え、聖書は、約櫃の力が死をもたらすものだったと記す。アロンの息子たちのうちナダブとアビフのふたりは、約櫃から発射された火に焼かれて死んだ(レビ記十章一～二節)。タルムードに「糸のように細い」と形容された電光だ。さらには、約櫃を載せた牛車がよろめいたため、御者のウザが押さえようと約櫃に触れたとたん、彼は打たれて死んだ（歴代誌上十三章十～十一節）。荷車に載せない場合、約櫃に固定された環に別の棒を通して担いだが、これに近づくことが許されたのは、特殊な衣装を身にまとったレビ人の大祭司（アロン、エルアザル、その後継者たち）に限られた。その特別な意匠が施された祭服には、黄金がふんだんに使われていた。金の胸当てにつながれた金の環や鎖、それにありとあらゆる付属品が、彼らの体を覆う（出エジプト記二十八章四～三十八節）。そして、約櫃に近づく際には「死を招くことのないため」に、祭司たちは履き物を脱ぎ、足を洗うよう命じられた（出エジプト記三十章二十一節）。同様に、棒で約櫃を担ぐ者たちも、裸足で歩くよう指示されていた。

特殊な衣服や約櫃接近の手順の描写は、一見、非常に詳細に見えるが、実は曖昧で混乱もある。だがそれは無理もない。のちの旧約聖書記者たちは、実際的な知識もなく書き記さなければならなかったのだ。彼らのアプローチは伝承をもとにしているが、同時に、シナイでの経験を、彼らの時代に至るまでに興った信仰と、混同してしまっている（「workship（労働）」に対して「worship（礼拝）」など）。しかし、あらゆる情報を考え合わせ、じゅうぶんな根拠から導かれる結論は、地上にあろうと中空に浮かぼうと、不可解なケルブの威力とは、高圧電流だったということだ。

さてここで、本章の冒頭で述べた「ark」の語源に話を戻し、ギリシア語のarkと、それと同義のラテン語で箱や櫃を意味する「arca」から話を進めよう。

昔のフランスで「arca」は「arche」となり、中世初期に英語に取り入れられた。ウィリアム・カクストンが一四八三年に翻訳出版したヤコブス・デ・ヴォラギネの『黄金伝説』の中では、「Ark of the Covenant（契約の櫃）」のことを「Arche of the Testaments（あかしの箱）」と呼んでいる。その後「arche」は「arch」となり、さらに「arc（弧）」に変化した。これが「ark」の現代英語における正しい形だ。一方、ゴシック時代に「arch（アーチ）」に直接的な意味が付加され、「architecture（建築術）」「arcade（アーケード）」「architrave（アーキトレーヴ）」などの言葉ができた。動詞の「to arch」が何かを越えて広げる、橋をかけるなどを意味することから、今度は「上の」あるいは「主な」を意味する用法が編み出され、「archduke（大公）」「archangel（大天使）」「archbishop（大司教）」などの言葉になった。

この言葉の語形学上のあらゆる側面を集結させたのが、ロイヤル・アーチ・フリーメーソンを象徴する意匠だ。一七八三年、イングランドの「古代派《エインシャント》・グランド・ロッジ」の事務局長だったローレンス・ダーモットによって考案されたこのイメージは、建築物としてのアーチ（architectural arch）のもとに、契約の櫃が納められている――"arch"の中の"arc"というわけだ。その点では、"ark"と"arc"（あるいは"arche"や"arch"）は、何かを囲んで保護する状態（ラテン語のarcheo）という共通性があることから、互いに切っても切れぬ関係にある。もし今日、旧約聖書を最初から書き直すことになったら、「契約の櫃（Ark of the Covenant）」は「Arc of Testimony（あかしの弧）」となるだろう。

囲んで保護するものとして、"あかしの弧"は光とエネルギーの精髄を体現していると考えられていた。神の至高の力の顕現だったのだ。しかし、人間の手によって作られたこの装置の、どこから電気の精髄が来るのだろう？　そのヒントはすぐに、ヘブライ語の言葉“ăron”の本来の用法の中に見つかる。これまで見てきたように、その定義は（arca同様）「箱」だが、さらに詳しく言えば〝集める箱〟であり、ăronの古い語根は動詞の「集める」または「集めること」を意味する。電力は集められて箱自体に蓄えられ、同時に、（ウリムとトンミムを前にしたときの）非常に恐ろしい放電は、究極の裁きであるとみなされた。それは〝光〟と〝完全〟であると認識された——言わば、偉大なるアルコン（「弓」や「弧」を意味する古代ギリシアの言葉）による、神聖なお告げだったのだ。強大な裁きを行なうアルコンたちは、〝全体の支配者〟と呼ばれ、古代ギリシアの文書『アルコンの礎《いしずえ》』には、〝礎の戦車〟がカオスの威力に打ち克つという記述がある——その戦車の名は〝ケルビム〟といった。

第六章　黄金の力

潤沢

契約の櫃《はこ》の上に据えられた贖《あがな》いの座は、飾り縁の隅から隅まで、箱全体を覆っていたと記されている。キュビトの換算方法で最小値を取ったとしても、その大きさは幅約百十三センチ、奥行き約六十八センチとなる。ケルビムの下でたわむのを避けるためには相当な厚みが必要だったはずだが、百パーセントの純金（二十四カラット）だったという。ユダヤの伝承には、贖いの座の厚さは手のひらの幅ほどで、約八・二五センチだったと記録されている。この金板を空洞の上に置き、硬い箱枠で支えたというのは、一見納得できそうだが、具体的にその重量を検証してみても損はないだろう。

金の重さはトロイオンスという単位で表わされ、一トロイオンスは一・〇九七常衡オンス（約三十一・一〇グラム）に当たる。アルゴンヌ国立研究所（米国エネルギー省）によれば、金は、鉛に比べても原子同士の結びつきが強いため、密度が高く、相対的に重い。金は一辺が十一・七ミリの立方体で一トロイオンスとなるが、約櫃のふたには、そのような立方体が三万九千五百八十一個入る。従ってその重量は千二百三十一キログラムだ。金の量としては驚くべき数値であり、現在の市場価格でいえば千五十万ドル相当になる。ワールドゴールドカウンシルの報告によれば、二十四カラットの金は一立方センチあたり十九・三二グラムの比重を持つという。正確を期すためにこの値にあてはめると、最低千二百二十四キログラムという重さが算出される。つまり約櫃のふたは、一トン以上にもなったというのだ。約櫃を運ぶのに、四人（または八人）の男が木製の担ぎ棒で持ち上げたというのだから、浮揚力でも使わない限り、この重さよりずっと軽くなくてはならなかったはずだ。しかし、仮にふたの厚さが算出された数値の四分の一であったとしても、とてつもない重量だったことに変わりはない。

浮揚については追って詳述するとして、ここでもほんの少し触れておこう。浮揚（levitation）とは、重力に逆らって、有形物質を宙に浮かせることだ。「levitate（浮揚させる）」とは、ラテン語“gravis”（重い）の対称語である“levis”（軽い）から直接派生した言葉だ。しかし、“levis”はそれ以前に、レビ（Levi）族の祭司たちと関連があった。まさに契約の櫃の守護者に任命された者たちだ。自然界での浮揚現象は考えにくい。有形物体は当然、重力という下方向への推力に従うからだ。にもかかわらずこの推力は、一見大したことのなさそうな逆向きの力によって、打ち消されることがある。例えばほんの小さな磁石でさえ、地球の重力が総がかりで作用させようとする逆向きの推力よりも大きな力で、ピンやクリップを持ち上げることができる。ところが磁石自体は、手を放せば地面に落ちる。つまり浮揚にとって重要なのは、物体そのものではなく、物体に付与された動力なのだ。

約櫃および幕屋に使われた金の総量を見てみると、出エジプト記のリストには（約櫃の二重金メッキ、環、ケルビムのほかに）、飾り縁つきの机、香をたく祭壇、大きな額《ひたい》当て、七本の支柱を持つ燭台、鈴、鎖や付属物のついた胸当て、幕屋の壁板の金箔、垂れ幕用の柱、環や鉤、皿、柄杓、芯切り鋏、水差し、幕屋を覆う幕の留め金、そのほか付随するあらゆる品目が含まれている。必要とされた金の総量を考えると気が遠くなりそうだし、もし額面どおりに受け取るとすれば、当然疑問が湧く。それらの金はいったいどこから来たのか？

前に、イスラエルの民が差し出した耳輪などの小物から、アロンが黄金の子牛を造った場面を見た（出エジプト記三十二章二～三節、二十四節）。しかしモーセはそれを粉に変え、イスラエルの民に飲ませたという。その後彼らが、約櫃と幕屋建設のために、腕輪、指輪、腕飾りその他の持ち物を提供したと記されている（出エジプト記三十五章二十二節）が、そのような小さな装身具を集めたとて、必要量のごく一部にしかならなかったはずだ。では、彼らはシナイ高地の真ん中で、いかにしてそのような量を手に入れたのだろうか？　その地方に金鉱はなかった――あったのは銅とトルコ石の鉱山だけだ。となれば答えはおのずと知れるだろう。すでにエジプトの黄金からｍｆｋｚｔの白い粉末を製造していた、ホレブ山神殿だ。

当時のエジプトは、実質、金を独占していた。最も重要な鉱山が、ナイル川と紅海に挟まれた東方砂漠に位置していたのだ。ワディ・ハルファの東のヌビア砂漠から、南へナイルの第三瀑布まで広がる、大規模鉱山もあった。ワディ・ハンママートの古代金鉱を描いた、第二十王朝のパピルス地図（紀元前一二〇〇年ごろ）が、現在、トリノのエジプト博物館に収められている。金採掘の運営と管理全般は宮廷高級官吏の掌中にあり、その結果得られた富はすべて、全土を支配していた王のものになった。この莫大な金資源は、シリアやバビロニアからの輸入や貢物を通して、さらに膨れ上がった。

黄金は、神殿その他ファラオに献納された建造物を装飾するのに使われた。扉、入り口の上がり段、床面、レリーフ、そしてその他、ありとあらゆる装飾目的にふんだんに利用された。また王の葬祭用具にも用いられ、死後の世界への蓄えとなった。ツタンカーメンの、金でできた内側の棺《サルコファガス》などは、それだけで二百二十キログラム以上の重さがある。神官、将官、宮廷官吏らは金の鎖を王から授かり、また、小彫像、仮面、鏡、竪琴、器など、華麗な装飾の施されたあらゆる品物に、金は惜しげもなく使われた。

金の略史

歴史を通じて、金は、その柔らかな黄色い光沢と心安らぐ魅力のために、金属の中でも常に特別な地位を占めてきた。もっと希少な金属があるにもかかわらず、金はいつも富と覇権の象徴であった。しかし、ワールドゴールドカウンシルによれば、これまで採掘された金のうち、一八四八年以前に採収されたのは、全体のわずか一割に過ぎないという。有史以来、使用されてきた金総量の九割が、過去百五十四年のあいだに採収されたのだ！

古代帝国（シュメール、バビロニア、エジプト、ペルシア、マケドニア、ローマ）時代、黄金は支配文化の伝統において大きな役割を果たしてきた。しかし五世紀にローマ帝国が滅びると、西欧諸国の金への関心は薄まり、再び注目が集まり始めたのは、スペインの征服者たち《コンキスタドーレス》が十六世紀のペルーに到達したときだった。かの地では、金細工師の技術が何世紀にもわたって発達し、非常に洗練されていた。古代チャビン文化や紀元前六世紀のナスカ文化の時代から、すでに金は細工され、鋳造されていた。のちのチムー帝国は一一五〇年ごろから技巧を発展させたが、その知識は後年インカ人たちによって受け継がれ、維持された。彼らは蠟原型《ロストワックス》による鋳造法、金線細工《フィリグリー》、精巧な金の糸状細工などに通じており、金メッキや金付けの技術にも長けていた。目もくらむほどの絢爛さを誇ったのが、インカの〝太陽の神殿〟だ。壁は隅から隅まで金で覆われており、中央広場には動物、植物、鳥、樹木などをかたどった、すべて黄金製の飾りが据えられていた。

一五一九年、エルナン・コルテスがメキシコに侵攻し、そこで、ペルーと似たような文化をアステカ帝国に見いだした。モンテスマ皇帝は彼に高価な贈り物を授けたが、それに満足しなかったスペイン人たちは、無慈悲にもアステカ民族の黄金の宝物を大量に略奪した。フランシスコ・ピサロも同様にペルーを略奪し、インカの遺産を破壊した。手当たり次第に奪った金をすべて溶かし、その大部分をヨーロッパの宮廷へと持ち帰ったのだ。

少なく見積もっても三千年はかけて造られた、メキシコとペルーの文化的偉業を殲滅《せんめつ》しておきながら、スペインその他の西欧諸国では、誰ひとり、金採掘の知識を持ち合わせていなかった。そのころにはブラジルでも金が発見されていたが、金鉱では表面的な採収に終始していた。

金への嗜好を再燃させられた西欧諸国は、その関心をアフリカへ向ける。黄金海岸（現ガーナ）と呼ばれた土地で、長らく金採掘が行なわれていたのだ。トランシルヴァニアの金も中欧諸国にとっては重要になり、スコットランドでは国内市場向けに金採掘が行なわれた。そしてロシアも国内に鉱脈を見つけ、ピョートル大帝（一六七二〜一七二五年）は、ちょうど古代エジプトと同じく、建築設計や装飾のために金を用いるようになった。

　ピョートルの死後百年以上経ってから、市場を揺り動かすような大発見が、米国と南アフリカでもたらされた。決定的な転換点は、一八四八年一月、アメリカン川河岸のサッターズミルでの発見だった。カリフォルニア・ゴールドラッシュの始まりだ。三年後、同じことがオーストラリアでも起きる。そして究極の金鉱が一八八六年にウィトワーテルスラントで発見され、南アフリカは米国を抜いて、一躍、世界最大の産金国になった。さらに一八九三年に西オーストラリアのカルグーリーでゴールドラッシュが起き、一八九六年にはカナダのユーコン準州クロンダイクで鉱床が発見され、こちらもラッシュに沸いた。しかしその間も一貫して南アフリカは第一産出国であり続け、世界の金産出の約四割を供給し、一九七〇年にはそのピークに達した。黄金熱《ゴールドフィーバー》は一九八〇年代に絶頂期を迎え、その矛先はブラジル、ベネズエラ、フィリピンにまで及んだ。最新科学技術の導入が最近の金ブームを大いに支え、特に西オーストラリアとネバダ州（米国の生産量の約六割を占める）において、新たな技法が開発された。

これらすべてのことから浮かび上がる驚くべき事実とは、モーセや古代エジプトの時代、金は明らかに大量に使用されていたということだ。ある時期、帝政ローマやロシアが模倣したように。相対的に言って、現代ははるかに大量の金に囲まれていてもよさそうなものだが、実際にはほとんど目につかない。いったいみなどこにあるのだろうか？　富と成功の象徴として、金は主に宝飾品、記念硬貨、時計、装身具といった類いの中に納まっている――こちらに数オンス、あちらに数オンスといった具合だ。だが、英国じゅうの金の飾りを集めたとしても、契約の櫃のふた一枚作るのが関の山だろう。

事の真相は、われわれが、金の芸術的な使用者ではなく、金の退蔵者、金塊の崇拝者に成り果てたことが原因だ。今日、九億オンスもの金（かたや贖いの座は四万オンス――こう比較してみると急に小さく思えてくる）が、国の通貨準備金として、通貨当局によって管理されている。なぜだろう？　金は他の貴金属や宝石に比べ、特に希少ではない。しかも鉛のように極端に重く、保管に大きな場所を取る。そのような目的のためにはもっと適当な物質がありそうなものなのに。

事実、金は常に、ほかのどんな物質とも違う、特殊な魅力を湛えてきた。金はただの高貴で機能的な金属ではなく、何物にも代えがたい温かくて幻惑的なものだという概念が、われわれの魂の奥深くに根付いている。われわれはずっと、金が特別に大事なものであることを知っていた。メソポタミアの鍛冶職人たちも、カルナックの名匠《マスタークラフツメン》たちも、ホレブ山の〝主《しゅ》〟も、モーセも、ソロモン王も、そしてはるか昔の多くの先人たちも、それを知っていた。しかし、彼らが「なぜ」金が大事なのかを理解していたのに対し、その後何世紀ものあいだに（古来の知恵の多くがそうであったように）、その重要性の本質は、失われ忘れられたのだ。われわれは金を渇望し、そのために殺し合い、地を掘り起こし、命を投げ出してきた。だが挙句の果てに、世界で最も魅惑的なこの物質を、何千トンもの延べ棒に成形して、防塞をめぐらせた地下金庫の中にしまいこんだのだ。まるで最初から掘り起こされたりしなかったかのように！

過去には、金も（銀や琥珀金《エレクトラム》、すなわち金と銀の合金などとともに）実用貨幣として使われたり、通商決済手段として重量換算で直接振り替えられたこともある。ギリシアの歴史家ヘロドトスによれば、最古の鋳造貨幣は、リディア（西トルコ）のサルディスにあったクロイソス王の精錬所で、紀元前六世紀に発行されたという。近代経済が発展すると、金はわれわれの懐から取り去られ、金塊として中央銀行が握ることになった。産業革命のときに、額面価格より内在価値がずっと低い、兌換紙幣や鋳造貨幣が、金に取って代わった。十九世紀に確立された国際金本位制のもとで、当初はそれら兌換券を金と引き換えることが可能だったが、金自体が先物取引市場の商品になったため、その慣行は取りやめになった。当然金はかさばるし、買い手と売り手のあいだで輸送するのは経済的ではない。そのため、売買業者のために、さらなる約束証書が発行された。かくして、書面上は金を大量に所有しつつも、それを見たことがなく、ましてや触ったことなど一度もない人たちが出現することになったのだ。

今日多くの国々が、その準備金を、大蔵省証券のような短期証券とともに、金の形で所有している。およそ七割の国の財務省が、国際通貨基金（ＩＭＦ）にその所有事実を報告している。金は〝最後の頼みの資産《アセット・オブ・ラストリゾート》〟と言われる――他の何もかもが失敗したとしても、金だけは実物が残り、市場で交換できるからだ。これはつまり、（金自体の価値以上に、芸術性追求や製造のための費用が上乗せされた法外な値段で、宝飾品を買わない限り）金の日常的な魔法を体験する権利がわれわれから奪われてきたということだが、少なくとも、自国の国家資産は安全だと感じていられた。ところが昨今、この安心材料が揺らぎ始めた。ＩＭＦの関与とそのお墨付きで、西欧諸国の財務省は、われわれの金を、変動しやすい通貨と交換しているのだ。まるで、経済的安全性を脅かす莫大な代償的損失にも、喜んで甘んじるかのように。なぜそんなことをするのだろうか？　また、売り主である政府が絶対に身元を明かさない、謎のバイヤーとは一体誰なのか？

それら入札売却の詳細は、付録三「売りに出る金」に述べたが、さしあたりここでは、国家の財務省による金の売却が始まったのは、数千年の昔には知られていた「なぜ」金が重要なのかが、最近になって再発見されたからだ、とだけ記しておこう。買い付けを行なう者たちは、新しい科学技術の時代に向けて必要な基本物質を入手しており、売り手のほうは、新しい体制を可能にするため、あえて損をかぶろうというのだ。同時に、天秤が大きく傾いていて、世界的なある主要産業が経済的に凋落し、別の産業が表舞台へ躍り出ようとしている。言うなれば、科学的な〝方舟《アーク》の日〟の到来が近づいているのだ。一方の手で何かを得るために、われわれは、もう片方の手にあるものを手放すときが来ているらしい。

金羊毛《ゴールデン・フリース》

黄金の魅力とは、約櫃がわれわれに見せ続ける魅力と同じものであり、しかも後者が聖なる遺物探求の対象になった理由でもある。人々は常に、約櫃は重要だと知っていた——それは十戒の板を収めてあるからではなく（しかもそれは誤り）、黄金が究極的な触媒の役目を果たす、ある秘密への鍵だからだ。この秘密は、イアソンとアルゴ号の乗組員たちが、不思議な金羊毛を探し求めるというギリシア神話——旧約聖書が最終的に編集されるより前の時代の叙事詩——に象徴されている。十八世紀の著名なイングランド人神話学者ジェイコブ・ブライアントは、『古代神話の新体系あるいは分析』の中で、約櫃（Ark）とイアソンの船〝アルゴ（Argo）〟の名前の類似性について述べている。船はその建設者アルゴスの名を取っており、彼の名前はギリシア語で見張り人、保護者を意味した。冒険の最中、アルゴ号の乗組員たちは、ゼウスによって、エレクトリス島へ連れて行かれる。そこはバルト海の中でも琥珀の採れる島で、古代ギリシアで琥珀を指す言葉は〝エレクトロン〟であった。琥珀を柔らかい布でこすると、紙切れやほこりが見えない力によって吸い寄せられることが、昔から知られていた。この摩擦による力を説明する言葉が〝エレクトリカス〟で、そこから現代の〝エレクトリシティ（電気）〟という言葉が派生した。

一五九八年ドイツで、『黄金の羊毛』という題の文章が、哲学者サロモン・トリスモシンによって出版された。それによると、神話の解釈では幻想的でふかふかな羊の毛皮だと思われているが、歴史上の「フリース」は、実は羊皮紙《ヴェラム》の意味の皮なのだという。実際、語源からこれが確認できる。英語の「fleece」は中世高地ドイツ語の「vlûs」から来たものだが、それは単に羊の皮を意味した。トリスモシンによれば、金羊毛とは、「エジプト、アラブ、カルデア、アッシリアの王や賢人たち」から得た、黄金と賢者の石の秘密が記された羊皮紙だったのだ。同様に、他の多くの覚知者《アデプト》たちも、イアソン伝説の本文には、ヘルメス的錬金術の秘密が隠されていると信じていた。今から一世紀ほど前、フランス人哲学者フルカネリは「『金羊毛』伝説は、完全なヘルメス術、すなわち賢者の石を作り出すための暗号文学である」と記し、もっと最近ではスイスの分析心理学者カール・グスタフ・ユングが、その著書『心理学と錬金術』の中で、似たような連想を行なっている。

ずっとさかのぼって二世紀、ペルガモンのカラックスは、黄金で羊皮紙に文字を書くという崇高な技術——クリソグラフィアと呼ばれる古代技術——について記している。ギリシア神話では、ネペレ（アタマス王の妻。紀元前一二〇〇年ごろ）が息子プリクソスと娘ヘレに、羊皮に金で文字を書いた〝黄金のあかしの巻物〟を贈ったという。錬金術の教本では〝黄金の巻物〟と〝黄金の羊毛〟とは同一のものと考えるのが定説だ。しかし十八世紀のヘルメス学者ナクサゴラスはさらに一歩踏み込んで、それらふたつの言葉は、〝ヘルメスのエメラルド板〟と同義だと述べている。

これらのことに加え、エジプトから持ち出されたヘルメスの知識の主たる保護者（アルゴス）は、モーセだと考えられている。彼の名はヘルメスの研究者として、『賢者の群れ』――初期ヘブライ語とアラビア語の資料から翻訳された、十二世紀のラテン語書物――に記録されている。金を変質させる技は、〝モーセ的ヘルメスの術〟とまで呼ばれた。そのような言及は、三世紀の論文『モーセの室内化学』にまでさかのぼり、時代が進んで十世紀の、イブン・アル＝ナディムによる、有名なアラビア語の『一覧の書』にも見ることができる。その後、十二世紀のスペイン系ユダヤ人アブラハム・イブン・エズラによる『ミクラーオート・ゲドーロート聖書註解』や、十七世紀の王立アカデミー所属のドイツ人哲学者ヨハン・クンケルによる『錬金術』などが続く。

それがユダヤ教の資料であろうと、イスラム教、キリスト教、あるいは別の学派の資料であろうと、みな共通しているのが、モーセをヘルメス哲学の主唱者として崇めている点だ。モーセが黄金の子牛を焼いて粉に変えたことについては、古いテキストでは一貫して同じことが述べられる（25頁／第一章「究極の目的」の項参照）――ふつう金を熱すれば溶融金が得られ、さらに焼き続ければ黒くなり、復元不可能になるのだ。つまり、出エジプト記三十二章二十節の一般的な解釈では、エレクトリカス（電気）のアーク光の炎によって達成できる、単原子（一原子から成る）金粉末の物理現象をきちんと理解しない限り、誤解を招いてしまう。カバラ主義の教えによれば、ケルビムの謎はすべて、ヨブ記二十八章五～六節のヘルメス的文章に記された、錬金術の原理を理解できるか否かにかかっているという。そこにはこれまで述べてきた全要素（火、パン、石、サファイア、金）がひとつの方程式に組み込まれているのだ。

「パンを生み出す大地も、下は火のように沸き返っている。鉱石にはサファイアも混じり、金の粒も含まれている」。

エメラルド板

ここまででわれわれは、古代シュメール人の〝天命の書板〟、モーセのあかしの〝サッピール〟、そしてともに羊皮紙である〝金羊毛〟と〝黄金の巻物〟を見てきたが、それらはすべて、遠い過去の聖なる秘密を収めてあるといわれていた。天命の書板とサッピールになにがしかの文字情報が記されていたかどうかは定かではないが、おそらく十中八九、記されてはいなかったろう。単に偉大なる叡智が「収められて」いたと伝えられるだけだ。だが金羊毛のほうは、錬金術に関する写本だったと伝えられる。

旧約聖書の中にはもうひとつ、古い知恵の書「箴言」が存在する。これはソロモン王の言葉とされる格言を集めたもので、実際ソロモンも口にしたかもしれないが、そもそもはエジプトから来たものだった。事実箴言は、現在大英博物館所蔵のエジプトの聖人アメンエムオペトの書物から、ほとんどそっくりそのままヘブライ語に翻訳したものだった。箴言の一篇一篇はことごとく、このエジプトのオリジナルに見て取ることができるのだ。しかも今では、アメンエムオペトの書物はそれ自体が、さらに古い『プタハヘテプの教訓』からの引用であることが確かめられている。この書物が書かれたのは、ソロモン王より二千年も昔のことである（アメンエムオペトと箴言の比較については、付録四「アメンエムオペトと箴言」を参照）。

古いフリーメーソンの年報には、一四五〇年ごろの記録があり、そこには『古き義務』(現在大英博物館所蔵)が一部掲載されている。これは一八六一年にロンドンでリチャード・スペンサーの手によって公表され、当時の編集者の名を取って『マシュー・クック写本』という名で呼ばれるようになった。十五世紀の原本テキストには、聖書の時代にまでさかのぼる、古英語版の話が入っている。フリーメーソンの基盤を形成することになった科学が、レメクの息子や娘たち、すなわち創世記四章十九~二十二節に詳述されているヤバル、ユバル、トバル＝カイン、ナアマらによって、いかに始められたかという話だ。レメクはカインの息子エノクから数えて、四世代あとの人だった(創世記四章十七~十八節)。幾何学や冶金学などのテーマについて述べながら、写本は以下のように説明する。「二種類の石があり、そのうちひとつはけっして焼けることのない〝マービル〟と呼ばれる石で、もうひとつはけっして水に沈むことのない、〝ラトレス〟と呼ばれる石であった。そこで彼らは、発見したすべての科学知識を、これらふたつの石に書き記した」。

このテキストの一部で、これらの石のことを「pylers」と呼んでいる箇所があるが、これは一般的に「pillars(柱)」に通じるとされている。同じ話を別の角度から語っている一世紀のヨセフスの著述でも、十九世紀に翻訳された際、同様の扱いを受けている。ただし、このヨセフスの翻訳のほうは多くの誤りが指摘されており、その中には、「マービル」と「ラトレス」に相当するヘブライ語を「煉瓦」「石」と訳している事例も含まれる。同様に、「pillar」という訳語は大いに誤解を招き、二本の大きな柱を想像させるが、そのようなものの存在は地理学的にも確認できない。レメクと息子たちが生きたのはノアの大洪水より前であったことから、これらの石は伝説的に〝大洪水以前の柱〟と呼ばれている。

ここでの誤りは、「ammud」と「mazzebah」というまったく別個の古代ヘブライ語の言葉が、英訳旧約聖書ではともに「pillar」と訳されてしまったことだ。「ammud」のほうは建築物の柱や煙の柱などの意味の「pillar」を意味するが、「mazzebah」は少し違うニュアンスを持つ。むしろ石碑や祭台という言葉がふさわしいが、同時に、ヤコブが枕に使い、のちにそのベテルの地に記念碑として立てた石にも、この言葉が使われている（創世記二十八章十八節）。『クック写本』に登場する「mazzebah」すなわち〝大洪水以前の石〟は、翻訳上の誤りが起きる前には、正しくmarbyll《マービル》とlatres《ラトレス》の「石」として表現されていた。前者はおそらく大理石など結晶質の岩石だったろうが、後者は書き写されるうちに「laterus」に変形し、それが「laterite《ラテライト》（紅土）」（鉄を主成分とする、煉瓦や道路舗装などに使われる赤い土）と見なされるようになってしまったのだろう。実際には、ラトレスはサッピール同様正体不明だが、初期のフリーメーソンの伝承では、ある種の金属だったと考えられている。

大洪水のあと、これらの石に記された内容は、ヘルメス・トリスメギストス（〝三重に偉大なるヘルメス〟）によって、あるエメラルドの板に書き写されたという。ヘルメス・トリスメギストスとは、ギリシアの新プラトン主義者たちが、錬金術と幾何学の祖として崇められたエジプトの書記神トトに授けた名前だ。プラトン（紀元前四二九〜三四七年ごろ）の教えに基づき、新プラトン主義者たちは、人間の知性は物質世界とはつながっておらず、個人の精神性は俗世の価値を軽蔑することによって高められる、と説いた。ヘルメスが意味を持つのは、彼の特別な知識が、大洪水以前の石に保存された、〝レメクの失われた知恵〟を象徴したからだった。伝承によれば、その後ヘルメスの〝エメラルド板〟は、ギリシアの哲学者ピタゴラス（紀元前五七〇～五〇〇年ごろ）に受け継がれたという。

自身が神としてエジプトで崇拝されてはいたものの、トトはむしろ、より高位の神々に仕える書記であり伝令であった。そのためギリシア人たちはトトを、彼ら独自の伝令神であり、アスクレピオスの紋章〝カドゥケウスの杖〟と蛇を持つ、ヘルメス（ローマ人にとってのメルクリウス）と結びつけた。複数の文化にまたがって顔を出すため、この多名の人物の描写にはかなりの幅があるが、どのケースでも常に、知恵、錬金術、知的探求に結び付けられている。エジプトのケノボスキオンで発見された『ヘルメス・トリスメギストスの書』として知られるグノーシスの文書はこう記す。「かくして徐々に、覚知者《アデプト》たちは不死の道へと入っていき、オグドアドの始まりまで達し、さらに今度はエンネアドが現われた」オグドアド（八重）とは個々の惑星の天空の外にある、恒星の存在する天空に相当し、エンネアド（九重）とは、そのさらに外側の、茫漠たる宇宙空間を指す。限られた地球の空はヘブドマド（七重）と呼ばれた。ちなみにトト神信仰の中心地はエジプトのケメヌ（現在のエル＝エシュムナイン）で、そこは八人の神（男神女神のペア四組）によって擬人化されたオグドアドの町だった。彼らの名前はヌンとナウネト、ヘフとハウヘト、ククとカウケト、アモンとアマウネトという。

トトは世界の知恵のすべてを収めた四十二の書物（その大半は大魔術の研究記録だったとい

ニコラ・フラメルによる、十字架につけられた蛇

う）を書いたとされているが、ヘルメス・トリスメギストスとしても、同様の評価を与えられている。崇敬される彼のエメラルド板には、初期の神秘主義学派にとって大きな意味を持つ、往古の錬金術処方がすべて記されていた。科学、天文学、数霊術などの事柄とともに、金属の錬金術と、人間再生の聖なる錬金術の両方が、扱われていたのだ。薔薇十字団の覚知者《アデプト》たちが〝タブラ・スマラグディナ・ヘルメティス〟と呼んだエメラルド板は、「賢者の石に関する、カルデア人たちの最古の金字塔」だったと記録されている。これは、サロモン・トリスモシンが金羊毛について語っているのとほとんど同じだ。

このヘルメス・トリスメギストスの名を取って、錬金術（alchemy）は「ヘルメスの術」とも呼ばれている。そして古代エジプトのヘルメス的ガラス溶解の技術に由来して、今日の「密封（hermetically sealed）ガラス」という言葉ができた。一方、「alchemy」という言葉は、アラビア語の「al-khame」（暗黒）に由来し、暗黒を克服する科学、あるいは直観的認知力を通して、啓蒙することと定義される。錬金術《アルケミー》はまた、不思議な〝メンデスのケム〟にも関連があるとされている。しばしば山羊の姿で描写され、天使の一種、山羊座のアザゼルと同一視されている神だ。『エノク書』（紀元前二世紀に書かれたが、旧約聖書からははずされた）は、アザゼルを「見張り人」と定義している——古いギリシア語では、イアソンの船の名アルゴに使われた「Argus」だ。エノク書では、アザゼルが人間に「すべての金属とそれらを用いた技術」を教えたとされている。

現存するエメラルド板の翻訳は紀元七〇〇年代にさかのぼり、その最古のものは、イスラム哲学者ジャービル・イブン・ハイヤーンの手になるものだ。彼はまた錬金術的なピタゴラス学派について書き記している。それによれば、ティアナのアポロニウス（別名バリヌス）は、一世紀に、エーゲのアスクレピオス神殿で、このピタゴラスの遺物【訳注：エメラルド板のこと】を発見したらしい。その時期から、多くの著名な哲学者たちが、このテキストについて研究し利用してきた。中でも特に有名なのが、一七〇三年からロンドンの科学団体である王立協会《ロイヤル・ソサエティー》の会長を務めた、アイザック・ニュートン卿だった。

しかし、再生と長寿の秘密を説いた、名高い『トトの書』は永遠に失われた（タロットの世界ではこの呼び名が使われているが）。他のヘルメスの文書や、歴史、科学、哲学に関する、五十万冊以上のかけがえのない書物とともに、三九一年、熱狂したキリスト教暴徒らによって滅ぼされたのだ。彼らは、ローマが任命した司教テオフィロスに率いられてセラペウムへと進軍し、アレクサンドリア大図書館に収めてあったそれらの書物を徹底的に破壊して、教会公認の書物のために場所をあけたのだ。この点に関して、ローマ教会は、〝知恵の蛇〟を十字架につけたのだといわれている。同じ権力体制によって、イエス（その知恵の伝達者）が磔刑に処せられたように。この破壊行為についてはさまざまな寓意的な絵画が描かれたが、中でも最も知られているのが、十四世紀のヘルメス哲学者、ニコラ・フラメルの『象形寓意図の書』に描かれたものであろう。

第二部

第七章　エレクトリカス

アルコンの審判

密雲と濃霧が主の周りに立ちこめ
正しい裁きが王座の基をなす。
火が御前を進み
周りの敵を焼き滅ぼす。
稲妻は世界を照らし出し
地はそれを見て、身もだえし
山々は蠟のように溶ける。
（詩編九十七編二〜五節）

紀元四世紀、ヒッポレギウスの聖アウグスティヌスの時代から、厳しい裁きを下すアルコンの詩編についてはさまざまな解釈が発表されてきた。たしかに、伝道師たちの激しい非難と復讐に燃える神の天罰を表現したものととれる。しかし、このメッセージは実は、約櫃にかかわるものであり、ホレブ山でのイスラエルの民の場面を思い出させる。「民全員は、雷鳴がとどろき、稲妻が光り、角笛の音が鳴り響いて、山が煙に包まれる有様を見た。民は見て恐れ、遠く離れて立ち、モーセにいった。『あなたがわたしたちに語ってください。わたしたちは聞きます。神がわたしたちにお語りにならないようにしてください。そうでないと、わたしたちは死んでしまいます』」（出エジプト記二十章十八〜十九節）。

一九七七年に、ジェリー・L・ツィーグラーはヤハウェの驚くべき本性について語る際、次のように指摘した。「脈絡のない文章はただのこじつけだ」。したがって、こうした聖書の文章についても脈絡を探る必要がある。それらの記述は、心優しき父なる神という教会の概念とはかけ離れているからだ。実際、「神がわたしたちにお語りにならないようにしてください。そうでないと、わたしたちは死んでしまいます」という表現から想像される神は、神聖な人物像というより、強大なエネルギーを持つ者という現代科学の見る神にずっと近い。

旧約聖書にはさまざまな場面で（神がホレブ山と約櫃に直接かかわったときから）、稲妻の矢を放つ神が描写されている。鋭い電光を発する〝ウリム＝シャミール〟の石があるとき、神はケルビムのあいだにいて、最も厳しい裁きを下すとされた。石工たちのあいだで密かに伝えられた伝承によれば、神は〝執政官〟、〝造物主〟、〝原型〟と呼ばれ、〝アルケイオン〟という裁きの神殿に住んでいたという。〝贖いの座〟の上方にある約櫃の光は神の臨在を示すものとして敬われ、金を「御前《みまえ》のパン」（ｍｆｋｚｔ）へと変化させるのはこの光だと考えられた。ここから契約の櫃について導き出される興味深い仮説は、ケルビムの謎を解く鍵となるかもしれない。

出エジプト記には何も説明されていないが、ウリムとトンミムは、すでにモーセが慣れ親んでいるものであるかのように、ホレブ山に登場する。わたしたちは聖書の記述から、モーセがエジプト人であること（出エジプト記二章十九節）を知っているし、マネトの『エジプト史』（紀元前三〇〇年）から、モーセがヘリオポリスで神殿の祭司としての訓練を受けたことを知っている。さらに、「永遠の祭司職」が確約された（民数記二十五章十一～十三節）レビのピネハス（エルアザルの息子）は、アマルナ時代にアクエンアテンの神殿でたまたまアテンの従僕頭でもあった、シナイのエジプト総督パナヘシーと同じ名前を持っていた。シナイ山は聖書ではホレブ山（ケルブ山）と呼ばれているが、その後はセラビト・エル・カディムとして知られるようになる。その意味は、「傑出した従僕」だ。

アマルナからナイル川を渡ると、近代的な都市マラウイ（Mal-lawi）（マレウイ）があり、これは「レビ人の町」を意味する。アクエンアテンのアルマナ神殿の祭司長はメリレだったが、その名前はヘブライ語のメラリにあたり、レビの息子のひとりと同じだ（創世記四十六章十一節）。ファラオとしてのモーセとイスラエルの民との関係が、モーセが彼らをシナイへと導くずっと以前にエジプトで確立されたことは明らかだ。モーセは、ヘルメス学の伝統において優れた錬金術師と認められ、出エジプト記によれば、実際に火を使って、金を神秘的な「投入の粉」へ変えるという離れ業を演じて見せたという。だがこれはふつうの火ではない。約櫃の光の火、すなわち神の「臨在」であり、互いに衝突して火花を散らし、恐ろしい稲妻の槍と矢を放つものだった。ここで注目すべきは、この稲妻が、サッピールとその他もろもろと一緒にホレブ山とつながっていたのは、ベツァルエルが契約の櫃を建造したとされる時期より前のことであって、それ以降ではないことだ。

イスラエルの民がホレブ山にたどり着いたとき、神が炉の火の中に降り、山全体が激しく揺れたとされる（出エジプト記十九章十八節）。それ以前にも、神秘的な燃える柴を見たモーセは、履き物を脱ぐように指図された（出エジプト記三章一～五節）。この場面に見られるように、黄金の約櫃がこれらの現象を引き起こしたのなら、イスラエルの民がホレブ山に到着したときには、約櫃はすでに神殿にあったと考えていい。あとで詳しく述べるが、約櫃は金からｍｆｋｚｔの粉末を作り出すのに必要だったし、その作業が行なわれた工房はモーセの時代より千三百年以上前、スネフェル王の治世から、ホレブ山で稼働していたのだ。

この聖なる稲妻と不可解な火花の働きについて分析してみると、その背景にあるのは明らかに電力、すなわち〝エレクトリカス〟の力だ。同時に考えられるもうひとつの仮説は、ベツァルエルは実際には約櫃を作らなかったということだ。幕屋の祭壇や装具などは作ったかもしれないが、約櫃はずっと以前からホレブ山に存在していたはずだ（約櫃の物語が聖書記者によって書かれたのは、その出来事から何世紀もあとの話だ）。この説が正しいとすれば、まったく別の角度からケルビムの本質が見えてくる。

出エジプト記に、そのデザインと様式が描写されている櫃は、いずれも歴史的にエジプトのものであって、イスラエルの民やヘブライ人のものではない。その好例が、一九二二年にツタンカーメンの墓の入り口でハワード・カーターによって発見されたアヌビスの厨子《ちゅうし》(ark)だ。アクエンアテンの息子ツタンカーメンの、金色の聖堂に載っているケルビムは、契約の櫃の一般的なイメージのそれと大きく異なってはいない。ツタンカーメンの石棺のケルビムも、彼の後継者であるアイ王のケルビムも同様である。生命あるものの偶像化を禁じた法律ゆえに、ユダヤの芸術には受け入れられなかったが、このような翼を持った像は、アジアや中東の古代世界にはよく見られた。したがって、モーセ以前のエジプト厨子が、アヌビスに守られたツタンカーメンの厨子のように、天使の姿をしたケルビムで飾られていたとしても不思議ではない。この点に関しては、わたしたちをシナイへと導いてくれた最初のガイド、W・M・フリンダーズ・ピートリー卿も、ほぼ同じ結論に達した。「あらゆるものの中で最も神聖な、ヘブライのヤハウェの約櫃には、贖いの座の両端に、その翼で座を守るケルビムがひとりずつ配置されていた。エジプトの神々の厨子にも、翼で厨子を覆う女神マートの像があると記述されている」。

真実と法の女神マートはラーの娘とされ、約櫃の「臨在」と調和するように、約櫃ほど暴力的ではないにしても、やはり審判にかかわっている。マートは「天秤の真実」を羽根で量り、真実は、金属の中で最も高貴な金と同一視された。昔のファラオたちの魂が死後の世界に入るときには、冥府の神アヌビスによって、マートの裁きの羽根で審判を受けた。

「主の栄光はイスラエルの人々の目には、山の頂で燃える火のように見えた」(出エジプト記二十四章十七節)。

聖エルモの火

シナイ山の周囲の状況を考えれば、雷の発生しやすい山頂で、まずはっきりと目視でき、明らかに畏怖の念を抱かせるような火を、約櫃それ自体に帰する必要はなかったのではないか。シナイの台地は嵐の多い地域で、天空には電気が満ちているため、聖エルモの火と呼ばれる現象が起こりやすい。これは電気の火花が連続して起きている状態で、「グロー放電」という。高電圧が気体に作用したときに発生し、嵐の下方の大気と地面が帯電したときに見える。電圧が空気の分子を分裂させ、気体は輝く火花となる。このとき必要とされる電圧は、一平方センチメートルあたり三万ボルトだ。ところがマストやアンテナのように、接地していて先端が尖っているものは、千ボルトくらいの低い電圧でもグロー放電を起こす。

聖エルモの火の正体は、光を帯びたプラズマだ。プラズマは電流を運び、磁気を発生する、普遍物質の最も一般的な形なのだ。気体(大気ガスすなわち空気を含む)は分子から成る。気体の分子は原子から成り、原子は電子と陽子粒子の塊《かたまり》で構成されている。気体が高電圧に曝されると、電子と陽子が離ればなれになり、気体は分離した陽子の塊と電子の混合体となって、光を放つ。結果として生じるプラズマの火の色は、気体の種類によって異なるが、地球の大気中ではたいてい青紫色になる。

浮遊する球電とは異なり、聖エルモの火は引き寄せられた物体と動きをともにし、火の粉を吹き、火花を散らし、ぱちぱちと音をたてるが、熱くはなく、燃え尽きることもない。その物体とは、モーセと燃える柴のくだりにあるように、山の頂上から低地の潅木まで、どんなものでもなりうる。「彼が見ると、見よ、柴は火に燃えているのに、柴は燃え尽きない」（出エジプト記三章二節）。船のマストや教会の尖塔など、先の尖った物体は、とくに聖エルモの火を引き寄せやすい。たしかにマストが燃えているように見えたのに、輝きが消えると焼けた跡などどこにもない、もとのままのマストを見て、モーセと同じくらい恐れおののいた船乗りたちはたくさんいた。この不可思議な火が聖エルモ（紀元三〇〇年、嵐のなかでも説教を続けた）の名で呼ばれるようになったのは、彼が船乗りの守護聖人だったからだ。

地面は大気よりも電気をよく伝え、山頂で派手に放電することがある。古代の神々が山と結びついて登場する機会が多いのも不思議ではない。聖書にも、「高所」で神を礼拝する場面が頻出する。さらに、このように電荷が満ちた状況で、モーセが履き物を脱ぐように命じられたことも納得できる。なぜなら、人の身体が直接地面に接していないと、大気中の電位にあわせて頭部で帯電することになるからだ。乾いた革の靴底は絶縁体となり、体内からの電荷の流れを止めてしまう。このこと自体は問題ではないが、その人物が接地した物体に触れると、電気ショックを感じる。ずっと軽いが、これと似た静電気を、金属製のファイリング・キャビネットなどに触れたとき経験することがある。

自然界に存在する電気のことを、どう呼んでいたかは別として、古代の人々がよく知っていたのは明らかだ。「ヤハウェＹＨＷＨ（母音字がなくとも認知された）」という文字列は、ほかのどんな発音される文字列にも劣らず意味を伝えただろう。祭司たちは口に出すことができない名前を「囁き声で」発したといわれる。ユダヤとエジプトのパピルス文書、『雷鳴のようなゼウス、王アドニス、主イアオオウエ（iaooue）』と書かれている。これは『ヒーユー』には、ＹＨＷＨの気息音は「イアオオウエ」というささやき声に近い。しかし、ここで重要なのは、彼らがヤハウェの力と栄光を手に入れ、さらに強大なものとし、驚くべき効果をもたらすものとして利用した点にある。

いずれにせよ、電気は常に、山と結びついた神（それがゼウスであっても、ヤハウェであっても、ほかの神々であっても）の、示威行為と理解された。言語学者であり、地質学者でもあるクリスチャン・オブライエンは、その学術書『光り輝く者たち』の中で、神あるいは高位の者を意味する（エル・エリヨン〔至高神〕やエル・シャダイ〔全能の神〕などの）古代の言葉エル（El）の語源や派生語について記述しているが、それらはすべて、「光る、輝く」を意味する言葉が変化したものだ。電気（electricity）、電子（electron）、エレクトリカス（electrikus）はいずれも、「神の輝く実体」に関する本来の意味に由来している。

一九三八年、ドイツの考古学者ヴィルヘルム・ケーニッヒが、イラク国立博物館にいまも展

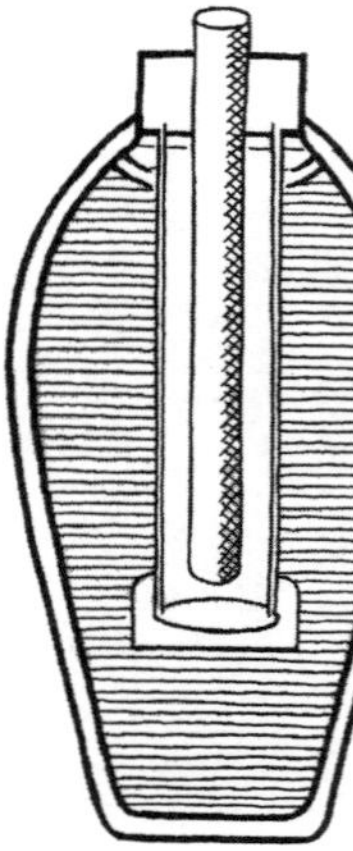

バグダッド電池

示されているいっぷう変わった粘土製の壺（数あるうちのひとつ）の詳細な調査を行なった。高さ十五センチ、末口の幅七センチ、浅黄色をした球根型の壺は、約二千二百四十年前にパルティアで作られたものだ。エジプトがプトレマイオス三世の統治下にあった頃、パルティア人は中東の大半を支配していた。壺の口には、アスファルトで支えられた、高さ九センチの銅製の円筒がはまっており、その中心を、鉛で覆われた栓より少しだけ先端が出るように、鉄の棒が貫いている。末端は銅製の円筒よりやや短かい。円筒の底は、波形に加工しアスファルトを塗った銅の円盤で封じられている。

この壺は電池としか考えられず、酢など酸性の液体があれば機能することがわかった。電池であることが確認されると、バグダッド電池として知られるようになる。そして第二次大戦後、マサチューセッツ州ピッチフィールドにあるゼネラル・エレクトリック社研究所のウィラード・M・グレイが、完全な複製を作ることに成功した。クエン酸を加えて二ボルトの電気を発生させたのだ。壺の仕組みと同じ（あるいはそうと考えられていた）方法で偉業が達成されたのは、ようやく十九世紀の前半になってからだった。したがって、《サイエンス・ダイジェスト》一九五七年四月号で確認されたように、アレッサンドロ・ヴォルタ伯爵が一八〇〇年に「ボルト電堆」電池を発明したというのは間違いで、正確には再発明したというべきだろう。

イラクの博物館でケーニッヒが発見したものはほかにもあった。古代シュメールの銅製の調理用具で、銀を電気メッキしたものだ。ケーニッヒは、メッキは電池が実際に使われていたことを示すものだと推測したが、それらの工芸品は彼が調査した電池より何世紀も前のものだった。博物館には全部で五つの電池壺があり、壺の口から突き出た鉄棒をつなげば、かなり高い電圧を発生させることができるはずだと考えられた。その後、ドイツの科学者、アルネ・エッゲブレヒト博士が複製の過程を正確に繰り返し、金の電気メッキに成功している。

神々の黄金

そろそろハトホル（セラビト・エル・カディムの守護者）と、ルクソールの北、デンデラにあるもうひとつの神殿、その地下にある興味深い祭室に話を戻そう。デンデラはエジプト最古の聖地のひとつで、多くの専門家がオシリスの墓所だと主張している。王族の〝黄金の王家〟

とハトホルとの、さらに強いつながりを示す象形文字の碑文が発見されたのもここだ。碑文は、一九八〇年代に、フランス国立東洋考古学研究所のエジプト考古学者シルヴィ・コウヴィーユによって翻訳された。「原始の混沌から現われた蓮の中で、ラーは目を開いた。その目から涙が流れ、地上に落ちた。すると涙の滴は美しい女性に姿を変え、神々の黄金、偉大なるハトホル、デンデラの女神と名づけられた」ハトホルは、エジプトで発見された最古の歴史的記録、かの有名な緑色のナメール石板（紀元前三〇〇〇年以前）に登場しており、顔の正面が描かれている唯一の女神でもある。

デンデラにある最古の神殿は、古王朝時代、大ピラミッドのクフ王の治世に建造された。クフ王がスネフェルの息子であることから、デンデラ（古代名テンティリス）の建設はセラピトの神殿と同時代、つまり、ｍｆｋｚｔの製造が始まった、今から約四千五百年前であったと考えられる。現在のデンデラに建つ地上の神殿は、紀元前一世紀、プトレマイオス王朝の時代に建造された。ハトホルとクレオパトラ七世のふたりに関連のあるこの神殿の重要な特徴のひとつは、天井に描かれた見事な天体図だ。デンデラの十二宮図と呼ばれるこの天体図は、現在、漆喰の複製しか残っていない。オリジナルはパリのルーヴル美術館に展示されている。しかし、デンデラの大いなる謎は、黄金の間に近い地下祭室の奥深くにある。南側の祭室の壁は、大きな岩面彫刻で飾られているが、そこに描かれたものの異様さに、エジプト学者たちは長いあいだ頭を悩ませた。それは蛇が入った縦長の風船のような物体を持つ祭司たちと、補助役の人々を描いたものだった（口絵ｘ頁参照）。見たところ軽量な、あるいは重さのないこの物体は、蓮の茎を模したケーブルで箱につながっており、箱の上には無限の宇宙の神ヘフが座している。その装置の並はずれた大きさは、重要性を象徴しているのか、あるいは実際の大きさを示しているのだろうか。

一九六一年に出版された『失われた技術《テクノロジー》』の中で、スウェーデンの技術者、アンリ・ケルソンは、蛇に関する象形文字は「輝き」や「炎」に近い「seref」と翻訳されることから、この岩面彫刻は電気をテーマにしたものではないかと推測した。その後、スコットランドの科学者、アイヴァン・T・サンダーソンと調査技師たちがほぼ同じ結論に達し、バルブのような物体を陰極線技術の電子管にたとえた（一部を真空にしたガラス管内の電極に、高圧電流を流したときに発生する色鮮やかな「光」を、マイケル・ファラデーが初めて記述したのは一八三八年のことだった）。

ストックホルムの技術者、イーヴァン・トレーニもまた、その著書『氷の時代以前の文化』で、デンデラの岩面彫刻はジェド柱と同じ性質を持つ高圧碍子をともなった電気装置を描いたものだと書いた。ジェドという言葉は「支え」あるいは「耐久性」というような意味で、エジプトの手工芸品――お守り（魔除けの装飾品）――にエジプト十字と並んでよく使われる。外見は点火プラグや絶縁体電極に似ており、神話ではオシリスの背骨を表わすともいわれる。大英博物館所蔵の『フネフェル・パピルス』（紀元前一三七〇年頃）には、オシリス自身がジェドとして描かれている。博物館で見かけるジェド護符は高さ数センチととても小さいが、それでも「柱」とか「支柱」と呼ばれている。第一部の〝大洪水以前の柱〟（121頁／第六章「エメラルド板」の項参照）でも触れたが、「柱」という言葉には形や支える機能の意味はあっても、大きさを指すことはないと考えられる。

十九世紀後半に、デンデラの地下祭室から砂が取り除かれると、フランスのエジプト考古学者、エミール・シャシナが撮影した写真によって、岩面彫刻が公開された。シャシナは一九三四年には、フランス国立東洋考古学研究所で、全四巻の『デンデラの神殿』を書き上げた。これに続いて、シルヴィ・コウヴィーユが、やはり同研究所でデンデラ象形文字の翻訳を著書にまとめ始めた。

デンデラの岩面彫刻を初めて見たとき、わたしの心は、ロンドンのナショナル・ギャラリー科学部門の技師たちと絵画の修復に携わっていた一九六〇年代に引き戻された。当時わたしは、メリーランド大学医学校で、絵画の調査と顔料分析にX線を導入したカール・デイム・クラーク博士の研究を学んでいた。美術品の科学的保存に大きな転換期を迎えていた英国にとって、この出来事は重要な意義を持っていた。ドイツ国立ベルリン美術館で一九二九年から主任修復師を務めていたヘルムート・ルーマンがロンドンに招かれ、ナショナル・ギャラリーのケネス・クラーク館長と一緒に仕事をすることになった。同ギャラリーに科学部門を、またコートールド研究所ギャラリーに技術部門を設置したのもルーマンだった。

デンデラの岩面彫刻を見て驚いたのは、ケーブルにつながったアンプルが、レントゲン博士が発明した十九世紀のX線管にそっくりだったからだ。レントゲンは一八九六年にX線を発見したときのようすをこう書いている。「X線が通過すると、空気は電導体になる」。多くの専門

デンデラのハトホル神殿にある、謎めいたレリーフ

家が推測するように、地下祭室の岩面彫刻が電気の性質を描いたものだとしたら、アンプルはたしかに、ヴィルズブルグ大学物理学研究所でレントゲンが使っていたクルックス管に似ている。

デンデラ神殿に関する議論が続く中、科学者たちは古代陰極管の遺産だという説を好み、電球形という表現まで飛び出した。神話学者は蛇の胚を崇拝する宗教だと言い、神学者は異教徒の出産の儀式だと言い、秘教学者は地下の創世記を描写したものではないかと唱えた。ではエジプト考古学者はどう考えたのだろうか。一流の古典的考古学者たちは、この問題に関してなんと言うのだろうか。実はたいしたことは言っていない。英国でも著名な、ある美術館の館長は質問にこう答えた。「これらの岩面彫刻に特別変わったところはないが、その正確な意義を簡単にまとめるのはむずかしい」特別変わったところがない！　岩面彫刻に描かれたものたちは、独特の形をしていて、簡単にまとめるのがむずかしいのはそのせいだ。正直に「何ひとつ手がかりがない」と認めるべきなのだ。

ひとつ確かなことは、岩面彫刻がなんらかの形でハトホル女神と関係しているということだ。そして地下祭室の碑文から、デンデラとセラビト・エル・カディムの女王であるハトホルが〝神々の黄金〟と呼ばれていたことがわかっている。この事実は、やがて岩面彫刻の不思議な形に関する魅力的な物語へつながっていく。ある核物理学者に、あの絵についてどう思うかと尋ねたとき、彼は直接的かつ直観的にある物を挙げた。この点については、謎が明らかにされたとき、詳しく述べようと思う。

約櫃《アーク》光の炎

アークの語源をもう一度見てみよう。かつてフランスではラテン語の〝arca（箱、簞笥）〟が〝arch〟に変化し、現代の正確な英語では〝ark〟を〝arc〟というように、フランスでも〝arc〟へと変わっていった。また中世には、〝arch〟から「architecture（建築）」、「arcade（アーケード、拱廊）」、「architrave（アーキトレーヴ）」などの派生語が生まれた。〝arch〟の弧の形は〝bow（ラテン語で〝arcus〟）〟と同じことから「archery（アーチェリー）」が派生し、一方、電気用語の〝arc〟は二本の電極のあいだで起きる発光放電を指す。

〝arc〟と〝arch〟は言語学的にも歴史的にも近い関係にあり、その定義はどちらもギリシア語

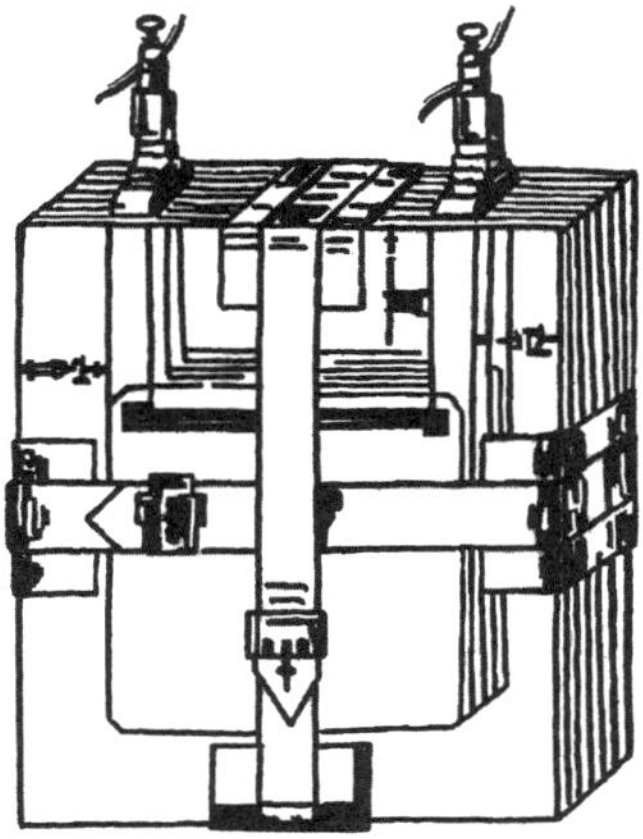

十九世紀の約櫃《アーク》型蓄電器

の"ark"とラテン語の"arca"に由来している。したがって、"Ark-light(約櫃の光)"と"arc-light(アーク光)"は同義語である。英国の科学者、ハンフリー・デイヴィー卿が、二本の炭素電極に電力を供給し、聖書に書かれたケルビムのあいだに発生した光のように、輝く光の弧を発生させたのは、一八二二年のことだった。その後、デイヴィーは若い製本工マイケル・ファラデーを実験助手として雇った。ファラデーはアーク光の研究から気体管の分野へと移行し、電流を発生させるためには磁場の変化が必要であることを確かめた。

アーク灯が公共建築物や、展示場、操車場などで実用化されるようになるまで、さほど時間はかからなかった。一九一〇年には、英国の各都市に約二万個のアーク灯が設置された。モーセの時代から三千二百五十年経って、火花を散らす光を発する装置が、再び「アーク」と呼ばれることになった。

十九世紀後半の、公共サービス黎明期には、電力を安定供給できる全国的な高圧送電線網は存在しなかった。バッテリーと発電機で限られた量の電気を発生させ、蓄電器（コンデンサー）で荷電を蓄え、分配した。十九世紀の蓄電器の原型は、その百年以上前に、オランダのライデン大学物理学教授、ピーテル・ファン・ミュッセンブルークによって発明された。一七四五年に作られたその装置は、水を入れたガラス瓶にコルクで栓をし、真鍮のワイヤを栓に通したものだった。摩擦によって生じた静電気を、ワイヤを通して瓶の中に蓄える。実験中に学生のひとりが強烈な電気ショックを受けたことが、大きな発見につながった。そこで、数人のボランティアが手をつなぎ、両端の人がガラス瓶に触れて輪を作ると、電流が伝わって全員が電気ショックを感じた。ひとりが過剰な電気を持ち、もうひとりに余分の容量がある場合、電気はひとりの人間から別の人間へと伝わることが立証されたのだ。やがて、瓶の外側に金属箔を張り、金属箔と伝導する水のあいだで瓶を絶縁体にすることで、この原理は改良された。さらに瓶の内側にも金属箔を張ると、水を入れる必要がなくなった。

一八〇〇年代後半の工業用蓄電器は、現在の高電圧型に似ていなくもない。その原理は誘電体であり、仕組みはとても単純だ。伝導性の金属板を平行に並べ、そのあいだに誘電体媒質と呼ばれる絶縁体を置く。二枚の金属板（陽極と陰極）は、それぞれ対応する電極につなげておく。その働きは、昔もいまも、ガスタンクにとてもよく似ており、蓄電器に蓄えられる電気の量（電気容量）は、それにかかる圧力（電圧）によって決まる。

ここで旧約聖書に戻ろう。蓄電器の描写は契約の櫃の描写とまったく同じであることがわかる。出エジプト記三十七章一節と二節にはこう書かれている。「ベツァルエルはアカシア材で箱を作った。……純金で内側も外側も覆い……」。ここには必要な材料がそろっている。純金の箔（板）が二枚（優れた伝導体）、それらに挟まれた誘電性の絶縁体になるアカシア材。出エジプト記三十七章七節は次のように続く。「一対の金のケルビムを作り」、贖いの座（箱の上）の両端に置いた。外側の電極としてはこれ以上ないものであり、あとはそれぞれを金の箔（板）につなげばいい。たとえ電位は低くとも、ある程度の時間がたてば、このような装置は充電されるが、ケルビムから弧を描く放電設備によって放電は瞬時に行なわれただろう。

すでに説明したように、約櫃（Ark）のセム語の語源は、「集める（充電する）」という意味を持つ"ăron"だ。約櫃ほどの大きさがある蓄電器なら、豊富な大気電気があれば何千ボルトもの電気を充電できただろう。その結果、アーチ形に放電する電力は相当なものになり、ウザとアロンの息子たちを殺傷することもじゅうぶん可能だったはずだ。だがさらに注目すべきは、直流のアーク放電とは、現代の実験室で単原子高スピン金を作るための過程そのものであるという点だ。この単原子金こそ、かつてｍｆｋｚｔあるいはシェム＝アン＝ナ呼ばれた、高位耐火石の神秘的な白い粉末なのだ。

第八章　光の軌道

耐火石の名匠たち

第一部でウリムとトンミムについて論じたとき（54頁／第三章「あかしの指輪」の項参照）、イリジウム結晶の話題に触れた。高位の耐火石の本質へと話を進める前に、イリジウムとその他のプラチナ族金属（ＰＧＭ）をもう少し詳しく見ておく必要がある。というのもＰＧＭはｍｆｋｚｔを理解する上で要となるからだ。ＰＧＭにはプラチナのほかに、イリジウム、パラジウム、ロジウム、オスミウム、ルテニウムの五種類の金属が含まれる。その金属としての強靭《きょうじん》さゆえに、ＰＧＭは外科手術、光学、歯科学の器具や坩堝や熱電対《つい》、機械の軸受け、スイッチ接点、さらに針の先端やペン先に至るまで、あらゆる精密機器に使われている。

百科事典や参考図書によると、ＰＧＭが注目されるようになったのは十九世紀に入ってからで、最も知名度が高いのはパラジウムだ。宝石職人に広く使われているパラジウムは、金と合金にしてホワイトゴールドと呼ばれる金属になる。一八〇三年にブラジルとカリフォルニアとウラル地方で発見され、その年に見つかった小惑星パラスにちなんで名づけられた。イリジウムとオスミウムとロジウムは同じ年に認定され、ルテニウムは一八四三年に発見された。しかし、古代の人々が、これらプラチナ族金属の個々の特性を熟知していたことは、はるか紀元前の遺物などからはっきりしている。イリジウム結晶は（プラチナ族金属が変形したにしては）、宝石の原石のように透明色に輝いている。イリジウムという名称は、虹色に輝くところから、虹を意味するラテン語の〝イリス〟をもとに、一八〇三年につけられた。イリジウムは隕石によって地球にもたらされた宇宙の金属であり、珍しいガラス様の岩を形成する。古代にはサッピールと呼ばれていた。これがスケティヤ、すなわち「天の石」であり、ロイヤル・アーチ・フリーメーソンの古い教義にも書かれているように、エルサレム神殿の下に存在するとされている。出エジプト記二十四章十節を読むと、どうやらホレブ山にもあったようだ。「その御足の下にはサファイアの敷石のような物があり、それはまさに大空のように澄んでいた」。

一九六八年、コーネル大学とハーバード大学の合同探検隊が、紀元前六世紀半ばにリディア（トルコ西部）を治めていた伝説のクロイソス王の金精錬所を発掘した。その後、探検隊の副隊長を務めたアンドルー・ラメイジ教授が、大英博物館金属部門の責任者ポール・クラドックと共同で、サルディスでの発掘を報告した『クロイソス王の黄金』を出版した。その中で明らかにされた驚くべき新事実は、仮定での話なら笑いものにされただろうし、専門家以外のところから出た話なら端から相手にされなかったようなものだ。しかし実際には、専門分野の権威者が発表した内容だったため、一笑に付すことはできなかった。それまでのあらゆる教科書や科学的定説に反して、サルディスの精錬所がはるか昔からPGMのことを知っており、深く理解していたことを示す、紛れもない証拠が見つかったのだ。

同じ「族」に分類されてはいるものの、プラチナ金属元素はそれぞれ異なる性質を持っている。たとえばプラチナ、パラジウム、ロジウムは融解した金に溶けるが、イリジウム、オスミウム、ルテニウムは溶けない。したがって、今日ホワイトゴールドを製造するのはさほどむずかしくはないが、イリジウムは比重が高いので融解した金の底に沈んでしまう。これらの微量元素は金鉱床に銀色の包有物として存在していることが多い。現在では金の純度を保つために微量元素を除去するのが一般的で、その際には比重の高さを利用する。微量元素をそのままにしておくと、製造工程で問題が起こるからだ。包有物の除去は「電気分解」と呼ばれる手法を用いて行なう。電流を応用して物質を分解する方法だ。

電気分解では、ふたつの電極（陰極と陽極）のあいだに電気回路を成立させるために、電解液（イオン化溶液あるいは融解金属塩）を必要とする。電極が直電流の発生源につながると、陰極はマイナスに帯電し、陽極はプラスに帯電する。電気メッキをするとき、メッキ材となる金属はたいてい陽極であり、メッキされるものは陰極だ。すでに見てきたように（137頁／第七章「古代の電池」の項参照）、複数のバグダッド電池をつなげると、限定された規模で電気メッキが可能になるが、サルディスの精錬所では、はるかに高度な技術を要するものができあがっていた。そこが、大規模な電気メッキ工場だっただけでなく、金からプラチナ金属元素と不純物を分離する非常に高度な技術が存在したことの証拠でもある。クラドックは古代の記録について、次のように書いている。「十九世紀に金から包有物を分離することがどれほど困難だったかを考えると、古代の人々がその方法を知っていたという説を示すのは、途方もないことのように思える」。

さらに驚くべきことは、クロイソス王をはじめ、その時代の誰にも、採掘された金に銅や銀やPGMが含まれているという事実のほかには、不純だとか汚れていると考える理由がなかったことだ。リディア人はそれをどうやって知ったのだろう。彼らはなぜそれを問題にしたのだろうか。

現代のわたしたちにとって、正確に定義された元素としての「純金」は、〝一定組成の法則〟と同様、比較的新しいものだ。したがって、完全に純粋な単体の組成について、過去の人々が知っていたはずがない。いずれにしても〝元素の周期律表〟は、ロシアの化学者ドミトリ・メンデレーエフが一八六九年に、その著書『化学原論』で、原子量に基づいて六十三の元素の配列を示すまで公式化されていなかった。にもかかわらず、古代の人々は不純物に気づいていたし、旧約聖書ですら金を意味する名詞が七種類（zahav、paz、ketem、harus、s'gor、ophir、baser）出てくる。たとえば〝zahav tahor〟は、契約の櫃のふたの「純金」だけを表わす言葉だった。

電気分解のほかに、腐食性の成分を金から取り除くには、灰吹という方法がある。硬貨製造者が金から卑金属を除去するために用いた方法だ。不純金属を鉛に溶かし、約千百度の空気を吹き込んで、卑金属と鉛に酸素を加えると、金が分離する。金から銀を取り除く際には「分金」という方法が用いられる。これには塩化ナトリウム、硝石、硫黄元素、硫化アンチモニンといった酸性塩を使う。しかし、これらはすべて中世の錬金術師が使っていたものであり、サルディス研究の著者たちが指摘したように、進歩した十九世紀の灰吹法でさえ、プラチナ族金属には何も作用できなかったし、分金で用いる酸溶液にもＰＧＭは反応を示さなかった。最近になり、電気分解を科学的に導入して初めて、金からプラチナ族金属の元素を完全に分離できるようになったのだが、リディア人は二千五百年前にそれを成し遂げていたのだ。

古代メソポタミアや古代エジプトからも、金の分析と精製に言及した文書は多数見つかっているが、それらは金の重さや寸法や分量に関するものであって、技術に関するものではない。唯一、具体的に記述されているのは火を用いた方法だが、現在までそれは間違った発想だとして、都合よく無視されてきた。金から不純物を完全に取り除くことができるようになるまで、ミクロンの薄さに打ち出して作る金箔は不可能だった。ところが紀元前三〇〇〇年のメソポタミアから純金箔が発見されている。それほど早い時代にも、砂金から銀や銅、プラチナ族金属を分離する技術が存在していたのだ。さらに、同じ時代の金の鑿《のみ》（Ｃ・レナード・ウーリー卿と、大英博物館およびペンシルヴェニア大学の一九二八年合同発掘隊により、ウルにあるシュメールの王族の墓地から発掘された）は、純度の低い合金に金をメッキしたものと考えられている。

これらすべてを考え合わせると、ＰＧＭは十九世紀に発見されたのではなく、再発見され、新たに名前をつけられたのだ。プラトンやピレニウスといった著述家たちも、金に含有されるプラチナ金属元素について記述しており、それらを〝アダマス〟と呼んでいた。これらの事実はクロイソスの精錬所が発見されるまで、理解されていなかった。現代のわたしたちの時代に発見されるものに、古代の学者たちが言及するなどとは誰も思わなかったからだ。

古代シュメールでは、PGM（アダマス）は〝アン＝ナ（耐火石）〟に分類されていた。古代の記録に「輝く銀色」と書かれたせいで、光り輝く不思議な金属は、中世の冶金術の名人たちによって長いあいだ錫《すず》だと信じられていた。一方、多少なりとも灰吹法と分金の知識がある者たちは、塩と硫黄と謎の溶液を使って、鉛を金に変えようと奮闘した。PGMを扱う技術はすでに古代に存在していたにもかかわらず、（電気と同じように）何世紀ものあいだ失われていたが、考古学と地質学の調査によってふたたび現代にもたらされたのだ。

イリジウムは地球では非常にめずらしい元素だが、はるか昔にイリジウムを含んだ隕石が落下した地層からは、通常の三十倍の量が見つかることもある。シュメール人と古代エジプト人は、金の特性と、それをほかの貴金属と合金にする方法を明らかに知っていた。名匠《マスタークラフツメン》たちもまたPGMの扱いには精通しており、それらは金と同様に、新奇《エキゾチック》な「高位の」状態になることができた。シエム＝アン＝ナ（高位耐火石）あるいはｍｆｋｚｔと呼ばれたものだ。このことは、彼らがPGMを知っていて実際に使っていただけではなく、原子と原子核の科学を切り開いたことも意味する。なぜなら、白い粉末（金あるいはPGM）の「高位」状態は、高スピンの冶金術によって初めて到達できるからだ。

プラチナ族金属の現在の名称はわたしたちにとっては比較的新しいものだが、金属自体ははるか昔から身近なものだった。特にイリジウムが地球外から来た元素だという事実を考えると、それがわたしたち自身の体内にも含まれているというのはとても興味深い。最近の検査で明らかになったことだが、乾燥重量でみると、脳組織の五パーセント以上は高スピン状態のイリジウムとロジウムでできている。

シャル＝オンの段階

それでは、金をはじめとする貴金属を、正体不明の白いｍｆｋｚｔの粉末、すなわち〝楽園の石〟に変える、「高位の」状態とはなんなのだろう。メソポタミアやエジプト、のちにはユダヤの、黄金の王家のいにしえの王たちが食することで、正確にはどんな恩恵がもたらされたのだろう。

現代科学の用語において、「高位」は「高スピン」と同義語である。つまり分子が高スピン状態にあることを指す。通常、原子の周囲には遮蔽《しゃへい》ポテンシャルがある。原子核によって生み出される陽性の遮蔽だ。原子核の周囲に集まった電子は、いちばん外側のものをのぞいて、ほとんどがこの遮蔽ポテンシャルの内部にある。陽性の遮蔽ポテンシャルがすべての電子を原子核の制御下に持っていくまでに拡張すると、原子核は高位、すなわち高スピン状態になる。

これらの電子はふつう、二個一組になって原子核の周囲を移動している。右回転電子と左回転電子だ。ところが高スピン原子核の影響下に入ると、電子はすべて同じ方向に回転し始める。完全に相関したとき、電子は真っ白に輝きだし、高スピン物質の中の原子はしっかり結びついていられなくなる。そのため、金属状態を維持できなくなり、物質はばらばらに分かれて単原子の白い粉末になる。

簡単な言葉で言うと、厳密に管理された状態で、一定時間のあいだ、直流電気アーク（二本の電極間に流れる一方向の電流）から放出される高熱に金属試料をぶつけることによって、白い粉末が作られる。しかし、この粉末の実に特異な点は、熱くなったり冷えたりを繰り返すうち、その最適重量の何倍もの重さになったり、何もない状態より軽くなったりすることだ。さらに、最適重量はもとの金属の重さの五十六パーセントしかない。では残りの四十四パーセントはどこへ行ってしまったのだろうか。それは白い光になったと考えるしかない。つまり物理的な局面を超えた次元――古代の人々が〝シャル＝オンの段階〟あるいは〝ｍｆｋｚｔの場〟と呼んだ、〝光の軌道の次元〟――へと移動したのだ。重さがゼロになった時点で、この物質は見えなくなり、ゼロより軽くなるが、天秤皿ももとの重さより軽くなっている。これはアレクサンドロス大王の文書（38頁／第二章「聖なるマナ」の項参照）の記述とぴったり一致している。そこには、〝楽園の石〟を秤に乗せると同量の金より重いが、粉末に変わったあとは一枚の羽根よりも軽くなる、と書かれていた。

一九七〇年代後半に、米国で、ある実験が行なわれた。予測される結果を真空と不活性ガスで抑制することなく、謎の白い光の作用を野外で実証しようとしたのだ。実験中、単原子の物質は、数千個もの電球に匹敵する閃光の中で、完全に消えた。実質的に爆発といえる状態だが、爆風はまったく起こらず、支えもなく平らな底面を下にして立っていた鉛筆は、爆発のあとも倒れていなかった。これはホレブ山でモーセが見た、燃えているように見えて、何も燃え尽きないという、〝燃える柴〟とよく似ている（出エジプト記三章四節）。

《サイエンティフィック・アメリカン》誌の一九九五年五月号に、プラチナ族金属の作用を人間のDNAとの関連で論じた記事が掲載された。DNA短鎖の両端にルテニウムの原子をひとつずつ置くと、導電率が一万倍になるという。実質的に超伝導体になるのだ。かねてから化学者たちは、二重螺旋が分子の軸にそって、導電性の高い通路を作るのではないかと考えていたが、それが事実と確認されたことになる。同様に、《プラチナ金属レビュー》誌は、プラチナやイリジウムやルテニウムを用いたがん治療に関する記事を連載した。がんは、体細胞が異常な、あるいは制御できないような分裂を始めた場合に起きる。がんのように、DNAの状態が変質したとき、プラチナ化合物が変異した細胞と共振し、DNAの緊張を和らげ、修正していく。この治療に手術は必要ない。放射線によって周囲の組織が破壊されることも、化学療法によって免疫系が殺されることもない。

生物医学の研究組織、ブリストル＝マイヤーズ・スクイブが、ルテニウム原子はDNAと相互作用して、がん細胞の奇形を修正すると発表したのを皮切りに、医学の専門機関が高スピンの分野に参入した（金とPGMの単原子はいわば「隠密原子」であり、体の細胞は、隠密原子の光波システムを経由して、互いに意思を伝達しあっていることが確かめられた）。現代科学によって明らかになったのは、ルテニウムの単原子がDNAと共振し、壊れかけた建造物を解体して再生するように、短い螺旋をいったん破壊して、正しく作り直すということだ。

イリジウムとロジウムには老化防止特性があり、ルテニウムとプラチナの化合物はDNAや細胞組織と相互作用することがわかっている。また金とプラチナ金属は、単原子（ひとつの原子）高スピン状態で、意識と才能を途方もないレベルにまで高め、内分泌腺系を活性化することができる。この点において、金の高スピン粉末は松果体に明らかな影響を及ぼし、メラトニンの産生を高める。イリジウムの単原子粉末は下垂体のセロトニン産生に同様の効果を与え、脳の使われていない領域とともに、体内の「ジャンクDNA」を再活性化すると考えられている。

医学者たちが松果体からホルモンが分泌されていることを確認したのは、ようやく近代になってからだ。これは一九六八年に分離され、メラトニンとして知られるようになった。メラトニンの産生量が多い人は太陽の光に強く反応し、このことが精神の働きに悪影響を及ぼすことから、「夜間に働くもの」という意味を持つメラトニン（ギリシア語の melos 黒と tosos 労働より）と名づけられたのだ。そのためメラトニン過剰の人々は、夜間に活動している。夜間あるいは暗いところで産生されるメラトニンは、「暗闇のホルモン」とも呼ばれる（盲目の人々は平均以上にメラトニンを産生しており、視覚以外の感覚が鋭い）。必要以上に自然光に曝された松果体は小さくなり、霊的な認識も少なくなるが、暗闇と活発な松果体活動は、繊細な心の直観的能力を高め、ストレス因子を減らす。

メラトニンは松果体で、活性化した化学伝達物質であるセロトニンから作られる。受精時に相手の遺伝物質の半分と組み合わさるのに備え、細胞核が分裂して染色体数が半分になる（いわゆる減数分裂の）瞬間に、神経の刺激を染色体に伝達する。メラトニンはまた、体内の免疫系を強化し、促進するので、メラトニンの分泌量が多い人はがんを発症しにくい。メラトニンの産生量が多いと、エネルギーやスタミナ、身体的な耐性が高まる。睡眠のパターンとも密接に関連しており、心血管系を通じて体調を穏やかに維持する。さらに、体内で最も有能で効果的な抗酸化物質でもあり、精神と身体の老化を防ぐ特性を持っている。

今日広範囲で贅沢な研究の対象となっている高位の耐火石の秘密を、数千年前にわたしたちの祖先が知っていたことは、特に重要だ。人体にはもともと超伝導体があることを、彼らは知っていた。それは個々の意識の要素であり、「光体」（カー）と呼ばれていた。肉体と光体はどちらもホルモンの産生を高めるために、食べ物を摂取しなければならなかった。その究極の食べ物がシエム＝アン＝ナ呼ばれるものだったのだ。シエム＝アン＝ナは、祭司的な役割を持つ神殿の名匠《マスタークラフツメン》たち（〝黄金の王家〟の守護者たち）によって、王を神格化する目的のために作られた。

精霊たちの世界

形は松かさに似て、大きさはとうもろこしの粒ほどの松果体は、脳の中央部に位置しているものの、脳室の外側にあり、それ自体で脳組織の一部を形成しているわけではない。フランスの哲学者であり、光学者でもあったルネ・デカルト（一五九六〜一六五〇）はこれを「魂の座」と呼んだ。つまり精神と肉体が結合する場所という意味だ。古代ギリシア人も同じように考えていたらしく、紀元前四世紀、ヘロフィロスは松果体を思考の流れを調節する器官だと記述した。

ギリシアの神秘主義者たちは松かさで飾った象徴的な杖を持っていたし、古代メソポタミアのレリーフには、神官らしき人物が最高の知性を表わす松かさを手にした姿が多い。たいてい（特にアッシリアのレリーフでは）松かさは王の頭部を指すように描かれている（口絵xi頁参照）。ときに鷲やグリフィンや魚の頭飾りをつけた格好で描かれる賢人は、アプカルの賢者（「偉大なる宰相」を意味するシュメール語の「アブ＝ガル」に由来するアッカドの言葉）と呼ばれ、彼らの並はずれた能力は四枚の翼で表現された。

松果体を象徴している松かさのほかに、アプカルは小さなシトラ（〝バンダッドゥ〟と呼ばれるバケツ型容器）も持っており、王に仕えていないときは〝誕生の木〟（キスカヌの木）の世話をする姿が描かれている。この聖なる木は、彼らに委ねられた王政の不滅を象徴するものだ。バビロニアでは、アプカル守護者はアラドに分類されるが、アラブ世界ではジンニ（djinni）（「精霊」の意味）であった。これは、フランス語のジェニの語源でもある。保護する者を意味するアラドとジンは、『千夜一夜物語』に登場するアラジンの語源となっている。

特に優れたアプカルのレリーフの多く（現在は世界各地の博物館に展示されている）は、紀元前八八三年から八五九年までアッシリアを治めたアッシュールナジルパル二世の宮殿（現在のニムルド）とサルゴン大王（紀元前七二〇年から七〇五年）の宮殿（現在のコルサバード）から、一八〇〇年代の半ばに見つかった。伝統的な慣行に従い、この時代のアプカル（アブ＝

ガル）も、ファラオの光体を守る責任を担った古代エジプト神殿の〝偉大なる者たち〟と、同じ役割を果たしていたのだ。

考古学者や博物館の専門家は、これらの精霊がシトラに何を入れていたのかという点について、まだ結論を出せずにいる。最も一般的な説は、誕生の木から採取した花粉であり、豊穣を願う儀式として、王のもとへ比喩的に松かさを運んだのではないかというものだ。しかし、どんな形にせよ、アプカルが豊穣にかかわっていたという記録はない。彼らの務めは、主権の究極の守護者として王に仕えることだった。しかも、『シュメール王一覧』（紀元前二〇〇〇年頃）に王たちがその実を食べたと記されている誕生の木は、（生命の木のように）純粋に象徴的なものであった。その描写はメソポタミアのグラ＝アルと直接かかわっている。エジプトのハトホル女神の称号でもある〝神々の黄金〟と呼ばれた「最上の神酒」のことだ。このことと、王たちがシェム＝アン＝ナの高位の耐火石を食していたという事実から、レリーフの精霊が運んでいたものは花粉ではなく、金のｍｆｋｚｔ粉末だったと断言していい。

フランスの錬金術師ニコラ・フラメルが著した十五世紀前半の書物によると、賢者の石（25頁／第一章「究極の目的」の項参照）に至る道の説明に、慣例として蛇に言及しながら、「木」と「金の粉末」が一緒に登場している。錬金術に関するすべての書物と同様、奥義としては不明瞭だが、一四一六年十一月二十二日に、この最も有名なヘルメス主義者が、賢者の石は謎に包まれた金の粉末であると確認したのだ。同日に書かれたフラメル最後の遺言から、一部を引用する。「この〝鮮やかな銀〟に太陽と月が加わって、植物に変わり……その後、蛇へと堕落して……完全に乾燥し、圧縮すると、それは金の細かな粉末になる。それが賢者の石だ」。

中世には錬金術に失敗した錬金術師が相当数いたが、フラメルの場合はまったく違っていた。つつましい家庭に生まれたフラメルが最初に就いた仕事は代書人だった。この仕事のおかげで、ユダヤ人哲学者アブラハムが書いた、銅板製本のとても古い書物と出合った。フラメルは二フロリンでこの本を買いとり、二十年以上に及ぶ研究の末、その内容を実用化することに成功した。そのときから彼の質素な生活は一変し、かなりの富を築くこととなった。その後、パリやブーローニュに多数の病院と教会を建設したため、当地ではフラメルの並はずれた慈悲深さを伝える逸話がいくつも語られた。

金が伝統的な王位の象徴であったように、初期の時代から松脂《まつやに》は松果体の分泌物（メラトニン）と同一視されていた。ボスウェリアの樹液とともに、乳香（祭司職の香）を作るのにもよく用いられた。したがって、金と乳香は、死の象徴であった没薬（鎮静剤として使われたゴム樹脂）とともに、祭司であり王でもある聖杯の血筋にとって、伝統的な薬物であった。古代世界では、高度の知識は“daäth”（death の語源）と同じものとされ、〝墓（tomb）〟と〝子宮（womb）〟は、高度の知識へと至る道筋として互いに交換が可能で、しかも補い合う言葉と考えられていた。新約聖書には修行僧マギが、黄金と乳香と没薬をイエスに贈る場面が記されている（マタイによる福音書二章十一節）。すなわち、イエスを〝黄金の王家〟の正当な祭司兼王と認めたのである。

松果体は不易の観念の宝庫であり、わたしたちの概念を明確なものにする可能性をもたらしてくれる。この思考器官のおかげで、わたしたちは内面を知覚し、不易の観念を現世の概念に変えることができる。ヨーガの行者は松果体をアジュナ・チャクラ（サンスクリット語で〝アジュナ〟は指令を、〝チャクラ〟は車輪を意味する）と関連づけている。チャクラは内分泌系の各腺と対応するエネルギーセンターであり、ヨーガ行者は松果体が、思考と心霊現象をもたらすかすかな霊気の受け手であり、送り手でもあると考えている（ギリシア語の動詞「喚起する」を語源とする「内分泌腺」は、血流に直接分泌する、導管のない腺である）。松果体はまた、知恵の目、心のチャクラ、高い自己認識のチャクラ、内面の視覚としても知られ、直観的な知識で物事をはっきりと見る能力を表わす。思春期の始まりは松果腺に支配され、メラトニンは小児期から十代を通して最も多く分泌される。小児期にはメラトニン分泌量が平均値より多いと、若い知性が発達するが、一方で早期の性的発達は阻害されることがある。成長期に、このふたつの側面は物理的な葛藤状態にあるからだ。

松果眼（第三の目）は比喩的な目だが、とかげの多くは脳と頭蓋の空洞とのあいだに、実際にものを見る実体を持つ。ヒンズー教では誰にでも第三の目があるとされている。額中央の裏側にあり、聖なる力がそこからすべてを見ているという。実のところ、第三の目は松果体と同じように解剖学的に実在する。ヨーガの教えによれば、松果眼は気づきの過程で重要な役割を果たすという。なぜならそれは、暗闇から光を得るための、究極の源だからだ。霊的な人ならば、物理的に存在するものしか見ない俗世の目にだまされることなく、物事を見抜く鋭敏な目、すなわち第三の目で、反射的に感知するだろう。物理的な存在は任意の時間内で存在場所を限

二匹の蛇が巻きついた、ヘルメスの〝カドゥケウスの杖〟

定されるが、松果眼を使い慣れた人にとっては計測すべき時間など存在しない。なぜなら彼らは時間も空間も重要ではない次元に生きているからだ。

われわれはみな思考領域に包囲され、攻撃されていて、自分自身のものだと思いこんでいる思考は、絶えず流れている世界放送のようなものだ。一部の思考は宇宙に起源を持っているが、その他の思考は地方局から流される放送に似ている。下垂体は、あらゆる周波帯と周波数を受け取る第一ラジオ受信機だ。そこから選ばれた周波数が（分泌物を通じて）じかに松果体へ運ばれ、そこで特定の番組が増幅され、全身に伝達される。松果体はメラトニンの放出を調節することで、放送内容を伝達するかどうかを決定している。メラトニンの産生が高まると、高周波の宇宙と地方の放送を受信、伝達しやすくなり、さらに偉大な宇宙の意識の段階、すなわち「知」の段階へと至る。ここで注目すべきは、松果眼にはごく細かい顆粒状の粒子が含まれているということだ。これは無線受信機に内蔵されている水晶に近い。

これまで、米国、オーストラリア、英国の医師会で、螺旋《らせん》状に巻いた知恵の蛇が記章として採用されていると述べた（48頁／第三章「奇妙な螺旋」の項参照）。しかし、その他の国々の医療救援機関では、伝令の神メルクリウス（ヘルメス）の、二匹の蛇が翼のある杖に巻き付いた図を採用している。これらの例では、中央の杖と蛇は脊椎と感覚神経系を、二枚の翼は脳側面の脳質構造を表わしている。翼のあいだ、脊柱の上部にあるのは、松果体を表わす小さな節だ。一部のヨーガ集団では、この中央の松果体と両側の翼の組み合わせを白鳥と呼んでおり、完全な悟りに達した存在の象徴とされる。それは騎士道の権化であるパーシヴァルとローエングリンに集約される、中世の白鳥の騎士が到達した聖杯思想の究極の領域なのだ。

古代エジプトの神秘派が伝える秘密の教えによると、悟りの境地に到達する過程は、脊柱の三十三ある脊椎をのぼっていって下垂体に達し、松果体を呼び起こすことによって行なわれる精神の再生であり、特に重要なものであった。この再生の科学は失われた英知の鍵のひとつで、フリーメーソンの〝古代認識スコットランド儀礼〟が三十三の位階のもとに設立されたのは、これと同じ理由からだった。

高位の耐火石の粉末は、人間の意識を高めるだけでなく、反重力の超伝導体でもある。一九六〇年代から重力に関心を示した偉大な物理学者のひとりに、ロシアのアンドレイ・サハロフがいる。先端研究所のハル・パソフは、サハロフ理論の数学（ゼロ点の重力に基づく）を《フィジカル・レビュー》誌に掲載した。そこでパソフは、重力は時空を決定するのだから、単原子の白い粉末は時空を曲げることができるはずだと主張した。パソフの説明によれば、白い粉末はゼロより小さい重力を持つ、「新奇物質《エキゾチック》」だという。無よりも軽く、未知の次元へと消失するように作られた物質を天秤に載せると、天秤の皿もまた、無より軽くなりうる。つまり、条件さえそろえば、白い粉末はそれ自体の無重力を宿主に転移することができるのだ。それは天秤の皿かもしれないし、あるいは巨大な石の塊かもしれない。

古代エジプト人がどうやってピラミッドを建造し、巨大な記念碑を建てたのか、その謎を解く鍵がおそらくここにある。一般にいわれているように、ピラミッドは、数十万人の奴隷たちがロープと傾斜板だけを使って、何トンもの巨石を桁外れの高さに持ち上げ、正確に積み上げ、計り知れない時間をかけて建造されたのだろうか。後世の人々がその工程を再現しようとして果たせなかったことからも、そうでないことは明らかだ。一対十の勾配で、大ピラミッドの頂上までの斜面を建造するには、長さ千四百六十メートル、容積はピラミッドの三倍もの傾斜板が必要になる。実際、ピラミッドの建造工程は単純なものなどではなかっただろうし、今日では超伝導性耐火石の技術が用いられたのではないかと指摘されている。セラビト山のハトホル神殿で、大量に白い粉末が製造されたのも同じ理由からだろう。まさに「ピラミッド」という言葉の語源は「火」を意味するギリシア語のpyr（そこからpyreとpyroへ派生した）であり、したがってpyramid（ピラミッド）は「火が生んだ」を意味する。

ギザにある三つのピラミッドは、クフ王、カフラ王、メンカウラー王の墓とされているが、その存在が知られている内部と地下の部屋、および通路のどこにも遺骸はなかった。これら古代王朝のファラオたちの遺体は、ピラミッド以外の場所でも見つかっていない。大ピラミッドの王の間《ま》にある秘密の容器の中に、「鉄製の道具と錆びない武器と曲がるけれども割れないガラスと奇妙な呪文」を建造者たちが入れたとの古い言い伝えがあるが、九世紀のカリフ、アル＝マムンの最初の発掘隊がトンネルを掘って、封印された部屋で発見したものはなんだったのだろうか。現在その部屋にあるのは、蓋のない、空っぽの、花崗岩でできた棺だけだ。遺体は入っていないが、謎に包まれた粉末が層をなしている。一見したところ、長石と雲母の粒のようだ。いずれも珪酸アルミニウム族に分類される。

白い粉末に関する最近の研究で、百パーセントプラチナ族の化合物として知られる粒状サンプルを、従来の手法で分析したところ、アルミニウムと珪酸で構成されていることがわかった。検査は、直流アークを用いて、太陽表面の温度を十五秒間維持するという標準的なものだった。ところが、通常の検査をはるかに超えて燃焼時間が持続したことから、粒状のサンプルを構成する本当の貴金属が明らかになった。動物の脳組織は、その乾燥重量の五パーセントが炭素だとされ、それが従来の検査方法の限界だったが、さらに厳密な分析を実施したところ、高スピン状態のプラチナ族金属、イリジウムとロジウムが検出されたのだ。この発見から、かつて封印されていた王の間は超伝導体として作られたもので、ファラオを、その磁極オーラによって、別の時空へと転送する装置だったのではないかと考えられる。ファラオの、死後の世界への通過儀式は『死者の書』（38頁／第二章「聖なるマナ」の項参照）にしたがって、この場所で執り行なわれたのだ。「それは何だ（Manna）？」という質問を繰り返すことで、転送は促進された。

第九章　ソロモン王の秘密

王の世代

ここでモーセの時代に戻って約櫃の物語を続けるにあたり、まずは、聖書の曖昧な年代区分を検証すべきだろう。旧約聖書には同じことが繰り返し語られるという特徴があるが、その中でも特に「四十年間」の時間間隔は頻繁に言及されている。イスラエルの民がホレブ山に立ち寄ってから最終的にカナンに入るまで、シナイ半島の荒野で過ごしたといわれている期間もその一例だ。砂漠を放浪した四十年という時間は重要で、民数記や申命記の中で数え切れないほど言及され、のちに詩編と預言書でも確認されている。

この四十年間で重要な側面は、イスラエルの民がかなりの時間を「不満を言って」過ごしたことだ。彼らはモーセに対して不満を言い、アロンに対して不満を言い、新しい主に対して不満を言い、ありとあらゆることに不満を言った。モーセの導く旅路を快く思っていないのは明らかだった。彼らは環境や食べ物や水不足や蛇について不平を言い、敵意に満ちた原住民に立ち向かわなければならないことに不平を言った。イスラエルの民の不満がやまないことにうんざりした主は、彼らをペリシテ人の手中に、さらに四十年間委《ゆだ》ねたのだ！

これらのことの妥当性を理解するには、ふたつの主要な事実を認識することが大切だ。第一に、モーセ五書《ペンタトゥーク》が書かれた頃、ヘブライ語には現代のような過去形の区分がなかった。過去形は一種類しかなく、ある出来事が「起こった」「起こってしまった」「起こっていた」を同等に表現していたので、千年前に起きたことと、きのう起きたことのあいだに違いはなかった。さらに、「日」と「年」を意味する単語が、決まり事もなく柔軟に使われていたため、厳密な時制の概念を持つ言語に翻訳するのは、非常に困難だった。

そうは言っても、四十年という言葉は王政の一世代を定義しているので、死海文書を見てもその重要性は明らかだ。今日の標準的な一世代（子供が両親の立場に取って代わるまでの平均年数）は、約三十年とされているが、聖書が書かれた時代の王家の標準（父王が成熟してから、その後継者が成熟するまでの期間）は四十年と決まっていた。

アブラハムの妻サラから始まる王家の血筋に、聖書が初めて触れたのは、創世記十七章十九節だ。サラの息子イサクについて、主はこのように語った。「わたしは彼と契約を立て、彼の子孫のために永遠の契約とする」。王家の血筋における男性一代の年数は、次の記述が先例となった。「イサクはリベカと結婚したとき四十歳であった。……妻リベカは身ごもった」。彼らの息子エサウのことはこう書かれている。「エサウは四十歳のときユディトを妻として迎えた」。

エサウの双子の弟（二番目に生まれた）ヤコブは、のちにイスラエルの民の先祖と見なされる人物だが、彼はベテルでイスラエルと改名したのちにエジプトに移住し、そこで民族が発展することになる。しかし、一族がエルサレムに王族としての基盤を築くのは何世紀も先のことであり、その連鎖の中で重要な輪となるのはヤコブではなくエサウだった。エサウの家系は、アメンヘテプ三世の側室、ティイ王妃につながる。アメンヘテプ三世はアクエンアテン、すなわちモーセの父親である。出エジプトによってエジプトの外へ出て、ダビデのユダ王家へとつながる血筋は、アクエンアテンの父とメソポタミア王女ギルケパの娘で、アクエンアテンの第二夫人となったメリーキヤ（メリーアメンまたはミリアムと呼ばれる）の娘から始まった。

したがって、この王族の血筋がイサクとエサウから始まり、エルサレムに王座を確立したといったん理解したら、四十年という標準は、文章上の技法の範疇に収まるのだ。列王記上二章十一節にはこうある。「ダビデがイスラエルの王であった期間は四十年に及んだ」。続いて列王記上十一章四十二節に、ダビデの息子ソロモンについては「ソロモンがエルサレムで全イスラエルを治めたのは四十年であった」。ソロモンの後継者ヨアシュ王に移ると、列王記下十二章二節は「四十年間エルサレムで王位にあった」と続ける。旧約聖書の筆記者にとって、実際の在位期間はあまり問題にならなかったようだ。彼らの時代の一般的な慣習からすれば、ひとりの君主が成熟してから次代の君主が成熟するまで四十年というのは、一世代の標準として受け入れられるものだったので、特に大切な王の在位期間を四十年と考えていたのだ。

新約聖書マタイによる福音書の筆者も、まったく同じことをした。ダビデ王からイエスまで

（ソロモンからヨセフまで、およそ千年に及ぶ）の、男系の血統を語るにあたって、一世代四十年の二十五世代を家系図に仕上げたのだ。しかし、ルカによる福音書の編者は決まり事よりも現実を重視し、より論理的な記録にあわせて、一世代二十五年として四十世代の、完璧に近いリストを作成した。

つまり、イスラエルの民がシナイの荒野に四十年間いたということは、実際には王家に次世代の息子が生まれるまでシナイにいたという事実を指しているのだ。その両親とは、キヤ＝タシェリット（モーセとミリアムの娘）とその夫ユダ家のラーマだった（79頁／第四章「キヤに愛される者」の項参照）。

約櫃による征服

この血筋が王としての役割を担い始めるためには、何世紀も前にアブラハムが息子のイサクをエル・シャダイへのいけにえとして捧げようとしたモリヤ山、すなわちエルサレムに定住しなければならなかった。主はイサクの子孫たちと契約を交わし、イサクの母サラについてはこう約束した。「彼女を諸国民の母とする。諸民族の王となるものたちが彼女から出る」。シナイでは、イサクの息子たち、エサウとヤコブ＝イスラエルの血筋が、ユダの部族の血統と一緒になった。したがって、モーセの使命とは、ユダ王家が即位することになるモリヤ山に到達することだったのだ。

もちろん道中で、いくつかの土着民族と遭遇した。カナン人、アマレク人、エドム人などであり、旅はけっして友好的な移住などではなかった。どう考えてもそれは侵略であり、究極の野望は征服だった。民数記三十一章八〜十節の発端に、ミディアン人に対する軍事行動が描かれている。「その死者のほかに、ミディアンの王たちを殺し、……イスラエルの人々はミディアンの女と子供を捕虜にし、家畜や財産、富のすべてを奪い取り、彼らの町々、村落や宿営地に火をかけて、ことごとく焼き払った」。その後、ミディアン人より恐ろしい敵たちと出会うことになるが、イスラエルの民には、敵にはない最強の兵器があった。それこそが契約の櫃だ。

旅のあいだ、約櫃は彼らの先頭で運ばれた。旅立ちにあたってモーセは「あなたの敵は散らされ、あなたを憎むものは御前《みまえ》から逃げ去りますように」と叫んだという。道中には、みずから招いた怪我もあったが、あるとき約櫃から発せられた火がイスラエルの民を襲い、数人が殺されるという出来事が起きた。その後まもなく、戦いにおける約櫃の重要性が明らかになる。宿営地に約櫃を残していった一団が、アマレク人の戦隊に大敗したのだ。

当初の計画は、シナイの北東へと移動し、死海とヨルダン川の西にあるカナン人の領土（現在のイスラエル）に侵入するというものだった。しかし、モリヤに通じる南側のルートには五つの大きな砦があったので、モーセは死海の東を通ってヨルダンに戻り、北からカナンに入ることにした。このルートだと、エドム人、アモリ人、モアブ人、アンモン人の境界を通って、さほど問題なく移動することができたようだ。イスラエルの民はまもなくトランスヨルダン【訳注：ヨルダン川東側】を征服すると、いったん北上して死海の北にあるエリコでヨルダン川を渡り、南へ戻った。

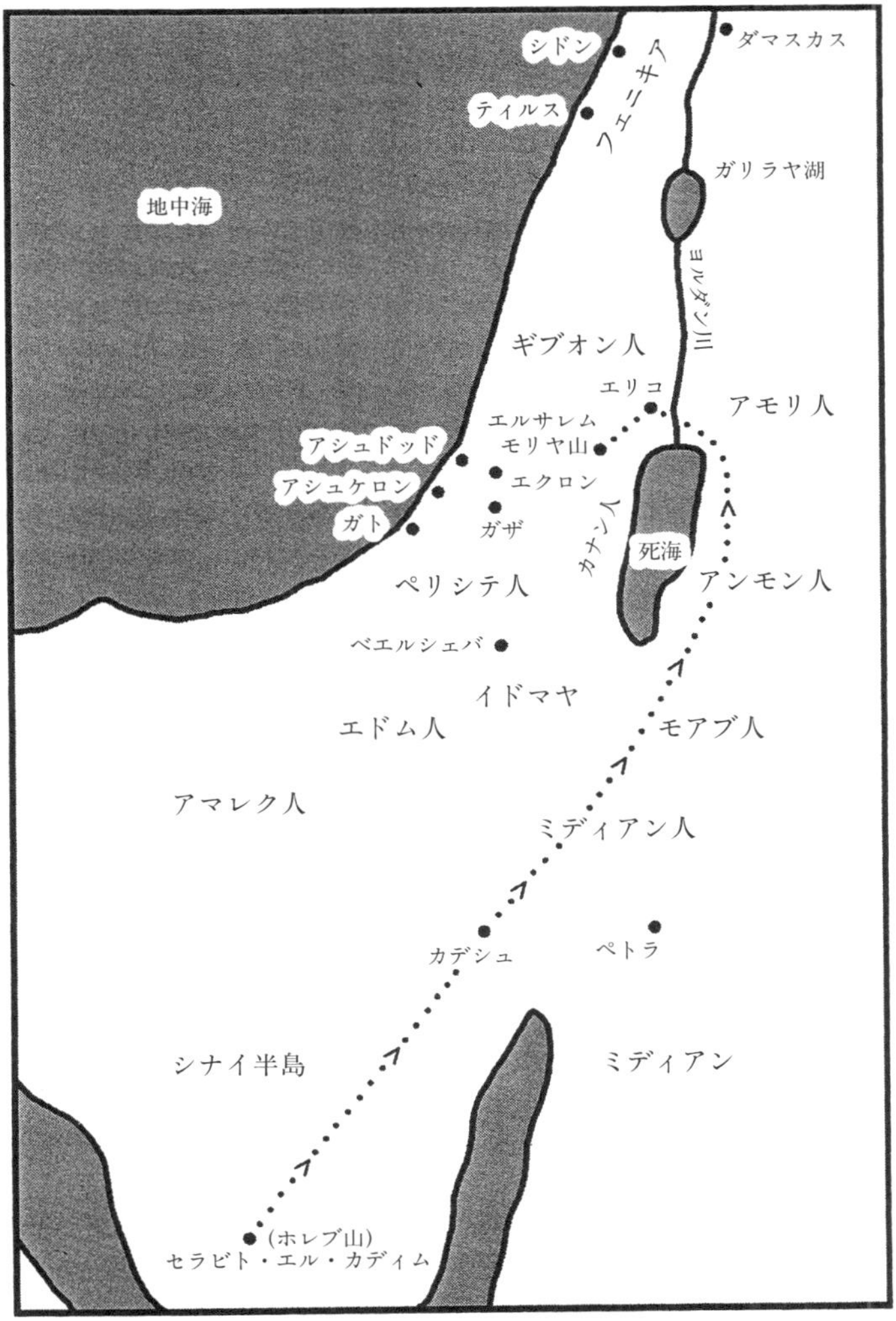
シドン
ダマスカス
ティルス
フェニキア
ガリラヤ湖
地中海
ヨルダン川
ギブオン人
エリコ
アモリ人
エルサレム
モリヤ山
アシュドッド
エクロン
アシュケロン
ガト
ガザ
カナン人
死海
ペリシテ人
アンモン人
ベエルシェバ
イドマヤ
エドム人
モアブ人
アマレク人
ミディアン人
カデシュ
ペトラ
シナイ半島
ミディアン
(ホレブ山)
セラビト・エル・カディム

約櫃の辿った道

この旅の途中、ネボ山からヨルダン川を渡ってカナンの地を偵察に行ったときに、モーセが死に、従者頭の子ヨシュアが諸部族の指導者を引き継いだ。旧約聖書に書かれた歴史の中で最も有名な事件のひとつ〝エリコの攻囲〟で始まる、カナンへの最後の猛攻を率いたのが、ヨシュアその人だ。約櫃を軍隊の先頭に置き、レビ人の担ぎ手以外は約櫃から約千メートル後方に離れているように命じた。そして、紅海を分断した聖書の物語を繰り返すかのように（聖書においては、りっぱな指導者としてのヨシュアの立場を確固たるものにするため）、約櫃がヨルダン川を分断し、そのあいだにイスラエルの民は川を渡ったとされる（ヨシュア記三章十三節～四章二十四節）。実際には、この地点のヨルダン川は川幅がとても狭くなっており、歩いて渡れる場所はあちこちにあった。上流から大量の水が流れていても、岩屑が流れをせき止めただろうし、過去六世紀の記録によれば、エリコ一帯は、いったん干上がるとその状態が最長で二十四時間続くという。

ヨルダン川を渡ったあとで、武装兵が（雄羊の角笛を吹く七人の祭司とともに）約櫃の担ぎ手たちを先導し、一日に一回エリコの町の外周を巡回し、これを六日間続けた。七日目に町を七周し、最後の角笛が吹き鳴らされた直後、イスラエルの民が上げた鬨《とき》の声によって、エリコの城壁は崩れ落ちた（ヨシュア記六章十二～二十節）。いともたやすく彼らはエリコの街になだれこみ、男も女も子供もすべて殺したが、斥候隊をかくまった遊女ラハブの家族は助け出された。イスラエルの民は、「約束の地」と呼んでいたカナンの土地にしっかりと立ったのだ。

考古学的に言うと、エリコの砦が滅亡したのは紀元前一四〇〇年から一二五〇年のあいだで

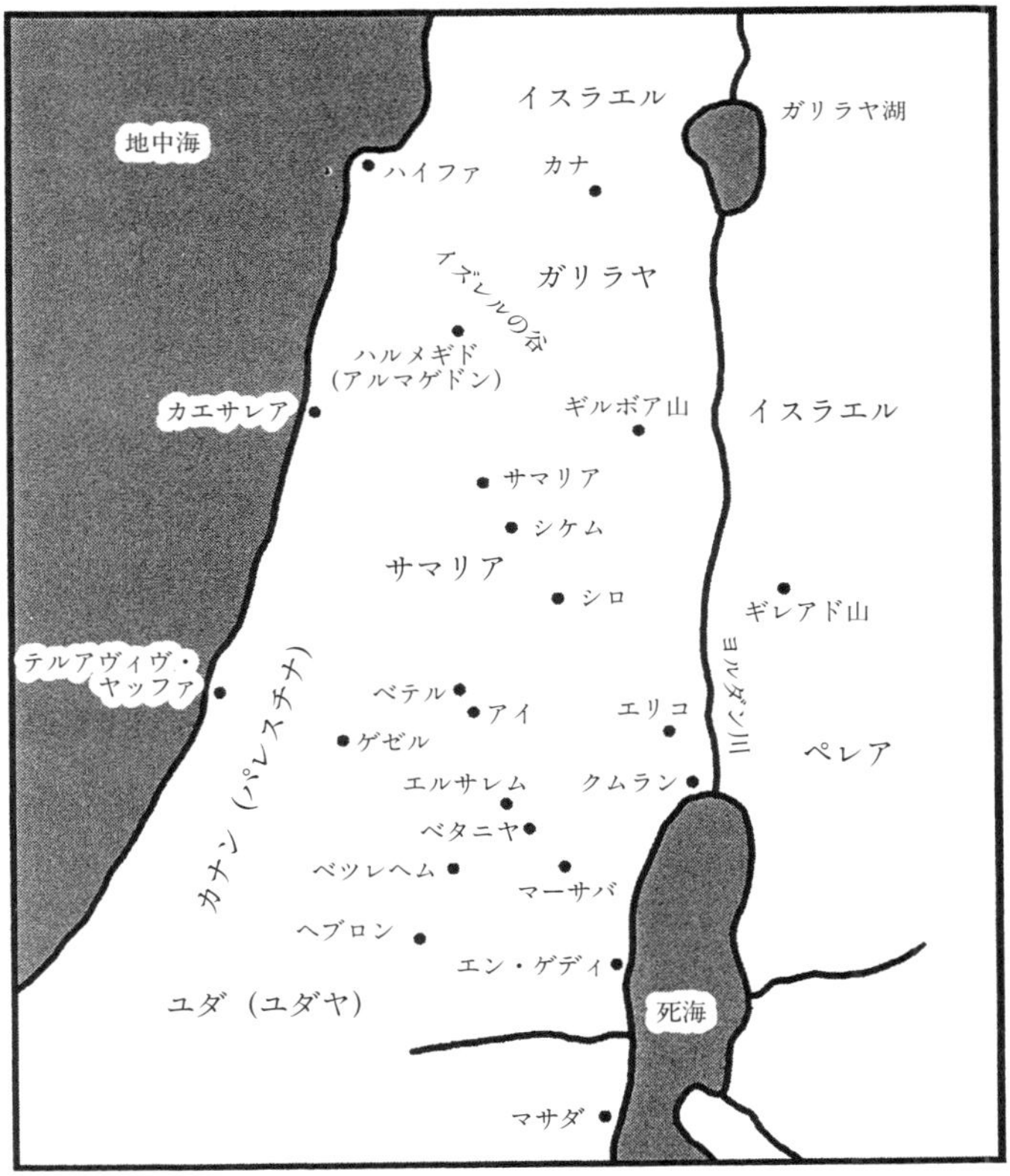
地中海
イスラエル
ガリラヤ湖
ハイファ
カナ
イズレルの谷
ガリラヤ
ハルメギド
(アルマゲドン)
カエサレア
ギルボア山
イスラエル
サマリア
シケム
サマリア
シロ
ギレアド山
テルアヴィヴ・
ヤッファ
カナン(パレスチナ)
ベテル
アイ
エリコ
ヨルダン川
ゲゼル
ペレア
エルサレム
クムラン
ベタニヤ
ベツレヘム
マーサバ
ヘブロン
エン・ゲディ
ユダ(ユダヤ)
死海
マサダ

ユダ王国とイスラエル王国

あり、出エジプトの紀元前一三三〇年頃と一致する（65頁／第四章「燃える柴」の項参照）。さらに正確な年代は、エリコが滅びる直前の地層から見つかった穀物の炭素年代測定により、紀元前一三一五年頃であることが、一九九七年に明らかにされた。ヨシュアが率いる四万のイスラエル軍は、その年、あるいは翌年にエリコに到着したことになる。

はっきり言って、どんなに鬨の声を上げても、どれほど激しく角笛を吹いても、エリコのような町の堅固な城壁を破壊させることはできない。一九〇〇年代の発掘調査によると、エリコには高さ約八メートルの城壁が二重に築かれ、内側の本城壁は約四メートルの厚みがあったという。分厚い泥煉瓦の砦にこれほどの損害を与える原因としては地震が考えられるが、地震だとしたら城壁内の住民だけでなく、外側にいたイスラエルの人々も同じように被害を受けたはずだ。もっと可能性が高いのは、約櫃が城壁を破壊したとすることだが、そうなると約櫃の力は、従来の蓄電器をはるかに上回るものでなければならない。ここまで徹底的な破壊行為を可能にするには、これからｍｋｆｚｔ耐火石との関連で約櫃建造の科学を検証していくうちにわかるように、とてつもない強暴さを行使する力を持たなければならず、実際に約櫃にはその力があったと思われる。

ヨルダン川西域に足場を確保したヨシュアは、地元で抑圧されていたギブオン人と協定を結び、次にベテルに近いアイのカナン人集落に目を向けた。エリコと同じように、アイも強固な城壁で囲まれていたが、一回目の攻撃のあと退却すると見せかけて、戦いに勝利した。アイの護衛軍は退却したイスラエル軍を追って待ち伏せ攻撃にあい（ヨシュア記八章十五～二十節）、そのすきに丘の上に隠れていた伏兵が町に火を放った。続いていくつかの町に重要な入植が行なわれ、それに伴って、ヘブロン、シケム、ベエル＝シェバなど、カナン人の伝統的な礼拝の地が併合された。後世のキリスト教徒が欧州でドルイドの聖地を併合したように。

デボラの歌

まだ新しい王国を築くには至っていなかったが、イスラエルの民は、それぞれ独自に動き始めた雑多な部族を、統一して管理する必要に迫られた。そこで士師《しし》（軍の指揮権を持った執政官）を指名することを決めた。その後、君主制が成立するまで二百五十年間にわたって、士師たちがイスラエルの民を治めることになる。しかしこの期間、宗教という問題において民は一体ではなかった。シケムでは、ヨシュアのもとでエホバに忠誠を誓ったはずだったが、ヨシュア亡き後、バアルやアシュトレトといったカナンの神々を崇拝し始めたのだ。

当時のイスラエルの民は、エジプトにいた祖先と同じように多神論者であったばかりか、その社会的行為においても独善的で、ひどく暴力的だった。たとえばシロでは処女を辱《はずかし》め、ギレアドではアンモン人に勝利した感謝の印としてエフタの娘を主に捧げた。士師記十七章六節にあるように、「それぞれが自分の目に正しいとすることを行なった」が、この方法では、一致団結してともに行動する社会を作ることはむずかしかった。

入植時代の主な士師には、オトニエル、エフド、デボラ、ギデオン、エフタ、サムソン、サムエルがいた。特に有名な女預言者デボラ（ミリアム以降初の女性指導者であり、真のジャンヌダルク的人物）は、軍の指揮官バラクとともに、ヨシュアの時代以来、最も激しい攻撃を仕掛けた。その結果、シセラ王率いるカナン人の屈強の戦車乗りたちはハルメギド（アルマゲドン）で敗北し、すでに占領されていたガリラヤの丘の高地と同様に、イズレルの谷もイスラエルの民の手に落ちたのだ。考古学的調査によると、これは紀元前一一二五年頃のことで、その物語は、戦いのあと集まった群衆に向けてデボラが歌ったとされる情緒的な『デボラの歌』（士師記五章）に描かれている。

イスラエルの次の大きな勝利は、指導者ギデオンのもとで得られた。駱駝《ラクダ》に乗ったミディアン人の大軍と戦ったときのことだ。イスラエルの民は駱駝に乗ったミディアン人を目にして少なからず驚いたはずだ。というのも、古代の文化では飼い慣らされた駱駝は非常にめずらしく、この戦い以前には、エジプトにもシリアにもメソポタミアにも記録がないからだ（創世記二十四章十節に、リベカが父親の駱駝に水を飲ませたとあるのは誤訳で、実際は驢馬《ロバ》を意味していた）。この歓迎されざる略奪者に対したとき、ギデオンはふたたび角笛を用いた。今回は、深夜三百人がいっせいに角笛を吹き鳴らし、敵の野営地を囲んで水瓶を割り、松明《たいまつ》に灯をともした。つまり、ギデオンがこの奇襲攻撃を挑んだのは、人間ではなく駱駝だったのだ。駱駝は驚いて逃げ出し、兵士たちはあわててあとを追った。

サムソン（恐るべき巨体の士師）の物語はよく知られているが、サムソン伝説の重要な側面は、イスラエルの敵の中で最も脅威であったペリシテ人が初めて登場したことだ。ペリシテ人は強力な武器を手に、荒々しいヴァイキングのように、紀元前一三〇〇年頃、海からやってきた。それ以前に彼らは、クレタ、キプロス、小アジア、フェニキアで殺戮と破壊を繰り返していた。彼らはヒッタイト帝国を全滅させ、エジプト人からは〝ペレスティア〟、ヘブライ語で〝ペレシティ〟と呼ばれた。長いあいだ地中海沿岸を荒らし回っていたペリシテ人を、陸と海の両方で打破したのはラムセス三世だけだった。カナン南部の海岸一帯を自分たちの領土と主張する海上の戦士たちは、アシュケロン、アシュドッド、エクロン、ガザ、ガトという五つの都市国家を建設した。やがてこれらはひとつになり、パレスチナと呼ばれるようになる。同じ頃、カナン北部を占領していた侵略者イスラエルは、カナン全土を支配下に置くことを計画し始めた。

今日に至るまで、同じ土地をめぐってイスラエル人とパレスチナ人のあいだで闘争が続いているが、当時、彼らはどちらもカナンにとって歓迎されざる侵略者だったというのが事実だ。イスラエルの民はエジプトで四世紀かけて発展したが、それ以前の、族長アブラハムとその祖先は、メソポタミア（現在のイラク）にあるカルデアのウルの生まれだ。一方、ヘブライ人（「向こう側」を意味する“eber”から）はヨシュア記二十四章三節で説明されているように、

“eber hannahor”すなわち「川（ユーフラテス）の向こう側」から来た者たちである。彼らはアブラハムの六代前の先祖エベル（へベル）の末裔で、交易に従事していた。エジプト人は彼らをアピル、あるいはハビルと呼んだ。創世記十一章二十八～三十一節に書かれているように、「川の向こう側」とはメソポタミアのマリ王国のハランの土地を指す。

新たにパレスチナ人（ペリシテ人）と呼ばれるようになった人々は、アナトリア南部（現在

のトルコ）の海岸地帯であるカフトル（ラムセス時代の碑文ではカフト）の出身である。首都をタルススとするその国は紀元前二〇〇〇年頃に住み着いたルヴィ人の土地であり、彼らはメソポタミアからアッカド語と筆記体を伝えた。おそらく、さらに時代をさかのぼれば、イスラエルの民とペリシテ人は、ともにメソポタミアに起源を持っていたはずだ。

驢馬の顎の骨を武器にし、素手で獅子を殺したことで有名になったサムソンの怪力は、その長い髪から発するといわれた。この秘密を知った不実な妻デリラは、サムソンが眠っているあいだに髪を切り、彼の居所をペリシテ人に知らせた。そのせいでサムソンは捕まり、目をつぶされてしまう。しかし不屈のサムソンは奇跡的に力を取り戻し、ペリシテ人の神殿を支えている柱を押し倒して、自分を含め、そこにいる全員を死なせた。

このようなイスラエルの庶民の英雄譚（当時人気の伝説に関連があったことは疑いの余地がない）を語ってきたあとで、聖書は話を本題に戻し、最後の、そして最も偉大な士師、サムエルを登場させる。同時に、これらの物語は、契約の櫃がまだ密接に聖書とかかわっていることを思い出させてくれる（士師記二十章二十七節）。伝説の戦士たちの物語が終わりを迎え、約櫃が戦いの最前線へとふたたび運び出される。

ダビデ王の都市

実際のところ、ペリシテ人は文明の進んだ土地で積んだ経験から、最新の軍事技術と兵器を持ち、イスラエルの民よりも装備を調えていた。ヒッタイト人から技術を学び、鉄と鉄製錬をカナンに持ち込んだ。したがって彼らの鉄製の武器と鎧ははるかに効力があった。しかし、彼らには契約の櫃がない。勝利の可能性は高かったが、戦うべき相手、イスラエルを倒すには、約櫃を手に入れなければならないとわかっていた。

サムエルの物語は、初めからカナンの古い聖地シロとつながりがあった。戦いのさなかにないとき、約櫃はここに納められていた。ペリシテ軍は五つの主要基地から展開していたので、イスラエルの軍隊は境界線を守るためにいくつかの小隊に分散せざるを得なかったが、約櫃は同時にすべての場所にあることができない。その結果、イスラエル部族の各派閥が自主的に行動するようになり、分裂しているあいだに、ペリシテ人が約櫃を運ぶ小隊をだしぬいて約櫃を奪取したのだ。ペリシテ人は約櫃をアシュドッドの砦に運んだが、住民は約櫃から放射された光に打たれ、町全体が恐慌に陥った。約櫃はアシュドッドからガトへ、次にエクロンへ移されたが、やはり同じことが起こり、人々は死の恐怖を味わった。約櫃の光線で殺されなかった者たちも、激しい苦痛にもがき苦しんだため、ペリシテ人は約櫃をベト・シエメシュのレビ人のもとへ送り返すことにした。

サムエルは戦士というより祭司を兼ねた預言者だったので、ペリシテ人に対する報復は、イスラエルで最も体が大きく、勇敢な、ベニヤミン族のサウルによって為された。サムエルの忠告に反して、サウルは戦場で王座についた。ギブアで王国を興したサウルは、しばらくのあいだ、敵を前にして部族の内紛を収めることに成功したが、もとより外交手腕には恵まれていなかったため、まもなく忠誠心に欠ける祭司たちに剣を向け、彼らを遠ざけるようになる。サウルは自分は選ばれた王であり、王座を嗣《つ》ぐのは息子のヨナタンだと思っていたが、彼の地位は純粋に軍事上のものであり、一時的なものというのが一般的な見方だった。イスラエルの民にしてみれば、選ばれた本物の王は、ユダの家の出でありサウルの義理の息子（サウルの娘ミカルとの結婚により）でもあるダビデだったのだ。サウルの立場をさらに窮地に追い込んだのは、実の息子であるヨナタンがダビデの親友だったことだ。ダビデは、ペリシテ人の巨人戦士、ガトのゴリアトを戦いの末殺したので、人々から崇拝されていた。

サウルがダビデの命を奪おうとしていることを知り、ヨナタンは友人に警告した。ダビデは首尾よく自分の軍隊を率い、エン・ゲディの丘で王の攻撃を待ち伏せた。三千の兵士とともにやってきたサウルを、ダビデは軍隊から引き離し、許しを与えて自由にしてやった。その後まもなくサムエルが死に、自分の宿命を知りたくなったサウルは、エン・ドルの賢い口寄せの女に相談した。口寄せが呪文で呼び出したサムエルの亡霊は、サウルとその息子たちが、まもなくペリシテ人との戦いで命を落とすだろうと告げた。そしてその言葉どおり、ヨナタンはギルボア山の戦いで殺され、以前主の命令を拒んで王の資格を失っていたサウルは、屈辱のときが来たことを知った。サウルが敵の手にかかって死ぬことを望まず、みずからの剣の上に倒れたあと、ようやくダビデの王家が宣言された。

約櫃がふたたび威力を発揮し始めると、ダビデはペリシテ人との戦いで次々と勝利を収め、三万の兵からなる軍隊を率いて南進し、モリヤ山に近づいた。約櫃は特別に作られた荷車で運ばれた。旅の途中、荷車が揺れ、うっかり約櫃に触れた御者のウザがその場で死んだ。ダビデは、レビ人だけが特別な衣装を身につけ、特別な訓練を受けて、この聖遺物を扱い、(たとえ王であっても)自分にはそれができないことが気になっていた。祭司服エフォドを身につけ、約櫃の前で踊ったが、それでも命を奪われるのではないかとの恐怖ゆえに、触れることはできなかった。とうとうダビデとイスラエルの民はモリヤ山に達し、大祭司ツァドクは約櫃を、古い町エブスに導いた。ダビデの王室はここに開かれ、彼は王座に就いた。ダビデの優れた指導力によってペリシテ人の支配が終った。カナン南部地方は新たにユダと名づけられ、その首都はユル=サレム、すなわち〝平和の町〟と呼ばれた。

エドム、アモン、モアブの土地を支配下に置きながら、アラムトの中心地ダマスカスや、カナン人の要所メギドやベト・シュアンと境界を接し、やがてダビデは王というより皇帝のようになっていった。ハマト、ティルス、シドンのフェニキア人との交易を確立し、先祖であるエジプト人の伝統的な制度をまねて、王宮の重臣たちを決めた。つまり軍司令官がひとり、書記官がひとり、年代記の編者がひとり、祭司長ふたり(ツァドクとアビアタル)、主席大臣がひとり、とファラオたちが守った構成で役人を指名したのだ。さらに、その他の東洋の君主国を手本に、後宮を作った。

ダビデの治世にも騒動がなかったわけではない。あるとき長男アブサロムが父親に反旗を翻し、その途上で命を落とした。知らせを受けたダビデは、かの有名な嘆きの言葉を吐いた。「アブサロム、わが息子よ」。アブサロムの死後、ダビデの次男アドニヤを推すユダ派と若いソロモン(ダビデとヒッタイト人バト・シェバの息子)を推すイスラエル派のあいだで、王位継承争いが持ち上がる。やがてダビデがこの世を去ったとき、ソロモンの支持派には祭司ツァドク、預言者ナタン、護衛兵長ベナヤが加わっており、力をつけていた。彼らがアドニヤを処刑し、その支持者を追放したあと、ソロモンがエルサレムの新しい王となった。

耐火石計画

はるか昔のホレブ山から始まった戦いと旅の長い歴史を経て、ようやく紀元前九六八年ごろ、約櫃は探し求めていた安住の地をソロモン王のエルサレムに見つけた。一般には、なじみのある名目上の名前（「平穏な」を意味する）で呼ばれているが、ソロモンの正式名はエディドヤという。父親の本名は定かではない。というのもダビデという称号のほうがよく知られているからだ（その時代より前には、「ダビデ」が個人名として記録されることはなかった）。しかし、マリの宮殿跡から出土したメソポタミアの文書には、「カエサル（皇帝）」を意味する“Dâvidum”の記述があり、この称号は現在に至るまで彼の名前と見なされている。現実には、ソロモンとその後継者たちはすべてダビデなのだ。

ソロモンが王座に就いたとたん、初期の血筋から伝わる、古い王家の伝統がふたたび姿をあらわしたようだ。特に黄金文化の復活が目につく。「ソロモンの歳入は金六百六十六キカル」「ソロモン王の杯はすべて金……ソロモンの時代には銀は値打ちのないものと見なされていた。……ソロモン王は延金の大盾二百を作った。大盾ひとつにつき用いた金は六百シェケルであった。……延金の小盾も三百作った。小盾ひとつにつき用いた金は三マネ（百五十シュケル）であった。……王はさらに象牙の大きな王座を作り、これを精錬した金で覆った」。金で作られた工芸品のリストは果てしなく続くかと思われるほどだ。そして、これら工芸品のほかに、有名なソロモンの神殿の建設と装飾にも金が使われていたのだ。

軍の司令官でもあった父親とは違って、ソロモンは平和を愛する王子と評された。ハゾル、メギド、ゲゼルといった要所には戦車と騎馬兵からなる守備隊を置いたが、領土拡大のための戦争は行なわなかった。また貯蔵所を作り、十二人の知事を任命して行政区を監督させた。イスラエルの民は海上貿易の経験がなかったので、ソロモンはフェニキアの商人たちと関係を築き、ティルスのヒラム王の助けを借りて、紅海での交易のために船団を作った。商船団の基地はエジオン・ゲベルにあり、そのおかげでソロモンは利益の大きな馬の取り引きを始めた。やがて戦車用の馬の厩舎四万と、騎兵一万二千を所有するまでになる。エルサレムの町にも広大な厩舎があった。二千年ほどたってテンプル騎士団が発掘したとき、報告書にはこう書かれた。「驚くほどの収容力と広さがある厩舎で、おそらく二千頭以上の馬が収容できたものと思われる」。

ソロモンは知恵の深さと理性的な著作の数々で知られているが、その名声の最たるものは、契約の櫃を納めるためにダビデの宮殿近くに建設した神殿だ。神殿の建設にあたって、ふたたびティルスのヒラム王が力を貸し、設計者と職人と材料を提供した。現場監督の名もティルス出身のヒラムといい、金属細工に優れた熟練工だった。フリーメーソンの伝承によれば、ヒラムの姓はアビフというが、聖書にはそのような名前は出てこない。この神殿は、ヤハウェ崇拝の礼拝所とは程遠く、さまざまな点で中東の伝統をモデルに作られた。入り口には（フェニキアの神殿の習わしにしたがって）独立した二本の柱、ヤキン（「設立」を意味する）とボアズ（「力を集めて」の意味で、ダビデの曾祖父の名）が立っていた。フリーメーソンの儀礼によれば、二本の青銅の柱は中空で、その中には憲章ともいうべき『組合《クラフト》の巻物』が入っていたという。神殿の内壁と天井にはレバノン杉が張られ、ケルビムと棗椰子《なつめやし》と石榴《ざくろ》と百合で装飾した。扉と床はオリーブ材と松材で作られ、これらすべてが金で覆われた。全体的な主題の中心には聖別された至聖所「サンクトゥム・サンクトゥラム」があった。すなわち、ふたつの巨大なケルビム（約櫃の蓋にあるケルビムとは別のもの）が契約の櫃を守っている場所だ。そこにはもうひとつ目をひく建造物があったが、それがなんのためのものなのかどこにも説明がないため、大いなる困惑のもととなってきた。

　列王記上七章二十三～二十六節に、ヒラムが神殿の内陣に作った巨大な容器の説明がある。しかしその記述はギリシア語の原文から少しはずれているので、より信頼の置ける説明を求めて、セプトゥアギンタ聖書の列王記第三書を見ていく必要がある。それによると、容器は青銅製の丸いボウルのような形をしており、直径約三・八メートル、高さが約一・九メートル、厚さは手のひらの幅（約七・五センチ）だったという。縁は蓮の花が開いたように形作られ、青銅製の大きな十二頭の牛像の上に据えられていた。この容器は、十台あった付属の台車〝三千杯分〟の容量があった。台車もまた青銅製で、蓋がなく、獅子とケルビムが贅沢に彫り込まれ、高さ六十八・五センチの、戦車の車輪が取り付けられた。さらにヒラムは鉢と十能《じゅうのう》を作ったとされる。

これらの記述を読んで、自然にわき上がってくる疑問は次のようなものだ。神殿で、これほど大きな容器がいったいなんのために使われたのか。その中に何を入れたのか。台車や十能はなんのためのものなのか。それに続く疑問はこうだ。神殿の建設に用いられた金のほかに、毎年集まってくる莫大な量の金で、ソロモンはいったい何をしようとしたのか。

この巨大な容器は祭司たちが体を洗うためのものだという説があるが、牛の像を含めた高さは三・五メートルを超えるので、それはありそうにない。祭司全員が身長二・一メートル以上でなければ、体を洗うというより、泳ぐことになってしまう。それはさておき、神殿の洗盤については、列王記上七章三十八節で触れられている。死海文書の訳者であるヘブライ人学者、イガエル・ヤディンの指摘によれば、古い文書（『神殿の巻物』など）から「洗盤（laver）」と訳されることがあるヘブライ語の子音には、同様に「台座」、「柱」などと訳された可能性のある、ひと続きの子音が含まれているという。

それでは、この青銅の容器にはどんなものが入っていたのだろうか。疑問に答えるために、本書の始まり、すなわちシナイ山のセラビト・エル・カディムの神殿に、W・M・フリンダーズ・ピートリー卿とともに戻ってみよう。神殿の中で発見した不思議な白い粉末（検査するまでは細かい灰だと思っていた）について、ピートリー卿は、神殿内に約五十トンが保存されていたと報告した。あらゆることがひとつの事実を指している。すなわち、約櫃をしっかり固定して稼働できる状態にし、ソロモン王はシナイの製造工場をエルサレムによみがえらせたのだ。

そしてエジプト人やフェニキア人、その他の民族にmfkztの耐火石を与え、代わりに輸送船団や軍隊用防具、馬、戦車、その他の高価な品々を、その治世のあいだに手に入れた。もちろん神殿と宮殿の建設に必要な材料については、いうまでもない。セプトゥアギンタ聖書の列王記第三書五章七節と十章十一節には、ティルスのヒラム王が、シェバに近いオフィルの金鉱から金を提供し、これを含めた貢献への見返りとして、ソロモンに「わたしの家族にパンを与えて」くれるよう依頼した、と書かれている。

第十章　闇の中へ

ケブラ・ナガスト

十四世紀エチオピア正教会のキリスト教徒が、『ケブラ・ナガスト（王たちの栄光）』という書物によって、アビシニアの皇帝の聖遺物として約櫃を比喩的に奪い取ったことは、すでに説明した（86頁／第五章「申命記の矛盾」の項参照）。この書物によれば、ソロモン王とシェバの女王の隠し子、バイナ・レケム（メネリク）が、エルサレム神殿から密かに約櫃を持ち出し、アラビアと紅海を経て、エチオピアに運んだという。およそ一・五トンもの重量があるものを、「密かに持ち出す」ことができるとは思えないが、約櫃に関する聖書の説明といかに食い違っているかを、もっと詳しく見てみる価値はある。エチオピアの書物になんらかの根拠があるのなら、ソロモン王の時代以降、ヘブライ語の聖典に約櫃が登場するはずはない。しかし、実際にはソロモン王の後継者たちが代々続くあいだも、約櫃はエルサレムにあったと旧約聖書に記録されている。それではなぜ、エチオピアの匿名の筆記者は、すぐにでっち上げとわかるような物語を作ったのだろうか。
紀元三三〇年、コンスタンティヌス大帝はローマ帝国を正式に分割し、西ローマをローマから、東ローマをビザンティウム（トルコ北西部の都市、のちにコンスタンティノープルと改名）から支配した。だが、その後まもなく西ローマ帝国は滅亡する。西ゴート族とヴァンダル族に滅ぼされたのだ。最後のローマ皇帝ロムルス・アウグストゥルスは、四七六年にイタリアの王となる傭兵隊長オドアケルによって、退位させられた。皇帝不在のあいだに、力をもっていた司教レオ一世が、のちに教皇として知られる最高神祇官（大教皇あるいは橋渡し役）の称号を得る。東ローマは西とは違った道を歩み、ビザンティン帝国はその後さらに千年のあいだ栄えた。

五世紀以降もローマ教会は西ローマにとどまったが、ビザンティン教会は、コンスタンティノープル、アレクサンドリア、アンティオキア、エルサレムといった中心地から発展していった。どちらの教会も互いに主権を求め争っていたが、論争の的となったのは、イエスは神の子なのか、それとも人間の姿をした神なのかという点であった。それとともに聖霊の本質に関する議論が高まり、まとめて三位一体論争と呼ばれるようになる。論争が白熱した八六七年、コンスタンティノープル総主教フォティオスは、劣悪な教義を広めたとしてローマ教皇ニコラウス一世を破門してしまう。

西方キリスト教世界のカトリック教徒たちは、いわゆる〝フィリオクエ論争〟の裁可を決める。これが五八九年のトレド公会議に採用され、聖霊は「父と子から」（ラテン語で〝filioque”）発出したと宣言された。東方正教会はこれに反発し、聖霊は「父から子を通して」（ギリシア語では“dia tou huiou”）発出したと主張。どこか実体のない、奇妙な神学論争ではあったが、結果的にキリスト教世界をまっぷたつに分かつほどのものだった。現実には、キリスト教会の政治的支配者をローマにするかコンスタンティノープルにするかという論争を存続させるための、ささいな口実でしかなかった。その結果、始まりは同じだがまったく異なるふたつの教会が形成され、決着のつかない問答が、ふたつの教会のあいだにしっかりとくさびを打ち込んでしまった。

その過程で、東方正教会の信者たちは、彼らが正統な教義と見なすもののために、西方とは別の宗教的遺産を作ろうと考え始めていた。この計画を進めるにあたって、カトリック教徒が使っていた一世紀のペトロとパウロの教えではなく、旧約聖書の物語に着目した。彼らの目的は、正統キリスト教がモーセ律法の戒めから、より直接的に進化したものであり、真に古代からの伝統を受け継いだものであると証明することだった。問題は、旧約聖書がキリスト教とは異なるユダヤ教の宗教的枠組みで成り立っていると、誰もが知っていることだった。そこで、イエスがその活動に「一員」としてかかわっていたかどうかは別として、ヘブライ人より前にキリスト教徒が実際に存在したという概念を固めようとしたのだ。この目的を果たすため、エジプト、シリア、エチオピアなどの国々でビザンティンのまったく新しいメッセージをキリスト教徒へ伝えようと、旧約聖書の書き換えが行なわれた。

そうやって新たに考案された寓話のひとつが、六世紀あるいはそれ以降に書かれた『アダムとイヴの書――アダムとイヴのサタンとの葛藤』だ。この分厚い書物は、サタンを主人公にし、イエスがはりつけにされた十字架はアダムが葬られた場所に立てられた、とまで言っている。同様の作品である『財宝の洞窟の書』は、六世紀にシリアで書かれた、世界の創世からイエスの磔刑まで、地上の歴史を大まかに描いた書物だ。ここでもサタンが変わらぬ悪の主唱者として登場する。たとえば、アダムとイヴが洞窟で暮らしていると、サタンが十四回も彼らを誘惑しに来るが、そのたびに神の天使が悪魔を追い払う。さらには、正統キリスト教がアダムとイヴの時代以前からあったと主張している。一二二二年にイラクのバスラでシェレモン主教によって編纂されたシリアの文書『蜜蜂の書』も同類のものだ。その書名は、「ふたつの聖書の花と、神聖なる書物の花々から天国の滴を集めた」という事実に由来するものと説明され、キリスト教の教義を、戦略的に再解釈された伝統的なユダヤ教の聖典に当てはめている。

これらの書物を擁護する点があるとすれば、それはこれらの旧約聖書に記された系図が、『ヨベル書』のような、はるか昔のユダヤの聖典と一致していることだ。この点を別にすれば、あとは歴史の記録をむしばむために作られた、ただの創作寓話に過ぎず、シュメールやカナンやヘブライのオリジナルの記録とはまったく異なっている。『ケブラ・ナガスト』は、このような伝統の中で生まれた。その唯一の目的は、エチオピアの王たちを、ソロモン王の後継者で、かつ契約の櫃を受け継ぐ者として描いて、ユダの遺産を彼らにもたらすことだった。ソロモン以降の王たちについて詳しいことは何も説明されていないが、一二六八年からエチオピアでいわゆるソロモン王朝を開いたエクノ・アムラクという皇帝にユダの遺産が与えられたとだけ書かれている。

ケブラ・ナガストという言葉は、ポルトガルの外交特使フランシスコ・アルヴァレスがエチオピアへの訪問から戻った一五三三年に、ヨーロッパの人々の意識に入ってきた。それより少し前の一五二八年、スペインの化学者エンリケ・コルネリオ・アグリッパが自著『エチオピアの事物の歴史』の中で、『ケブラ・ナガスト』を翻訳していた。また、エチオピアで伝道活動をしていたイエズス会の宣教師マヌエル・アルメイダも、一六〇〇年代前半に翻訳した。しかし、『ケブラ・ナガスト』の驚くべき内容が西洋に広く知られるようになったのは、スコットランド人探検家、キナードのジェームズ・ブルースがその著書『ナイルの源流を求めて』を出版した十八世紀の終わり頃だった。

現在、エチオピアの約櫃は、アクスムにあるシオンの聖母マリア教会の保護下にあり、一九六〇年代に建てられた、けばけばしい造りのタブレット礼拝堂に納められているらしいが、今までに誰も実物を見たことがない。エチオピアの約櫃を描写したものとしては、アブ・サリというアルメニア人が十三世紀に書いた書物が知られているだけだが、そこにあるのは聖書の契約の櫃とは似ても似つかない。サリによれば、それは高さが膝ぐらいまでしかなく、蓋には金の十字架と貴石が飾られ、ふだんは祭壇の上に安置されているという。サリの描く聖遺物は(それがなんであれ)、当地で約櫃とされているものと、形と大きさは似ている。そのレプリカは、年に一度の祭りに行列を組んで運ばれるが、つねに厚い掛け布で覆われ、誰も目にすることはできない。〝マンバラ・タボット〟と呼ばれている櫃で、崇拝の対象であるタボットという祭壇の板を納めるものだ。アクスムの櫃はこの地方で特に文化的に重要なものかもしれないが、実際にはエチオピア全土の教会にマンバラ・タボットがある。そこに納められているタボットとは、木や石でできた長方形の祭壇板だ。たしかにアクスムのマンバラ・タボットは珍重され、宗教的にかなりの影響力を持ち、言葉の上では実質的に〝櫃《アーク》〟なのだが、聖書に出てくる契約の櫃ではないし、ほんのわずかでも似ているところはない。

シェバの女王

先に年代順に論じたときには、ソロモン王のくだりでシェバ伝説には触れなかったが、高名で神秘的な南の女王を考察する時機が来たようだ。『ケブラ・ナガスト』ではシェバの女王はエチオピアのマケダと呼ばれているが、聖書をはじめとする歴史的に認知された文書や信憑《しんぴょう》性《せい》のある文書では個人名は出てこない。このこととシェバ（ときには〝サーバ〟）の地を特定するのはむずかしいと多くの文献が主張している事実にもかかわらず、ティグラト・ピレゼル三世（紀元前七四五年～七二七年）とサルゴン二世（紀元前七二〇年～七〇五年）の碑文は、この人物をはっきりと特定している。シェバはサーバ人の土地だと明らかにされ、サルゴン二世の碑文（紀元前七〇七年頃）では、当時有力だったアリブのサムセ女王をシェバの王イタマラと結びつけている。その王国は、パレスチナとヨルダンのずっと南のアラビア半島に位置する。その一部は現在のイエメンだ。アデン湾の北で、紅海の東側に接する地域が、サーバのセム語訳、すなわちシェバなのだ。

シェバの女王は列王記上十章一〜十三節で、ソロモンの前に少しだけ姿を現わす（その場面は歴代誌下九章一〜十二節で繰り返される）。どことなく曖昧な記述で、「シェバの女王は難問をもってソロモンを試そうとしてやってきた」と書かれている。彼女は大勢の随員を伴い、そのたぐいまれなる知恵がはるか遠方まで知れわたったユダの王のために、香料と金と宝石を駱駝に積んでやってきたという。このことを別にすれば、ほかに語られるべき内容はほとんどない。女王はソロモンの賢明な解答に満足し、王の宮殿に深い感銘を受けた。そして、たくさんの贈り物を交換したのち、帰国の途についた。しかし、女王の訪問の目的は、聖なる耐火石を自分の王室に分けてもらえないかと交渉することだったのではないだろうか。列王記上十章十節には、女王は百二十キカル（約五・五トン）の金をソロモンに贈ったと記されている。

言語学的にいうと、シェバという言葉は「誓約」を意味する一般的なものだ。したがって、シェバの女王は「誓約の女王」とも呼ばれ、またソロモンの母親バトシェバは「誓約の娘」であった。このシェバという名前はさまざまに形を変え、旧約聖書の中に幾度となく登場する。例を挙げると、クシュの子孫セバ、ヨクタンの息子シェバ、ビクリの息子シェバ、そして地名のベエル・シェバがある。

ソロモン王の物語への、シェバの女王の登場は文学的にはたいした事件ではなく、ちょうど十二の短い節をつないだだけで、明白な結末はない。ただソロモン自身の威信を描写する場面が設定されており、おそらくこの部分が挿入された理由はそこにあるのだろう。最強の王の知恵と富を立証しようとするとき、歴史上、傑出した貿易国の女王に信頼させるよりたしかな方法があるだろうか。「お知恵と富はうわさに聞いていたことをはるかに超えています」（列王記上十章七節）。

シェバの地は、聖書に書かれているとおり、香料と金で知られていたが、女王に関しては、年齢も容貌もなにひとつ記述がない。それでも、宝物を積んだ駱駝隊を率いたこの女性の神秘的な雰囲気には、想像力を駆り立てるような魅力がある。その結果、芸術家や物書きが何世紀にもわたって、シェバの女王の神話を発展させることとなった。戦略的な欺瞞《ぎまん》でありながら、冒険的な試みでもある『ケブラ・ナガスト』にとって、シェバの女王は完璧なヒロインだった。聖書には女王に関する記述がほとんどなかったので、その謎めいた魅力には潤色が施される余地が生まれ、ソロモン王との密通があってもおかしくないような人物像が作り上げられたのだ。

運命の守護者たち

聖書の約櫃に話を戻すと、『ケブラ・ナガスト』とはまったく異なり、約櫃がソロモンの時代（紀元前九六八年）以降もずっとエルサレムにあったことを、旧約聖書は確認している。まずはユダのヒゼキヤ王（ソロモンの直系十二代目）が約櫃の前で祈りを捧げたと書かれている（列王記下十九章十五節）。それに続くマナセ王とアモン王の治世には、エルサレム神殿で混乱と派閥争いがあったため、約櫃はレビ人の聖地に移された。のちにヒゼキヤのひ孫にあたるユダのヨシヤ王の治世を語る際、歴代誌下三十五章三節には、ヨシヤが約櫃をふさわしい場所に戻そうと決意した経緯が描かれる。「すべてのイスラエルの教師であり、主のために聖別されたレビ人に、王はこういった。『イスラエルの王ダビデの子ソロモンが建てた神殿に、聖なる箱を納めよ。あなたたちはもはやそれを担う必要がない』」。ソロモンが神殿を建設してから三百六十年後、そしてバビロニアのネブカドネツァルがイスラエルに最初に侵攻する紀元前五九七年より少し前のことだ。

ヨシヤの指示が実行されたのなら、ネブカドネツァルの軍隊が神殿を襲撃したとき、ほかの戦利品とともに約櫃を運び去ったとしても不思議はないが、彼らはそうしなかったようだ。列王記下二十五章十三～十七節とエレミヤ書五十二章十七～二十三節に主要な略奪品の一覧が出ているが、その中に約櫃は含まれていない。多くのヘブライ語の文書が、バビロニアが襲撃する前に、預言者エレミヤによって隠されたと記録している。果たしてこれに関連した預言が、旧約聖書のエレミヤ書に出てくる。「人々はもはや、主の契約の櫃について語らず、心に浮かべることも、思い起こすこともない。求めることも、作ることももはやない」（エレミヤ書三章十六節）。

旧約外典では、第二マカベア書二章五節にも補足的な書き込みが見られるが、第二エズラ書十章二十二節は、レビ人が捕虜として連れ去られたことを嘆き、こう続けている。「燭台の明かりは消され、契約の櫃は奪われ、聖なる器は汚された」。ヘブライ語のタルムードには、エレミヤが約櫃を神殿内の至聖所の地下に隠したことを回想する解説がいくつもあり、その伝統はあまりに強固だったため、十世紀にマソラのヘブライ語聖書が書かれたあとも、何世紀も語り伝えられた。

これらの事実から導き出されるのは、ソロモン王の時代から約櫃は使用されておらず、北部のイスラエル領土と南部のユダの地のあいだで王位をめぐる争いが広がると、神殿の黄金文化は唐突に終わりを迎えたということだ。ソロモンの息子レハブアムは、ユダの王としてエルサレムで王位を継いだが、重労働に耐えかねた北部の人々が反乱を起こし、紀元前九二八年に、エフライム族のヤロブアムをイスラエル独自の王として立てた。同じころ、エジプトの王朝にも変化があり、シェションクというリビアの首長がエジプトの女後継者と結婚し、新しいファラオとなった。本物のエジプト文化になじみがなかった、このメシュウェシュ（リビアの警察隊）のもと隊長は、イスラエル碑文（75頁／第四章「王位継承権」の項参照）にしたがって、パレスチナに対するエジプトの支配力を固め直そうとした。そこでシェションク（聖書ではシシャク）は、レハブアムに攻撃を仕掛け、エルサレムを包囲する。そして持ち出せる宝物を大量に神殿から略奪し、ユダの王に対する優位を誇示した。また、その後すぐにヤロブアムの王国がある北部に目を向けたので、ヤロブアムはヨルダンを越えてうまく逃亡した。各所から集められたこのときの記録が、のちに、テーベにあるアメンの神殿の壁に刻まれた。

契約の櫃はシェションクの略奪品一覧には含まれていないが、略奪が行なわれたあとにそのことに触れた聖書の記述を見ると、約櫃は実際的なものというより儀式的なものだったようだ。国家が二分されてからの物語は、ユダの王とイスラエルの王のあいだで続く闘争が中心となった。いずれにしても、聖書とその他のユダヤの記録は、約櫃がヨシヤの治世に隠され、バビロニア人には奪われていないことで一致している。過去にさかのぼって書かれた歴代誌下六章一節は、「主は深い闇の中にとどまる」と説明している。そして、聖書のいちばん最後で、紀元後一世紀に書かれたヨハネの黙示録十一章十九節は、約櫃が雷や稲妻とともに、まだ天の神殿にあったと確認する。スペインの哲学者モーゼス・マイモニデスは、一一八〇年の著書『ミシュナ・トーラー』の中で、ソロモンは曲がりくねったトンネルの奥深くに、約櫃のために特別な隠し場所を作ったと述べている。エジプトのシシャクが襲撃してきた際、ソロモンの息子レハブアムが使ったものと同じ地下室だ。その後、一六四八年に、ラビのナフタリ・ヘルツが『エメク・ハ・メレク（王の谷）』で、神殿が崩れ落ちる前に、この聖遺物がどうやって安全に隠されたかを説明した。

約櫃が安全な場所で守られているという、あらゆる説明の中心にいるのはエレミヤであり、したがって本節の後半は彼の生涯にあてなければならない。教会ではたいてい預言者として説教に登場するが、エレミヤは際だって影響力の強い人物だった。エレミヤ書一章一節で明らかにされているように、エレミヤはアナトトの祭司ヒルキヤの息子である。ヒルキヤはのちにエルサレムの大祭司となり、神殿に隠されていた律法の書を発見した人物だ（列王記下二十二章八節、歴代誌下三十四章十五節）。それだけでなく、エレミヤはヒルキヤの神殿警護団の団長を務めていた。ネブカドネツァルが攻撃してくる前に、ヒルキヤは警護団に神殿の宝物――契約の櫃はもちろん――を地下の保管室に運ばせるよう、エレミヤに命じた。この指令は速やかに実行され、警護団は隠された宝物の記録を守るため、選ばれた者たちで〝神殿修道会〟を組織した。

それゆえに、ネブカドネツァルが神殿を破壊したとき、約櫃やユダの王たちの聖別の石（〝契約の石〟）などの特別な宝物は、略奪品の一覧には含まれなかった。崇拝の対象となっていたこの契約の石は、ヤコブがベテルで天に達する階段の夢を見たとき、頭を載せていたとされる枕石だ（創世記二十八章十八〜二十二節）。このときエル・シャダイは、ヤコブの子孫から未来の王の血筋が生まれると約束した。やがてこの血筋はダビデとソロモンの王朝へつながった。

ネブカドネツァルの脅威から宝物を隠したものの、ヨシヤは別の敵に直面することになり、エジプトのファラオであるネコとの戦いによって、パレスチナのメギドで殺された。ヨシヤの息子ヨアハズが王位を継いだが、ネコは弟のエリヤキムを支持していたので、ヨアハズを退位させた。そののちエリヤキムが即位し、ヨヤキムと名を改める。エルサレムの税がファラオに支払われたため、町は弱体化した。ネブカドネツァルがファラオ・ネコの追い出しを謀って、バビロンから最初の攻撃を仕掛けたのはそのときだ。ヨヤキムが亡くなると、その息子ヨヤキンが代わって王となったが、ネブカドネツァルはさらに激しく攻撃してきた。神殿は襲撃され、ヨヤキンは約一万のイスラエル人とともに連れ去られ、七十年にわたるバビロン捕囚が始まる（列王記下二十四章十〜二十節）。

混沌としたエルサレムでは、ヨヤキンのおじマタンヤがユダのゼデキヤ王として在位即位した。だが十一年後、ネブカドネツァルがふたたびエルサレムを攻撃し、ゼデキヤは捕らわれてバビロンに連れて行かれ、両目をつぶされた。このとき、神殿はバビロニアの親衛隊長ネブザ

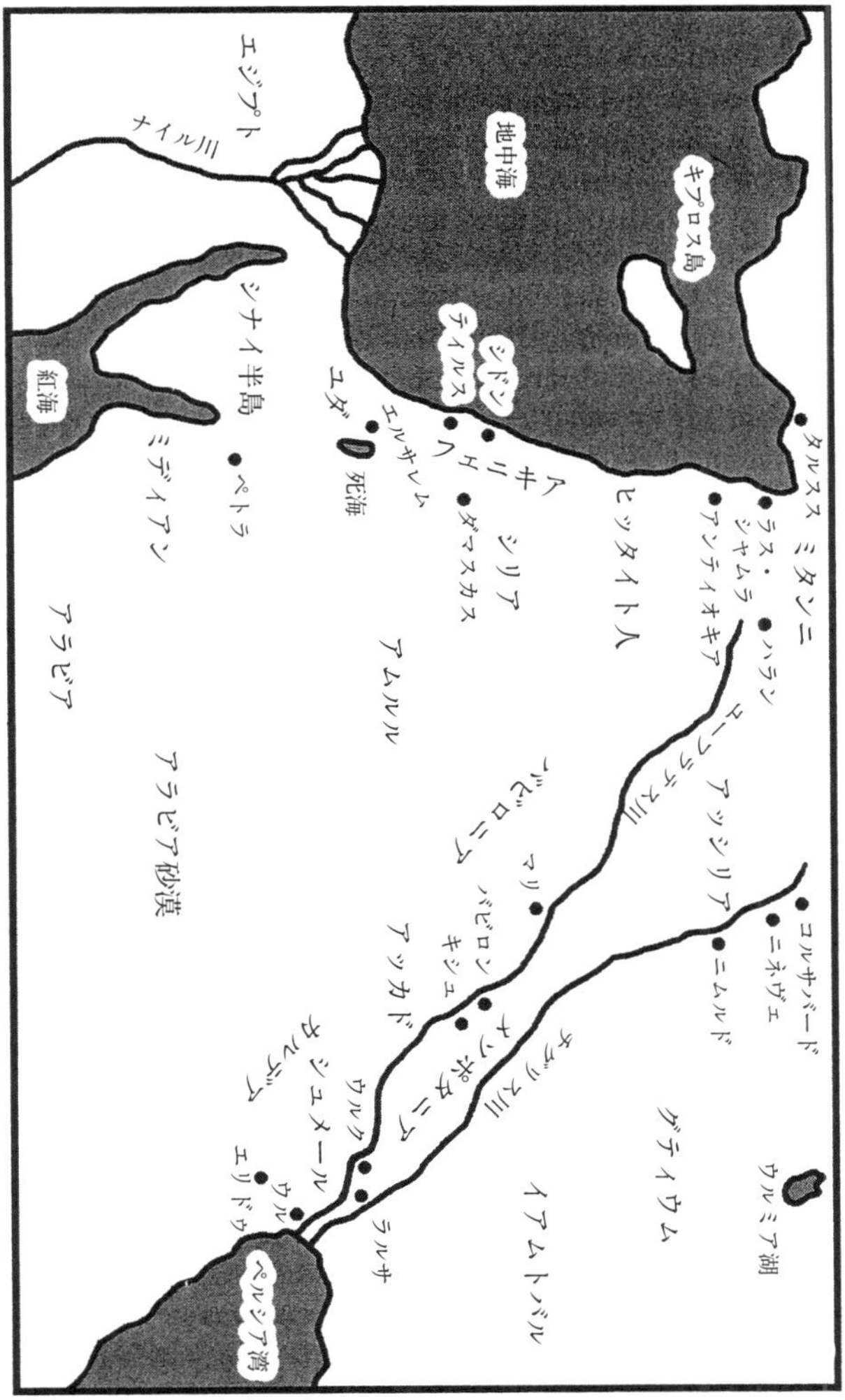

エジプト
ナイル川
地中海
キプロス島
シナイ半島
紅海
シドン
ティルス
ユダ
エルサレム
死海
フェニキア
ヒッタイト人
タルスス
ミタンニ
ラス・シャムラ
アンティオキア
ハラン
シリア
ダマスカス
アムルル
ペトラ
ミディアン
アラビア
アラビア砂漠
ユーフラテス川
アッシリア
バビロニア
マリ
バビロン
キシュ
アッカド
コルサバード
ニネヴェ
ニムルド
チグリス川
メソポタミア
ウルク
シュメール
ウル
エリドゥ
ラルサ
グティウム
イアムトバル
ウルミア湖
ペルシア湾

旧約聖書の世界

ルアダンによって徹底的に破壊され、有名な二本の柱ボアズとヤキン、ソロモンの巨大な容器、神殿の装飾なども奪われた。ゼデキヤの息子たちは殺されたが、娘のタマル（テア）はエレミヤに助けられ、（エジプトとスペインを経由して）アイルランドの安全な場所へかくまわれた。エレミヤは神殿が破壊される前に、聖なる〝契約の石〟を隠し場所から持ち出し、やはりアイルランドへ運んだ。この石はのちに〝運命の石《リア・ファイル》〟として知られるようになる。

おそらく全体で約五万人の捕虜が、ネブカドネツァルによって強制的にバビロンに連れて行かれたのだろう。エレミヤ書二十九章五～七節によると、彼らは自分たちの家で自由に暮らし、自分たちの農場を持ち、仕事をし、ほぼふつうの生活を送っていたようだ。王子たちや高官たちはひどい扱いを受けたかもしれないが、一般市民は全体としてまともな暮らしをしていたらしく、奴隷や不自由な使用人にされたという話はどこにも書かれていない。それでは、彼らはなぜ連れ去られたのだろうか。その理由として、前王マナセがカナン人の神バアルの祭壇を立てたので、神が罰を与えたのだと聖書は語っている。マナセの孫にあたるヨシヤ王が、民の賛同を得てこれらの祭壇を破壊したが、なんの役にも立たなかった。いずれにせよ、ヤハウェは天罰を下すことに決めていたのだ。「鉢をぬぐって伏せるように、わたしはエルサレムをぬぐい去り、……彼らを敵の手に渡す。……彼らは先祖がエジプトを出た日から今日に至るまでわたしの意に背くことを行ない、わたしを怒らせてきたからである」。そして次のように説明される。「ユダが主の御前《みまえ》から退けられることは、まさに主の御命令によるが、それはマナセの罪のため、彼の行なったすべてのことのためである」。

この説明は、聖書の教義に関する要件は満たしているものの、実質的にはほとんど意味がない。ネブカドネツァルはヤハウェの家来ではないし、異国の神をなだめるためにエルサレムを侵略するように操られたわけではない。つまり、彼がこれほど大勢の捕虜を連れ帰った理由は、聖書に描かれたシナリオとは大きく異なっていたはずだ。ネブカドネツァルなら、途方もない数の捕虜を連れて行くような面倒なことをしなくとも、容易にエルサレムを屈服させ、ユダの主権を手に入れることができただろう。長期的には、捕囚はバビロニアの経済に寄与したかもしれないが、短期的には高くつく、不必要な行為だった。

当時の状況を見ると、紀元前六一二年から六〇九年のあいだに、アッシュールバニパル王率いる最強のアッシリア国家が、隣接するバビロニアとメディアによって崩壊し、滅亡した。そこでメソポタミアの新たな支配者となったのが、この両者であった。ニネヴェの第一宮殿は略奪され、徹底的に破壊された。その跡には巨大な建造物が建築され、バビロンは中東で最も大きく、最も美しい都市となった。比較的短い期間で、バビロニアは文芸と建築の復興活動の、世界の中心地となったのだ。その比類なき図書館の蔵書は、先祖代々の歴史を詳細に調べようとしていたイスラエルの筆記者たちにとって、願ってもない環境を提供した。彼らの仕事は、のちに旧約聖書の前身となる物語に結実する。バビロニアの驚くべき建造物の中でもとりわけ有名なのが、空中庭園（世界の七不思議のひとつ）と、見事なまでに磨き上げられたイシュタル門（新バビロンへと続く八つの記念碑的門のひとつ）。そこですぐにでも必要とされたのが、数万人規模の労働力だった——大規模な建築プロジェクトに直接かかわる者、あるいは建設を支えるバビロニア人の、事業と交易を補助する者が求められた。そのための労働力を、ネブカドネツァルは遠くまで探しに行くまでもなかった。必要な人材は近くのユダから調達すればよかったのだ。

数十年後の紀元前五三八年、バビロニアを占領したペルシアのキュロス二世は、イスラエルの民の子孫がユダに戻ることを許した。事実上、新たな母国となった土地を去ると決めた人々のうち、第一陣は紀元前五三六年頃、ヨヤキンの子孫であるゼルバベル王子とともにエルサレムへ向けて出発した。それから約二十年を経て、旧神殿跡に新しい神殿が完成したが、もはや君臨すべきユダの家の王はいなかった。彼らにとって最高君主は、ペルシア帝国のダレイオス一世とその後継者たちだったのだ。けれどもイスラエルの民の手には、バビロニアの図書館で得た、族長の歴史の原型があり、その歴史は新しく生まれる旧約聖書の骨格をなすことになった。さらに、彼らは知るよしもなかったが、エレミヤが秘密の宝物を隠した地下室は、第二神殿の基礎の粗石の下にまだ埋もれていたのだ。新しい神殿の建設からずっと後の、紀元前三〇〇年から二五〇年のあいだに編纂された歴代誌下五章九節には、約櫃に関する記述がある。

「それは、今日もなおそこに置かれている」。

エレミヤの手で西洋に運ばれていたヒルキヤの警護団の記録がなければ、この神聖かつ大切な秘蔵物は、永遠に失われていたかもしれない。中世フランスのテンプル騎士団年代記には、目録に記された宝物（エレミヤによって隠され、エルサレムの神殿修道会員の子孫によって守られた）は、一一一八年にエルサレム十字軍王国の王、ボードゥアン二世が正式に設立した、

〝聖アンデレの神殿騎士団〟が責任を持って保護することを確認している。この集団は、「王家の秘密の守護王子たち」と呼ばれた。千七百年以上前に、大祭司ヒルキヤが組織した神殿警護団を嗣《つ》ぐ者たちだ。十字軍遠征時代の初期に、西洋の王子たちがエルサレムを掌握しているあいだに、神殿騎士団に与えられた仕事は、神殿跡地を発掘し、宝物を運び出すことだった。これから詳しく述べるが、彼らは与えられた仕事を遂行し、その結果、世界でも類を見ないほど影響力のある、強力な組織となったのだ。

捕囚後

本国に戻ったイスラエルの民は、ペルシアの支配下で自分たちの王朝も途絶え、公用語としてアラム語を押しつけられた。新しい神殿の大祭司は、何事も宗教を中心とする文化を提唱し、新たに定められた〝神の律法〟が、イスラエルの律法として認知された（エズラ記七章二十三節〜二十六節）。ペルシアの統治が続いた二世紀のあいだに旧約聖書の記述は終わり、それから新約聖書の時代が始まるのは、三百五十年以上経ってからのことだ。

端境期の始まりは、紀元前三三三年にペルシア皇帝ダレイオス三世を倒したマケドニアのアレクサンドロス大王が権力の座に着いたことだった。その後フェニキアのティルスを破壊し、エジプトに進軍してアレクサンドリアの砦を建設した。かつてのペルシア帝国を完全に支配したアレクサンドロスは、バビロニアを経てさらに東へ軍隊を進め、ついにはパンジャブを征服する。紀元前三二三年に早世したあとは、将軍たちが権力を握った。プトレマイオス・ソテルはエジプト総督に、セレウコスはバビロニアを支配し、アンティゴノスはマケドニアとギリシアを統治した。紀元前四世紀が終わるころには、パレスチナもアレクサンドロスの領土に併合された。

同じころ、欧州で新しい力が勢いを増していた。ローマ共和国だ。ローマ人たちは、紀元前二六四年、シチリア島を支配していたカルタゴ人を追放し、コルシカ島とサルディーニャ島も攻略した。カルタゴの偉大な将軍ハンニバルはサグント（現在のスペインの一部）を奪取してこれに報復、アルプスを越えて進軍するが、ザマでローマ軍に阻止される。一方、シリアではアンティオコス三世（マケドニアの将軍セレウコスの子孫）が国王に即位し、紀元前一九八年には、エジプトの影響を排除して、パレスチナの支配者になろうとしていた。その息子、アンティオコス四世エピファネスはエルサレムを占領下に置くが、すぐにハスモン家の祭司アカバイのユダの指揮のもと、ユダヤ人の反乱が起こる。ユダは戦死するが、マカバイ家は紀元前一四二年にイスラエルの独立を勝ち取った。

激戦が続く中、ローマ軍はカルタゴを滅ぼし、ローマ領北アフリカという新しい行政区分を形成する。さらなる軍事行動によって、マケドニア、ギリシア、小アジアもローマの支配下に入った。ところが、カルタゴ（ポエニ）戦争がイタリア農民を零落させ、一方では奴隷の労働力を利用して財をなした貴族をますます豊かにしたことから、ローマでは論争が巻き起こった。護民官ティベリウス・グラックスは紀元前一三三年に農地改革を推し進めるものの、元老院保守派によって殺害されてしまう。農民運動を引き継いだ弟も殺害され、護民官の地位は軍の司令官ガイウス・マリウスに移る。

紀元前一〇七年、ガイウス・マリウスはローマの執政官に選ばれる。しかし議会はルキウス・コルネリウス・スッラに味方し、やがてスッラはマリウスを退陣させ、紀元前八二年に独裁官となる。人々を苦しめた恐怖政治が終わりを告げるのは、民衆派の政治家で将軍でもあるガイウス・ユリウス・カエサルが人気を得て、正式に最高神祇官に選出された紀元前六三年のことだった。

同じ年、ローマ軍は、すでに派閥争いの混乱にあった聖地パレスチナに侵攻する。厳格な古代ユダヤ律法を遵守していたファリサイ人は、より自由なギリシア文化に対して抵抗運動を始めていた。さらに、サドカイ人の聖職位階制にも反発していたため、侵略を許す不安定な社会状況が生まれていたのだ。ローマは機会を見て、グナエウス・ポンペイウス・マグヌス（偉大なるポンペイウス）の指揮のもとユダを支配下に置き、エルサレムを占拠し、シリアと残りのパレスチナを併合した。

そのころ、ローマの階級制に大変動が起きていた。ユリウス・カエサル、ポンペイウス、クラッススが第一次三頭政治を始めたのだ。しかしカエサルがガリアへ遠征し、クラッススがエルサレムの諸問題を監督することになると、合同政権は困難にぶつかった。ふたりがローマを留守にしているあいだに、ポンペイウスが政治陣営を鞍替えし、民衆派から閥族派へと寝返ったことから、カエサルの帰還とともにローマは内乱状態に陥った。カエサルはギリシアのファルサロスで勝利を収め、ポンペイウスがエジプトへ逃れると、帝国の行政区を完全に掌握した。

当時、クレオパトラ七世は弟のプトレマイオス十三世とともにエジプトを支配していた。しかしカエサルがアレクサンドリアを訪れたとき、クレオパトラはカエサルと共謀して弟を暗殺し、単独でエジプトを治めるようになる。引き続き小アジアと北アフリカで軍事行動を展開していたカエサルだが、ローマに戻った紀元前四十四年、閥族派に殺害されてしまう。カエサルの甥、ガイウス・オクタヴィアヌスは、将軍マルクス・アントニウスと政治家マルクス・レピドゥスとともに第二次三頭政治を行なった。オクタヴィアヌスとマルクス・アントニウスは、マケドニアのフィリピで、カエサル暗殺の首謀者ブルータスとカッシアスを討伐するが、その後、アントニウスは妻オクタヴィア（オクタヴィアヌスの姉）を捨て、クレオパトラと結婚してしまう。このためオクタヴィアヌスはエジプトに戦線を布告し、アクティウムの海戦で勝利を収めた。そしてアントニウスとクレオパトラは自殺する。

そうしたなかで、パレスチナは、北部のガリラヤ、南部のユダヤ（ユダ）、そのあいだのサマリヤの、三つの行政区分から成っていた。ユリウス・カエサルはイドマヤ出身のアンティパトロスをユダヤの行政長官に、その息子ヘロデをガリラヤの知事に就任させるが、アンティパトロスはその後まもなく殺害され、ヘロデはローマへ召喚されて、ユダヤの王に任命された。

イエスが誕生した当時の状況は、このように厳しいものだった。傀儡《かいらい》君主と高度に組織化された占領軍による圧政が敷かれていた。ユダヤ人は救世主《メシア》（〝油を注がれた者〟、ヘブライ語の動詞〝maisach〟〔油を注ぐ〕から）を、ローマの大君主から自由にしてくれる、強力な解放者を待ち望んでいたのだ。

第三部

第十一章　平行次元

ハドソン・ファイル

福音書時代、そしてそれ以降に起きた事象を年代順にたどっていく前に、良い機会なので〝耐火石現象〟について、さらに詳しく考察しておきたい。それによって、耐火石現象と今日の技術との関連性を立証できるだけでなく、約櫃と古代の〝エレクトリカス〟に言及する場合においても、その畏怖すら覚える働きをいっそう深く理解しうると思うからだ。

いにしえのメソポタミアでは、金及びプラチナ族金属の白い粉末を〝シエム＝アン＝ナ〟と呼んだ。古代エジプトでは、〝ｍｆｋｚｔ〟だった。いずれの場合も、「高位の耐火石」を指していることに変わりはない。現在では、高スピン、単原子状態にあるその物質は、科学的な造語でいう〝ＯＲＭＥ（軌道転位単原子元素群）〟だと認識されている。それでは、この物質にかかわる近年から現在までの事象の数々を振り返ることにして、まずは〝ｍｆｋｚｔ〟の再発見と、その後二十年の展開にまつわる、稀世の物語を紹介しよう。それは、創意と、不屈の精神と、出費と、達成の物語である反面、政府の介入に見舞われた失意の物語とも言える。

すべては、一九七六年、賢者の石の発見にもっともふさわしい名を持つ土地から始まった。場所はアリゾナ州フェニックス。裕福な綿花農家の三代目、デイヴィッド・ハドソンの所有地だ。ハドソンは、州政府の農務長官をつとめた父を持ち、ユマヴァレーに、約三億平方メートルに及ぶ広大な綿花畑を所有していた。約千四百平方メートルもある広大な屋敷に住み、四十人もの従業員を抱え、銀行からは上限四百万ドルの融資を保証された、自称「実利主義者」だったが、ほどなく、利益優先のおきまりの毎日を、錬金術への飽くなき探求に費して、根っからの保守主義を返上し、当代きっての進取的パイオニアの仲間入りをすることになろうとは、ハドソン自身、露ほども思っていなかった。

アリゾナでの農業に困難はつきもので、塩類が大量に含まれることから土壌はきめが粗く黒みを帯びており、水分を通さないのが悩みの種だった。土壌改善のため、ハドソンはタンクローリーを使って、一エーカー(約四千平方メートル)あたり三十トンほどの高濃縮硫酸を注入していた。そのあとを灌漑用トラックが放水してまわると、酸と水が反応し泡を立てながら、アルカリ性の堅い地表を耕作可能な柔らかさにまで分解していく。この一連の作業(さらに炭酸カルシウムを加えて、酸を和らげ微量栄養素を保つ)を二年間にわたって実施することで、作物栽培に適した土壌に改良するのだ。

酸による溶解を免れた土壌の成分を分析している最中に、ある特定の物質がきわめて珍しい性質を持っていることがわかった。その物質は、雨上がりのアリゾナで天日に曝《さら》し(摂氏約百十五度、湿度五パーセント)、乾燥させると、白い光を放つ巨大な炎となって、あとかたもなく消滅する。そこで今度は陰干しにし、時間をかけて乾燥させてから、坩堝《るつぼ》の中でその物質に鉛を混ぜる試験を行なうことにした。この実験は、溶解するにともなって、鉛より軽い物質は浮き上がり、比重の大きい物質は底にたまるという前提のもとに実施された。このときの試験では、謎の物質が高密度の重金属で、(金や銀と同様に)鉛の下にたまることが判明した。金や銀といった金属は軟質で、叩いて薄片に伸ばすことができるのに対し、この物質はハンマーで叩いても、奇妙なことに薄く伸びるどころかガラスのように砕けてしまったのだ! 民間の研究所に分析を依頼したところ、その物質は鉄と珪酸とアルミニウムだと言われた。しかしこの結果が、事実を反映していないことは明らかだった。鉄や珪酸やアルミニウムなら、硫酸や硝酸や塩酸に反応し溶解しているはずなのに、実際には溶解する気配が見られなかった。

次なる手だてとして、貴金属元素の専門家を雇い入れた。コーネル大学で博士号を取得したこの人物は、母校にある、三〜五ppb(十億分の三〜五)のレベルまで精密な分析ができる装置を使うことになった。そういうわけで、謎の物質(貴金属元素であることまでは判明ずみ)は貴重な技術の恩恵に浴したのだが、またしても鉄、珪酸、アルミニウムという結果に終わる! この実験で、少量の不純物が、分析結果に影響を与えていることが明らかになったので、今度は不純物を完全に除去したうえで、残った原試料の九十八パーセントをふたたび試験した。結果は驚嘆すべきものだった。燃え立つ白いビード(溶球)が見えているのに、装置の記録では「何も存在しない」ことになっていたからだ!

このあと、さらに分光学の専門家の協力を仰ぐことになった。西ドイツの分光学研究所で訓練を受け、当時、ロサンゼルスにある分光学装置の製造会社で、上級技術者として働いていた人物だ。分光器の図案制作から、設計、組み立て、試験の実施、そして実際の使用に至るまで、それらすべての段階に精通していた。この役には、彼を措いて適任者はいなかった。

アーク放電分光分析法では、試料を炭素電極カップの中に置き、もうひとつの電極をその上に持ってくることで、アークをつくり出す。電流が流れるにしたがって、試料内の元素はイオン化し、それぞれ独自の光の周波数を発し始める。分析結果は、それぞれの周波数を読み取ることで確定される。摂氏五千五百度の状態を十五秒ほど保ち続けると、炭素電極は燃え尽きてしまうので、研究所は燃焼時間を制限して試験を行なわざるを得なかった。問題は、沸点に到達した元素から順に識別して、分析を行なわなくてはならないことだった――つまり、読み取れるのは、沸点が低い元素だけということになる。アークに曝される時間を制限したのでは、じゅうぶんな結果を得ることはできない。

燃焼時間の制限があるために、この分光学者は、標準設備を有効活用することが叶わなかった。率直に言って、十五秒という時間は短すぎて、たとえ太陽の表面温度をもってしても、この物質を沸点に到達させるのは無理というものだ。その後、試料は中性子放射化分析を受けるため、英国オックスフォードシャーのハーウェル原子力研究所に送られたが、そこでも適正な数値は得られなかった。しかしながら、その答えは、ソヴィエト科学アカデミーが出してくれた。彼らによると、満足のいく結果を得るには、アーク放電分光分析を行ない、三百秒間（五分間）燃焼させる必要があるという（これは、西側諸国で実施可能だった試験時間の二十倍に当たる）。目的を遂げるためには、ヘリウムやアルゴンなどの不活性ガスの囲いの中で、試験行程を実施する必要があった。この方法で酸素を排除し、炭素電極の燃え尽きを防ぐのだ。あとはもう、詳細を入手して、ロシア人科学者たちが作成した仕様書に従い、必要装置を組み立てるしかない。装置の完成を待って、手を加えていない原試料を使い、再度試験が始まった。

予想したとおり、はじめの十五秒間の測定値は、鉄、珪酸、アルミニウムを示すとともに、カルシウム及びナトリウムの痕跡と、わずかなチタニウムの存在を認めた。いまやこれらの物質は沸騰して蒸発し、すべての計器が停止したと思ったら、コーネル大学での試験を再現するかのように、試料の主要九十八パーセントを無だとする値が示された。二十秒が経ち、二十五秒、三十秒、三十五秒、四十秒……そして七十秒が経過したが、〝無〟のままだ。そのとき、突然その物質が実在していることが、ふたたび認められた。測定記録はパラジウムの存在を示し、その二十秒後にはプラチナを示し、その後（それぞれが次々に沸点に到達するにつれて）ルテニウム、ロジウム、イリジウムを、さらに二百二十秒が経過したところで、オスミウムを認めた。これらの小さな白いビードは、すべてプラチナ族元素で構成されており、西側の装置で実施した標準試験では、無、つまり存在しないと記録されたものばかりだった。

試験は、そのまま責任者の地位に留まったドイツ人分光学者ジークフリートの下、（何種類もの分析法を試しながら）二年半にわたって継続され、繰り返し実施された。その結果判明したのは、これまで正体不明だった生成物の約九十八パーセントが、通常では認識できない状態の貴金属で構成されていることだった。世界でもっともプラチナ族の埋蔵量が多いのは、南アフリカ共和国ブッシュフェルト火成岩体の地下八百メートル地点で、細い鉱脈に一トン中三分の一オンスのプラチナ族を含有している。フェニックスの農地に眠っているのは、（一目で金属だとわかるわけではないが）その七千五百倍の量、一トン中二千四百オンスという驚異的な量であることが判明したのだ！

この段階までは、研究は人知れず、私的行為の範疇にとどまっていた――しかし、役人たちの目や耳が、ほどなくそちらの方角に向けられることは明らかだった。世界市場において、プラチナ族金属は尋常ならざる高値で売られており、ロジウム（ハドソンの畑の主要埋蔵成分）の場合は、一オンスにつき約三千ドルの値が付いていた。はっきりしていたのは、アリゾナから何か非常に重要なものが出現したということであり、当時のハドソンには、のちにそれがどういう事態を引き起こすことになるか、まったくわかっていなかった。

重力に挑む

やがて新たな参加者が登場した――アイオワ州立大学米国エネルギー省付属冶金学研究所で、金属分離分野の博士号を取得した人物だ。モトローラ社及びスペリー社の顧問をつとめ、長年にわたって、希土酸化物や元素周期表に含まれる元素の大半を研究対象としていた。彼は土壌のサンプルをみずから集めて、このプロジェクトに三年間取り組んだ末に、ついにこの物質が、科学的に未知の形態の貴金属元素であることを確認したと発表した。また、その物質が一トン中に何オンス含まれるかについても、ロシアの装置での分光分析の結果と同じであることを裏付けた。

一九八三年から八九年にかけて、化学博士ひとり、化学修士三人、技術者ふたりが、かかりきりでこの研究にたずさわった。彼らはソヴィエト科学アカデミーの助力を受け、さらに米国標準計量局の情報を足がかりとして、正体のわからないそれぞれの元素を、質的、量的に分離する方法を習得する。そしてジョンソン・マッセイ社から純粋な貴金属（金、ロジウム、オスミウム、イリジウム、ルテニウム）を購入し、クラスター化学を学び、ダウ・ケミカル社製の最先端コンピュータ制御装置を駆使して、すべての元素結合をほどく方法を突き止めた。

やがてデイヴィッド・ハドソンは、ジェネラル・エレクトリック（GE）社で、ロジウムとイリジウムを使った、新たな燃料電池技術の研究が進んでいることを知る。ハドソンは先方に連絡を取り、マサチューセッツ州に足を運んで、触媒化学者及びその研究チームとじかに話をすることにした。そしてそこで、GEチームも同じような白色光の炸裂を目撃したこと、そして三塩化ロジウムの派生物質が、分析試験にまったく反応を示さず困っていることを聞かされる。化学者たちはハドソンに、フェニックスでの研究試料を使って比較試験を行ないたいと要請した。その結果、燃料電池の製造のために、わざわざロジウムとイリジウムを購入して材料を作るまでもない、すでに単原子状態にあるロジウム及びイリジウムが入手できればそれに越したことはない、との判断に至った。ハドソンとGEチームの間で暫定協定が結ばれることになり、やがてGEの化学者たちはマサチューセッツ州ウォルサムに電池製造を目的とする別会社を設立した。ハドソンは発見物に対し特許権を取得するよう勧められたことを受け、一九八七年及び八八年に、その物質をＯＲＭＥ（軌道転位単原子元素群）と名付け、国内及び海外での特許（全部で二十二）を申請した。

特許権取得の要件を満たすには、追加試験を行なって、計量に関する一定のデータを提出する必要があった。熱重量分析装置を購入して、気圧や温度を制御し試験環境の精度を高める一方で、試験過程をとおして重量の計測が続けられた。試験は、物質を一分間につき摂氏一・二度で加熱したのち、一分間につき摂氏二度で冷却するという方法で行なわれた。その結果、物質の重量は、酸化するにつれて、開始時の百二パーセント（一・〇二倍）に変化し、水素の量が減少するにしたがって、百三パーセントに変化することが判明した。しかし衝撃が走ったのはそのあとだ。物質が元の鈍い色から、見知った白さのきらめくビードへ、そして粉末へと変化を遂げた。その瞬間、試料の重量は、当初の五十六パーセントにまで急激に減少したのだ。いったい、あとの四十四パーセントはどこへ消えたのだろう？　真空状態を維持したまま千百六十度でさらに加熱してみたところ、その貴重な物質は美しい透明のガラスへと変化し、重量もこの時点で、当初の値を回復した。信じがたい話だろうが、この現象は何度も繰り返されたのだ！

科学者たちはすっかり当惑しながらも、調査を続けた。試料を不活性ガスで覆い、加熱と冷却を何度も繰り返すうち、驚くことに冷却の過程で、試料の重量が当初の四百パーセント（四倍）に達した。しかしもう一度加熱してみると、今度は無より低い——ゼロをはるかに下回る

——数値を示した。天秤皿から物質を取り出し、天秤皿だけの重量を調べてみたところ、物質の入った状態よりも重いことが確かめられ、その白い試料には、支えている受け皿に無重力状態を転移させる能力が備わっていると考えられた。しかも天秤皿は、空中浮揚を起こしていた！

実験装置の製造元に装置が有効に働いているかどうかを調べてもらったところ、どの物質を使った試験でも、装置の動作に問題のないことが確認された。たったひとつ、どの原則からも外れているのが、フェニックスの白い粉末だった。何度試験を繰り返しても、当初の重量の五十六パーセントまで減少することは同じで、しかも冷却によって三百〜四百パーセントまで上昇したり、再加熱によってゼロを大きく割り込んだりすることも変わらなかった。カリフォルニア州にあるヴァリアン社の技術者らは、相談を受けて打ち明けた——冷却時に重量減が起こる場合は、白い粉末が超伝導状態にあると考えられるが、「その物質を加熱しているのだとすると、その物質の正体も、何が起きているのかもわからない」。ただし彼らは、一九八六年、IBMのチューリッヒ研究所で、高温環境で存在する超伝導体が発見されていたことを、まったく知らなかったらしい。このことが明らかになる以前は、液体ヘリウムを用いた極低温環境に置かない限り、超伝導体は安定しないと思われていたのだった。

白い粉末試料の両端に触れるように、電圧計と電極ふたつを置いて電流を流し、その導電率を調べてみたが、伝導性がまったく存在しないことが判明しただけで、タルカムパウダーとなんら変わりないという結果に終わった。超伝導体は、その内部に、いかなる電位も磁場も生じさせないという意味において、伝導体とはまったく違う働きかたをする。超伝導状態にあるときは完全な絶縁体だが、磁場に対しては、それがどれほど小さな磁場であろうと、著しく不安定になり、算定できないほどの弱い磁力（ほとんどゼロに等しい数値）にも反応してしまう性質を有している。

超伝導体

超伝導体の内部には、単一の周波数を持つ光が存在し、光速より緩やかな音速で（まるで光の液体のように）流れている。その光が有するゼロ磁場は、N磁極にもS磁極にも反発するが、高磁気エネルギーを吸収すると、さらに多くの光を生み出す力を備えている。事実、地球の磁場は、じゅうぶんなエネルギーを超伝導体に与えて、浮揚させるだけの力を持っている――そしてそれこそ、表面上は消えたように見える重量の四十四パーセントに起きたことであり、その物質が浮揚を始めていたことが、重量計に適正な値が表示されなかった理由だった。重量計がゼロ、もしくはゼロ以下を表示した場合、超伝導性物質は、完全な浮揚状態にあることを意味する。また、試料は光を生成する光の反射体であり、これをもとにしてまばゆい白色が生み出される。光は超伝導体の内部を流れながら、いかなる外部磁場をも排除する場を周囲に張り巡らせる。一九三三年にこの発見を書物にまとめたドイツ人物理学者、ワルター・マイスナーにちなんで名付けられた、この〝マイスナー場〟こそが、試料からあらゆる外部磁場を排除している原因だったのだ。磁石は、反発されるため、実際には超伝導体の上を浮揚することになる。

超伝導体は、常伝導体とは異なり、内在する光が出す周波数によって伝導する。外部電子がその周波数と一致した場合に、伝導が起こるのだ。二個の超伝導体がそれぞれのマイスナー場で結びつくと、互いの距離がどれほど離れていようと、「量子コヒーレンス（量子干渉）」の過程で、一個の超伝導体としての働きを持ち始める。物理的な接触をつうじてのみ伝わる電気とは対照的といえよう。光そのものは、超伝導体のあいだを移動することができる。光の興味深い一面は、他の知覚できる実体のほとんどがそうであるように、空間のどこか一定の範囲に存在しているわけではないということだ。光は一見、空間を埋めているように見えるが、その同じ空間に、次から次へと（実際のところ、際限なく）光を足していくと、どんどん明るくなる。これと同じで、エネルギーは、超伝導体内部にいくらでも蓄えることができ、そのうえ、空間や時間の境界を飛び越える量子波に乗って、どこまでも移動できるのだ。デイヴィッド・ハドソンが、講演でこの点を取り上げている。「磁場をあてがうことで、文字通り超伝導体の流れを作り出すことができます。超伝導体は内部の光の流れによって磁場に反応し、自分の周囲にもっと広大なマイスナー場を張り巡らすのです。そこに磁石を置き、その場を離れてみて下さい。百年後、もう一度そこに戻ったとします。磁石は百年前に立ち去ったときとまったく同じ状態で、その場に漂っているはずです。漂う力が衰えることは決してありません。抵抗を受けず、途切れることもない、永遠の動きなのです」。

元GEの研究チームがまさしく推論したとおり、単原子（単一原子）超伝導体は、真に環境に優しい燃料電池の生産を可能にする物質であり、ハドソンはいつでもすぐ使える状態にあるその超伝導体を、チームが独自に設立した新会社ジナーに供給する取引を結んだ。このニュースがいったん多くの人の知るところになれば、問題が発生することは想像に難くなかった。超伝導体を用いた燃料電池は、土壌や海水や大気を汚染する燃焼エンジンに代わって、申し分のない動力源となる可能性を秘めているからだ。それこそ全人類が歓迎するはずのものであると同時に、未来への解決策となるべきものだった。しかし、短期的に見れば、世界経済の基盤を成している巨大な石油産業はどうなってしまうのだろう？　当然、崩壊することは間違いないが、数多く存在する強力な受益団体が、そんな性急な変化を許すはずもなかった。興奮と熱狂が頂点に達した一九八九年、デイヴィッド・ハドソンは大規模な製造工場の建設計画を立て、ORMEの事業化に乗り出す。しかし、この計画に対し、産業界の中枢では、ハドソンの利を、ひいては環境面・健康面での人類すべてにとっての利益をくじこうとする、数々の動きが進行していたのだ。

謎のスポンサーが接触してきたのは、その段階でのことだった。冒険心に富む後援者を装ったこの男は、プロジェクトへの資金援助を申し出て、直接かかわっているメンバー（どのメンバーも機密保持条項に署名済みだった）以外に、誰も知り得ない事情をことごとく並べ立てた。考えられるのは、米国防総省の人間しかいない。ハドソンが特許を申請した際、国防総省に対し、情報の提出を義務づけられていたからだ。超伝導に関するハドソンの技術は、「この国にとって戦略的に重要である」という理由で。ハドソンは私立探偵を雇い、男の正体が、ヴァージニア州ラングレー空軍基地の外部要員であることを突き止めた。さらに調査を進めるうちに、背後で糸をひいていたのは国防総省で、スイス銀行の指定口座にある政府資金を、選り抜きのベンチャー企業に投資させ、匿名共同経営者に据わろうと画策していたことが発覚する。ハドソンが資金援助の申し出を固辞したことは言うまでもないが、すると相手は、超伝導体にかかわるこの事業を成就できる日は決して来ないだろうと警告を発したのだった！

ステルス原子と時空

この時点では、カナダの人材紹介会社の仲介で、リーガル&ジェネラル（L&G）・アシュアランスグループが、アリゾナ工場の操業開始に必要な二百五十万ドルを用立ててくれる予定になっていた。この件になんら疑わしい点は見られず、またグループの貴金属コンサルタントも、十日を費やしてフェニックスおよびGEの報告書をすでに検討し終えていた。しかし様相は一変する。いまやL&Gは、チームの機密保持条項によって守られてきた情報を含め、おびただしい数にのぼる研究情報の提出を求めてきたのだ。ちょうどそのころ、ハドソンは政府筋から、（試料の超伝導性を証明するために義務づけられた）中性子回折研究が、最長で向こう三年間、巧みに延期されることになったと知らされる！　こうなると、特許に影響が出ることは明らかだった。また、プロジェクトの資金を自己調達しつづけなくてはならなくなることも、とりわけ次に現われる投資者が、機密事項である研究情報へのアクセスをもくろむ政府の工作員かどうか見極められない以上は、いたしかたなかった。さらには、特許の適用期限を維持するには、一定量の情報を公開したり、講演記録を継続して残す必要があることもわかってきた。

　先に、テキサス州オースティンにある先端研究所所長、ハル・パソフとのかかわりについては少し触れた（165頁／第八章「ゼロより軽い」の項参照）。彼がハドソンに会ったのは、こういった展開のあとだったので、ここではもう少し物語を膨《ふく》らませてもいいと思う。パソフは、ゼロ＝ポイントエネルギーおよび、ゼロ＝ポイント変動力としての重力に関する研究の中で、（ハドソンの試料が反応しているように）二次元で物質が反応し始めた場合、理論的には元の重力重量の九分の四が失われると主張していた。これは約四十四パーセントに相当する量であり、白い粉末の試験結果とまさに一致する。したがってハドソンは、パソフの理論を実際に確認できたことになる。つまり、超伝導状態に入ることで、その単一原子粉末は元の重量の五十六パーセントの値を示し、また加熱によって、ゼロ以下の重力——天秤皿が空っぽの状態よりも低い重量を記録した時点——に到達することを証明してみせたのだ。パソフは、時空を決定するのは重力であるという法則に則って、その粉末を「新奇物質《エキゾチック》」と呼び、時空を曲げる力を持つと結論づけた。そればかりかさらに、〝ｍｆｋｚｔ〟粉末は異次元と共鳴するはずであり、その場合は視界から完全に消えるだろうと述べてもいる。この点についてもハドソンは、重量が消えると試料も確かに見えなくなる事実を裏付けたことになった。

　ここで言っているのは単に、物質が視覚から外れることではなく、文字通りもうひとつの平行面——五次元の時空——に運ばれるということだ。これを確実に証明するには、物質が目に見えない状態にあるあいだに手を加える、つまり、ふたたび見える状態に戻ったときに当初とは位置が変わるよう、へらですくい取ればいい。しかし実験してみると、物質は、当初目にしたとおりの位置と形を正確に保って戻ってきた。視界から消えていたあいだに、動かされたり手を加えられたりした部分がないのは、そこに存在していなかったからにすぎない。端的にいうなら、それは目に見えないのではない。実際に、自らの物理的な状態を変化させて、別の次元へと移動していたのだ。パソフは次のように説明している。いうなればそれは、レーダーに探知されない在来型のステルス攻撃機と、本当に別の次元に消え去ることのできる攻撃機とを比較するようなものだと。すなわちこれが、光の軌道の超伝導性次元、すなわち〝シャル＝オンの段階〟であり、あるいはエジプトの墓碑に記された〝ｍｆｋｚｔの場〟と呼ばれるものなのだ。

一九九〇年代に入ると、「ステルス原子」と超伝導性に関する数々の記事が、降って湧いたかのように、科学雑誌に極めて定期的に掲載され始めた。コペンハーゲン大学ニールス・ボーア研究所、シカゴにある米国エネルギー省のアルゴンヌ国立研究所、それにテネシー州にある同省のオークリッジ国立研究所はいずれも、ハドソンの特許申請に含まれる元素が、単原子高スピン状態にあることを認めた。これは「非対称変形高スピン原子核」という科学用語で表わされる現象だ。これらを超伝導体と呼ぶのは、高スピン原子が、次々とエネルギーを渡しながらも、エネルギー量全体での損失がまったく生じないことによる。

同様に時空の操作に対しても、極めて高い関心が寄せられるようになり、一九九四年には《クラシカル・アンド・クワンタム・グラヴィティ》誌に、衝撃的な論文が掲載されるに至った。寄稿者のメキシコ人数科学者ミゲル・アルキュビエールはこう述べている――「周知のとおり、今日では、時空を操作して、宇宙船を飛ばすことが可能になった。宇宙船を任意の高スピードで飛行させるには、船体後部の時空だけを部分的に拡大し、前部の時空を逆向きに収縮させればいい――その動きは光よりも速く、ＳＦでいうスペースワープに似ている」。

あとを追うかのように、その二、三カ月後には、関連のある論文が《アメリカン・サイエンティスト》誌に掲載された。この中でマイケル・シュピルは、アルキュビエールの概念が、いかなる物体も光より速く移動することはできないという、アインシュタインの理論に反していない理由を示して見せた。それによると、ワープ状態にある宇宙船は、実際にはまったく飛行していないのだという。理論上の加速度は巨大な数値にのぼるが、真加速度はゼロにしかならないというのが、シュピルの主張だった。これが最小時間と最小燃料による光速度飛行モデルだ。収縮と拡大をそれぞれ行なうことで、時空の必要部分だけが、宇宙船の前から後ろへ移動するという仕組みである。しかし、これを実際に行なうには、どんなしかけが要るのだろう？アルキュビエールは言う。「時空のひずみを生み出すための、新奇物質《エキゾチック》が必要だ」。続いて寄稿した英国放送協会（ＢＢＣ）の科学技術部長、デイヴィッド・ホワイトハウス博士は、「この考えは、宇宙が空っぽではないという物理学者の概念を基底として……宇宙のかたちは、物質によってひずませることができる。宇宙船はふたつの時空のあいだに生まれるひずみ、つまりワープだまりに身を置くのだ」と述べた。

では、アルキュビエールが言及した「新奇物質《エキゾチック》」とはいったい何だろう？　それは、ゼロ以下の重力を持つ物質だ。シュピルの記述によると、「正のエネルギーを持つ通常の物質（人間や惑星や恒星をつくるもの）と違い、負のエネルギー密度という、奇妙な性質を持つ物質」ということになる。ここに欠かせない新奇《エキゾチック》な道具は、操作可能な超伝導体であり、この点についてはすでにハル・パソフによって、フェニックスの〝ｍｆｋｚｔ〟こそ、時空を曲げる能力を持った「新奇《エキゾチック》物質」だと解き明かされている。デイヴィッド・ハドソンと燃料電池科学者との契約に、政府官僚が目をつけたのも当然だった。政府は、投資によって支配権を握れないのであれば、どんな手を使ってでも、ハドソンの私有事業を制限、もしくは潰す腹を決めていたのだ。

ハドソンは、通常のプラチナ属金属（ＰＧＭ）に加えて、高スピン金という驚くべき現象についても、特許を申請していた。単原子状態の金属分析には、アメリカの標準的な分光分析試験では不十分だったため、純金から白い粉末を生成する手順の証明は、アルゴンヌ国立研究所に委ねられた（ハドソンは、特許庁から、署名つきの宣誓供述書の提出を求められていた）。この目的のために、アルゴンヌの（ファイン）セラミックスおよび超伝導性の研究主任がハドソンに紹介した冶金学者は、ハドソンの説明する手順に従い、純金から高スピン性の真っ白な粉末を生成させた。ところが、合成された金属を分析したところ、結果は、予告されていたとおり、鉄、珪酸、アルミニウムというものだった！　この作業に当たった化学者は、宣誓供述書に署名するにあたり、次の事実を強調した。すなわち、（今後、どれほど試験が行なわれたとしても）その物質は自身の研究室において純金から転置されたものであり、金百パーセントであることを明確に保証する、と。

つづいてハドソンは、今度は作業過程を完全に逆にたどって、その粉末を金属金のかけらに戻すよう要請された。それはアップルソースをりんごに戻せと言うようなものであり、実現可能な要求とは思えなかった。実験は当初、高価な電極が一秒も経たないうちに燃え尽きるという、悲惨な事態を繰り返した。さらに悪いことに、短波長のガンマ放射線が発生して、実験器具を破壊してしまったこともあった。一九九五年も押し詰まったころ、困難を乗り越え、証《あかし》としてのりんごが、アップルソースから実際に復元された。これにより、金が使われているようにはとても見えない製造物から、（古代の治金の伝承にあるように）金の製造が可能であることに、疑いの余地はなくなった。鉄、珪酸、アルミニウムと記録された最初の試料から現われた延べ棒が、純金のお墨付きを得たのだ。何世紀にもわたる実験、錯誤、挫折、失敗を経て、ついに、いにしえの賢者の石が再発見された。

審判の日

研究に着手して以来一九九五年までのあいだに、デイヴィッド・ハドソンは八百七十万ドルもの個人資産を注ぎ込んで、ＯＲＭＥの研究を進めてきたが、今度は加工工場を建設する必要に迫られていた。そのため、プロジェクト開発会社、ＯＲＭＥＳ　Ｌ・Ｌ・Ｃを設立するとともに、系列である〝霊魂の科学財団〟が発行する《ニューズレター》の定期購読者を募って、最新の進捗状況を知らせることにした。

格好の用地を確保し、数々の建設許可を正式に入手したうえで、建設および設備工事が始まった。その間、建築費として必要な二百五十万ドルを、霊魂の科学財団に寄せられる定期購読料でまかなえたことも手伝って、工場建設はすべて順調に進んだ。製品に対する関心も高まりを見せ、一九九六年十一月、ORMES L・L・Cは、金属触媒や金属セラミックス、商業用貴金属の調達といった分野に進出する用意のあることを公表したのだった。

最初の大問題は、工場への配電工事が完了する直前に起きた。電力の供給を受ける正式な許可を得ていたにもかかわらず、郡の検査官は、「区分け《ゾーニング》」上の問題があり、処理の完了には数カ月かかる見通しだと告げたのだ。これがまたしても分類上の問題であることは明らかで、届いた通達書には「この工場が行なおうとしている生産内容に、少しでも当てはまる工場はほかに存在せず、また、政府の認めるいかなる分類にも属していないため」と記されていた。ハドソンはひるむことなく、また圧力に屈して自社製品を「薬品」や「燃料」といった名前で呼ぶこともせずに、ほとぼりが冷めるのを待って、独力で据え付けた発電機を使い電気を引いた。しかし不幸なことに、それから間もない一九九八年六月、不可避の事故に見舞われる。一万七千リットルの硝酸が、副格納施設の中で漏れだしたのだ。駆けつけた救急隊が、硝酸を希釈する水ではなく、泡消火剤を撒いたせいで、真っ赤なガス雲が立ちのぼる騒ぎになった。審判が下った瞬間だった――そして審判とともに、州の環境基準局（DEQ）の人間もやってきた。労働安全衛生局（OSHA）や環境保全局（EPA）からも、このときとばかりに、職員が駆けつけていた。

流出は建物の範囲内にとどまり、封じ込めにも成功していたうえに、続いて実施された労働安全衛生局の検査でも、残留有害物質がまったく検出されなかったにもかかわらず、環境保全局は化学実験装置すべてを解体し、ただちに施設から運び出すよう強く要求した。そのうえ、懲罰として十万ドルを超える科料処分まで言い渡したのだ。前年に一時期健康を害していたハドソンは、心臓発作を起こして入院し、バイパス形成という大手術を受けることになった。こうしているあいだにも、ハドソンの持つ建築法規許可証にかかわりなく、ORME施設付近では、住宅の建築許可が多数下りていた。すでにハドソンは、国防省との軋轢が生じ始めた十年前に、超伝導体にかかわるこの事業を全うしてはいけないと警告を受けていたから、(219頁／本章「超伝導体」の項参照)、これが最後の審判であることは明白だった。法的見地をめぐる何カ月もの争いの末に、今はもうこの施設を稼働させる手立ても尽きて、二〇〇〇年十一月、ついにハドソンは規制を受け入れ、立ち退きを承諾する旨を書面にしたためることを余儀なくされた。

偉大なるパイオニアの時代は、悲劇的な結末を迎えた――しかし、超伝導という科学は生きている。問題なのは、それを追究している者たちに、公共社会を利するという意識がはなはだしく欠けていることだ。現在では、官民を問わず、第一線の科学者たちがしのぎをけずる分野となる運命にある。その結果、投資熱は高まり、貴金属市場は戦略的な売買という新しい枠組みへと移行し始めた。原油が下り坂をころがり始め、往日の燃料となるにしたがって、地球の未来の勝者になるのは、金およびプラチナ族金属の調達を司る者たちだ。これらの物質こそ、超伝導体技術の世界——抗重力の領域である浮揚、テレポーテーション（瞬間移送）、平行次元、時空操作——における、未来産業の原料となる。しかし、その歴史を振り返るとき、すべてはひとりの男の熱い執念と、アリゾナ州フェニックスの農園から始まったのだということを忘れてはなるまい（ＯＲＭＥとがん研究に関する補足情報は、付録五「消失点に向かって」参照）。

第十二章　量子の法則

遷移元素

「契約の櫃」を探す旅のゴールに向かって歩みを進めつつも、ここでは電子アークやＯＲＭＥの変性といった問題に加えて、超伝導体や平行次元などにも目を向けていくことにしよう。

旧約聖書に〝マナ〟粉末が約櫃に納められたとする明確な記述がないにもかかわらず、その言い伝えが生き残ってきたのは、新約聖書へブライ人への手紙九章四節の言及のおかげだ。そこには「全面金で覆われた契約の箱が置かれ、その中にはマナの入った金の壺がある」と記されている。このことから、（ＯＲＭＥ粉末が超伝導性を有するという事実を踏まえ）、約櫃自身が強力な超伝導性の発生体だったことがわかる。そうであれば当然、浮揚したり、猛烈な破壊力（真っ直ぐな光線であれ有害光線であれ）を放出したりするという、約櫃の能力に触れた聖書の記述を疑う理由はまったくない。

元素周期表の要を占めるのは、遷移元素として知られる元素族だ。その代表的なものに、銀および軽プラチナ族――パラジウム、ロジウム、ルテニウム――や、金および重プラチナ族――プラチナ、イリジウム、オスミウム――がある。それ以外の遷移元素としては、卑金属元素である銅、コバルト、ニッケルなどが知られている。高スピン性耐火石の単原子状態へと変質できる力が備わっているのは、これら遷移元素である。

単原子状態が発生するのは、時計回りの電子と反時計回りの電子が、物質の原子核の周囲で相関し、個々の原子が堅固に結びついた状態を保っていられなくなるときだ（154頁／第八章「シャル＝オンの段階」の項参照）。こうしてその物質は、単一原子を持つ粉末になる。

原子の内部では、遮蔽ポテンシャルの内側と外側にある電子が、原子核のまわりを回っている。要するに電子は、内殻および外殻内部に保たれていることになる。内殻よりも外殻の電子数が少ない元素は、電気陽性であることが多く、逆に内殻の電子数が少ない場合は、電気陰性であることが多い。遷移元素が通常と違うのは、この電子の状態が定まっていないという特有の理由による。特定の条件下に置かれると、外軌道上の電子は、内軌道上の電子と交信し合うことができる。

大多数の元素の場合、原子はふたつもしくはそれ以上の集団にまとまるが、遷移元素の原子は、化学的にかけ離れすぎていて結合できない。これが単原子状態を促進することになり、原子は二次元で相互に影響し合う。そして反発力が抑え込まれた場合に限って、統合して金属に変わることが可能になる。

単原子状態になると、遷移元素の原子は化学反応性を失い、原子核の構造と形を変える。原子核は円ではなく、円と比べて、おおむね一・三対一の比率を持つ楕円である。けれども、単原子の原子核は、この比率を二対一に引き伸ばした形をとる（長さが幅の二倍）か、これをはるかに凌ぐ「超変形」と呼ばれる葉巻形になる。この超変形構造は、低スピンから高スピンに移行する場合の「スピン状態」とじかにかかわっている。さかのぼること一九六〇年代には、磁場研究者によって、高スピン原子がエネルギーを次々に渡していきながらも、エネルギー損失を起こさないことが明らかになった。これが「超伝導性」である。エネルギーの流れを起こすには、外部に磁場をあてがうだけでいい。

イリノイ大学高等研究センターの物理学研究教授デイヴィッド・パインズは、「超伝導性とは、おそらく宇宙で最も驚異的な物理的特質であろう」とはっきり述べている。同じような解釈を、核物理学者のダニエル・シュエル・ウォード博士が示している。「超伝導性は、第一級の物理的現象を飛躍的に超えるものだ。それは、果てしなくつながった宇宙において、根幹を成す連結機能のひとつであろう」。

浮揚と瞬間移送《テレポーテーション》

超伝導体の世界は、大きくふたつに分けられる。第一種と呼ばれる完全なる超伝導体は、あらゆる磁気の侵入をはね返す単一振動位相を有する。この型には、単原子の金およびプラチナ族元素があてはまる。第二種と呼ばれる超伝導体（銅、鉛、ニオブ、ニオブチタンを含む金属化合物）は、混合状態の性質を有していて、外部からの磁気侵入に対し多少の許容力を持つ。

第一種超伝導体が完璧に機能するのは、右回転電子と左回転電子が互いを破壊することなく、鏡像のような対《つい》を形成するからだ。その二個の電子は、単一周波数の光子――もはや素粒子ではなく、光を生み出す波動――に姿を変える。量子の法則の鍵は、これらの波動が握っているのだ。その理由は、実質的に、光子が量子――波動が示す光の周波数に正比例する、エネルギー量――を象徴するからだ。超伝導体の量子波に乗って流れる、双子のようなこれらの光子は、クーパー対《つい》と呼ばれ、マイスナー場――N磁極もS磁極も持たない独特の磁場――を作りだす。マイスナー場が作動している状態では、ほかのあらゆる磁場を拒むことから、超伝導体は反磁性――強力な磁場を寄せ付けず、また寄りつきもしない状態――を帯びる。この性質によって、瞬間的な浮揚が起きるのだ。

　スティーブン・ホーキング教授は、互いを攻撃し合う状態にあるミラー電子を論じるなかで、〝対消滅〟できる「反電子」として、この瓜二つの電子に言及している。そして対消滅をこう具体的に説明した。「〝反電子〟に出会っても、握手をしてはいけない。握手をすれば、大きな閃光が走り、あなたも〝反自分〟も消え失せてしまうからだ！」。もとより、これこそデイヴィッド・ハドソンやジェネラル・エレクトリック社の研究チームが発見したことにほかならない。しかし、ホーキングもハドソンも、ほかの誰ひとり、こういった電子の素粒子対消滅が、破壊し、残骸を残すといったかたちで起こるものだと述べた者はいなかった――彼らが述べたのは、単に消滅作用が起こり、それに伴って当該物質が消えるということだ。これは、ハル・パソフの指摘どおり、目に見えない状態ではなく、時空の異次元に瞬間移送《テレポーテーション》された状態なのだ（222頁／第十一章「ステルス原子と時空」の項参照）。

磁気浮上の良い実例は、リニアモーターカー（磁気浮上列車）に見られる。一九九〇年代に、試験車輛として英国バーミンガムで商業運転されたものもある。この類の列車は、文字どおり強力な超伝導性磁気の作用によって浮かぶので、車輛と線路間の摩擦は排除される。原型は一九九〇年に日本で試験が行なわれており、その後、山梨リニアモーターカー実験線が、国家プロジェクトとして、一九九七年四月三日に開通した。二年後、このＭＬＸ０１車輛は、浮上走行試験で時速五百五十二キロメートルを達成する。現在、米国政府は十億ドル近くを割り当て、リニアモーターカーの改良に取り組んでおり、またドイツでも二〇〇六年には、商業運転が開始される予定になっている。

第一種超伝導体のマイスナー場は、いったん磁気の作用を受けると、永遠に機能し続ける。またマイスナー場同士が触れ合えば、両者のあいだの量子波も、同様に永続性を帯びる。超伝導性は、（たとえば、星の瞬きといった）ほんのわずかの電位差でも起動し、最終的に、ユニヴァーサル・ゼロポイントと呼ばれる量子真空から、継続してエネルギーを受け取れるのだ。

要するに超伝導体という物質は、電子エネルギーを、抵抗なく、かつ散逸させることもなく、輸送できる物質といえる。物理的な接触を持たずとも、（光や電気といった）エネルギーを、いつまでもどこまでも伝導する。また超伝導体は、離れた場所への物質の瞬間移送の――ひいては生命体の瞬間移送の――鍵となる可能性がある。次に挙げるのは、アルゴンヌ国立研究所のニュートン電子掲示板システム局をつうじて発表された、米国エネルギー省の声明だ――

「これを行なうには、連結した量子システムを一対用意する」。そしてこのうちのひとつをどこか遠いところへ置くとしたあと、「そうすれば、手元のシステムを測定できるだけでなく、その結果を伝達して、もうひとつの側に新たな量子システムを再編成することも……理論的には、(このやりかたで)古典情報を必要なだけ伝達すれば、人間の移送も可能となる」と述べた。

米航空宇宙局(NASA)およびアルゴンヌ研究所の科学者たちは、移送どころか、物質の複製も可能なはずだと請け合った。というのも、光と物質の奇妙な法則は、原子の尺度で決められるからだ。この領域では、NASAの生物・物理学研究局も、「物質は、同時にふたつの場所で存在できる。物体は素粒子であると同時に、波動であることができる」と認めている。量子力学では、なにものも確実ではなく、あり得るか否かだけが問題となる。これまでにふたつのチームが、光を「止める」という、あり得そうもない偉業を達成してきた。ひとつは、ハーバード＝スミソニアン宇宙物理学センターの物理学者ロン・ウォールズワースが率いるチーム。そしてもうひとつは、ハーバード大学物理学部のレン・ハウ博士率いるチームだ。光の流れを止め、蓄え、ふたたび放出することが自在にできるだけでなく、現在では、その途方もないスピード(光速)を、自転車の速度以下に制御することもできるようになった。その可能性は気の遠くなるほど広がっていて、(原子内でコード化されている)原本情報でさえ、光波に乗せて伝え得るかもしれない。

量子がからみ合うことで、二個の素粒子は一個として行動できるようになり、それは互いの距離がどれほど離れていようと関係ない。オックスフォード大学のスーガト・ボーズと、カルカッタにあるボーズ研究所のダイパンカー・ホームは、ひとつのメカニズムを示し、それを使えば何光年も離れている原子や分子をからませ合うことができると立証して見せた。この説が大きな分子の場合でも同様であることを示したのは、ウィーン大学の量子物理学者アントン・ツァイリンガーだった。デンマークのオルフス大学のユージン・ポルジック率いるチームは、一兆個もの原子の雲を、量子のからみ合いを通じて繋《つな》げることに成功した。NASAの科学者たちに言わせれば、これは《スター・トレック》に登場する、光線式の物質の瞬間移送（テレポーテーション）のようなもので、そこでは体内の分子の型が自動的に再配列され、別の目的地へと送られるのだ。

聖なる科学

これまでに論じてきた原理の数々を基本的に受け入れる姿勢を固めることが重要なのは、それらが、一般に公開されている情報の範囲の外にあるからだ。最先端の科学である超伝導体と、その驚異的な属性を認める以外に、「契約の櫃」が最終的にどうなったかを真に理解する道はない。

優れた現代の科学者たちは、平行次元やら瞬間移送《テレポーテーション》やらの存在を確かめただけでなく、そういった問題が一般の人々に伏せられたままでいることに、深い懸念を表明している。この点について、われわれが直面しているジレンマをはっきりさせるため、一九九九年十月、コロラド州フォート・コリンズでの、ニューサイエンス・フォーラム国際協会の会合で、核物理学者ダニエル・シュエル・ウォード博士が行なった講演の一部を紹介しよう。

おびただしい証拠が示すとおり、ふつうなら異常と捉えられがちなありとあらゆる現象を説明できる、真に重要で基本的な科学というものが存在するのです。……とりわけ重要なのは、聖なる科学の対象（数学や物理学から、健康・長寿までを含む）に加えて、そういった研究が、探求者や研究者に対して、どの程度伏せられてきたかということです。

「知識は力である」とは、広く知られた自明の理です。注目すべきは、選ばれた一部の人間たちが保持してきた秘密の知識や教えが、さらに強大な権力へ至る可能性を成しているということです。過去数千年にわたり、世界の歴史がその領域の中に、奥義や理解や知恵を背景とした統制と権力をめぐる争いという基底のテーマを組み込んできたのは、明らかにこの理由に拠るものです。

古代エジプトやギリシアの神秘主義一派から、テンプル騎士団に見いだされたエルサレムの宝物まで……そして今日、日米欧委員会や他の様々な秘密結社の下で厳重に守られている秘密に至るまで、人類の最も偉大なる遺産は、注意深く、そして慎重に社会の本流から伏せられてきました。個人に飛躍的な啓発や進化の可能性を与える英知や技術は、歴史的に見て、権力の座に就いた者たちの手によって、独占的に使用されてきたのです……多くの勢力（とりわけ、宗教）が、自分たちの宇宙観を保つため、あらゆる努力を払って、真実を攻撃し続けてきたという事実は、おそらくその最たる例でしょう。不思議なことに、（アレクサンドリアの図書館焼き討ちの例に見られるような）あからさまな破壊の追求や、知識の伝播《でんぱ》に加えられた厳しい制限という行動の根底にあるのもまた、支配力や権力でした。こういう世界的な権力争いに封じ込められた多くの秘伝の知恵や知識は、潜在する真実を保護すると同時に、利益を得るために利用（あるいは淘汰）するための措置として、一般の人々の目から遠ざけられてきたのです。

（歴史という長い時間から言えば）突然、パンドラの箱がひっくり返されたわけで、エリート以外の者たちも、これまで秘められてきた奥義の一端を見、学び、理解するようになりました。そしてそのように理解を深めた者たちが増え、社会の主流になっていくと、ひとりがもうひとりを支配する構図は姿を消し始め……真実と啓蒙を希求する人間にとって、そういった知恵の存在を否定する陰謀の歴史よりも、これらの教えの本質をどう応用するか思案することのほうが、たちまち重要になったのです。

今日知られている事象の多くが、大昔から続いてきた、学びと発見という普通に開かれた過程からもたらされたものであることは明らかです。歴史的に見ても、われわれは徒弟制度を媒介として、知識を広めてきました。そこでは、知識の持ち主（師匠）が会得したものを他者（弟子）に伝え、弟子は、自分の技量が一人前であることを示すことで、そういった知識に触れる権利を獲得するのです……。学校もまた、知恵や知識の普及をめざす存在でした。小規模に徹した秘教塾から、エリート校、そして一般大衆のための学校まで、その規模は様々です……。

シュメール文明が、人類最古の活動記録を成したことは、書物や遺物というかたちの物的証拠がじゅうぶんに裏付けるところです。とりわけ衝撃的だったのは、チグリス＝ユーフラテス渓谷に、従来なかった新しい技術や、文明らしい側面を満載した文明が栄えていたという事実でした。突如として、書物が生まれ、畜産業が発達し、農業のための灌漑が行なわれ、祈りを捧げる寺院が建てられたのです……。

たとえば、モーセはエジプトの王子として、古代の奥義の薫陶をじゅうぶんに施されたのち、授けられた知恵の一部を、契約の櫃というかたちで、イスラエル人《びと》と分かち合いました。テンプル騎士団がひとつ前の千年紀初頭、十字軍の時代に登場し、エルサレム近郊に納められた情報の宝を発見したようなのです……。

そのような情報が公開される機会が多くなったことは、喜ばしいことです……これは主に古代書物の発見と解読によるところが大きいでしょう。これらの書物には、エジプトの

『死者の書』や『死海文書』、『ナグ・ハマディ文書』などがあります。さらに、口伝、タロット、その他の文書の形態をとる、より奥義的な知恵の多くが、時代や秘密社会の枠《カバラ》を超えて受け継がれてきました。そうした情報の多くが、意図的に知らしめられたものであることもわかりつつあり、それはいわば、人口のずっと大きな割合を占める層に知識を共有させようとの裁定が下されたかのようです……真実とは、必ず顔をのぞかせるものなのです……。

肝心な問題は、われわれが聖なる幾何学や代数学の知識を広く持つようになったのが、偶然の発見による結果なのか、はたまた意図的な情報流布による結果なのかということです。一方で、幾何や数字には、明快な論理的プロセスという面もあることから、発見されるのは時間の問題だったとも言えます。正しい質問をしさえすれば、数学はたちまち答えを示してくれる……しかし、われわれが知らないことがほかにもっとあるのではないでしょうか？　最先端物理学において、ゼロポイント・エネルギーや、四次元時空の連続体を超えた多次元時空がもてはやされているのは、これまで秘されてきた知識に踏み込む行為なのでしょうか。それともたんに、先進の知識が宇宙の現実に分け入ったにすぎないのでしょうか？

つまるところ、答えを待ち望む疑問が多く存在することは確かなようですし、熱心な取り組みは報われることになるでしょう……こう考えてみると、もはや秘密を知るに値する人間かどうかではなく、むしろ自ら飛び出して、宇宙の神秘を見つける勇気こそが問われるのだと言えましょう。結局、この問題を追求していくことに関心がある者には、学習曲線の頂上に立つ余地がまだ残されているのです。

デンデラ再訪

わたしはこの洞察に満ちた視点に立って、デンデラ遺跡にあるハトホル関連の不可解な岩面彫刻について、ダニエル博士の意見を求めようと考えた。電球のようなこれらの奇妙な物体が、神殿の壁を飾っていることは、先に論じたとおりだ（139頁／第七章「神々の黄金」の項参照）。ダニエル博士は、現代科学の先鋒たる有能な物理学者であると同時に、古代史への造詣の深い人物だ。彼は、神殿にあるレリーフ一枚一枚に、ある重要な相違が見られると指摘した。たとえば、腕がアンプルを下から支えている図柄が見受けられるのに対し、その変形種らしきものには、〝ジェド〟柱の腕が、蛇を浮遊させている泡（バブル）の内部にまで入り込んでいる様子が彫られているという。これは、泡＝真空管＝アンプルが、決して有形の物体などではなく、その中に、重要な場、もしくは霊気が存在することをほのめかしている——むしろわかりやすく言うなら、漫画における台詞の吹き出し（バブル）と同じだ。漫画の場合、大事なのは台詞自体であり、吹き出しの輪郭ではない。

より蛇に近いほうの〝ジェド〟の腕は、アンプルの周辺にしか触れていない他の〝ジェド〟

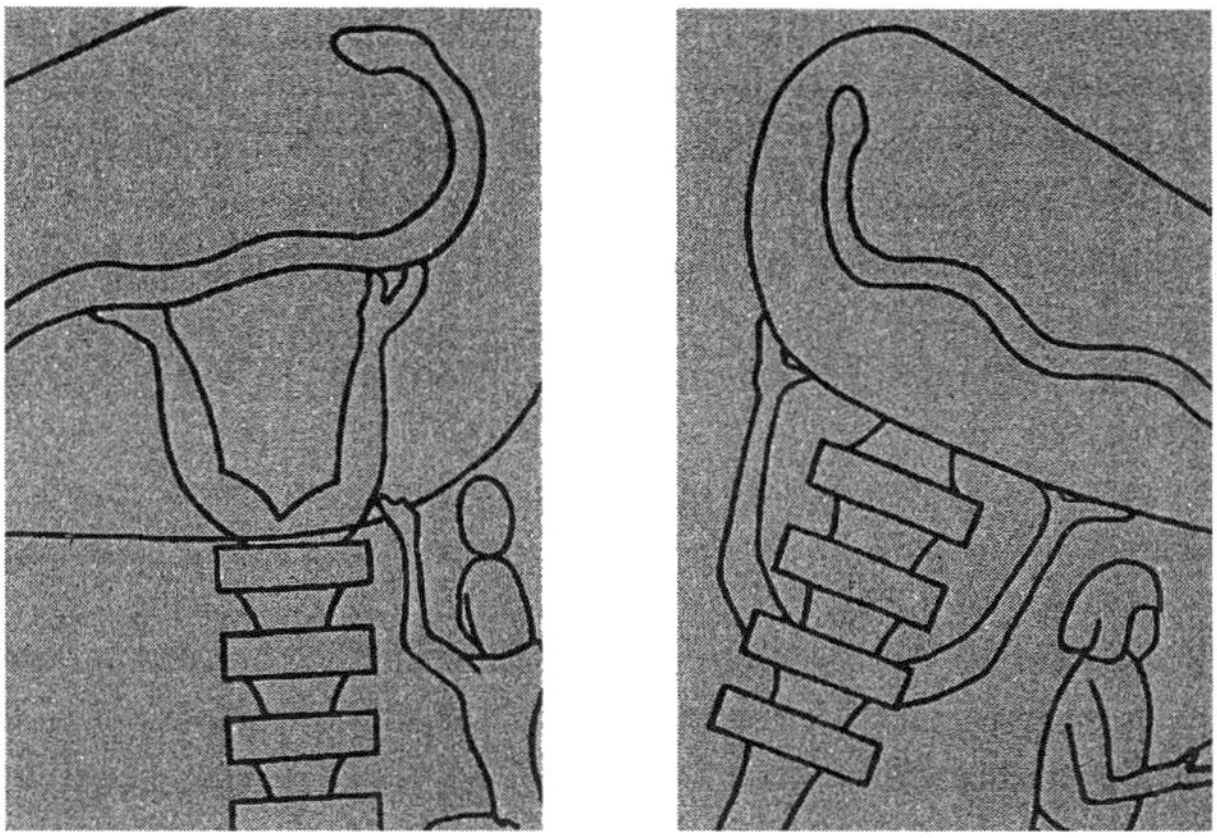

デンデラの〝ジェド〟の腕、〝場〟の内側と外側の両方に描かれている

や人物の腕にくらべて、たくましく描かれている。ジェドの腕がアンプル内部にまで伸ばされたレリーフでは、蛇のS字状のうねりは五〜六回だが、腕が外枠で止まっているものでは、もっと少なくなっている。このことから、アンプルの中では、エネルギーを高める明瞭なプロセスが行なわれたと見ていいだろう。

これらのレリーフのもうひとつの特徴は、鷹の姿をしたホルスがいくつか見られることだ。ホルス効果は、〝ｍｆｋｚｔ〟（白い粉末）説の重要な要因であり、ホルスの目から流れ落ちる「黄金の涙」は、まさしくその粉が神に属するものであることと直接結びついている。『アニのピラミッド・テキストのパピルス』には、教示を求めて、〝ｍｆｋｚｔの野〟（18頁／第一章「福者の野」の項参照）をさまようファラオの言葉が記されている。

「わたしは、あらゆる欠点をすすいだ。それは何か？（〝マナ〟？）わたしは、ホルスの黄金の鷹のごとく、上昇する。それは何か？　わたしは、不死の永遠を得る。それは何か？　わたしは、父王の前に至る。それは何か？」。

デンデラ神殿にある関連碑文によれば、儀式を取り仕切る祭司らしき人物は、魂の有形体、〝カー〟であることがわかる。これは、再生する悟りの〝ｍｆｋｚｔ〟を与えられた、王の「光体《カー》」を指す言葉と同じだ。さらに、カプセルに包まれたエーテルのような、真空管様の物体が延びているのは、すべて蓮の花茎や萼《がく》辺の部分からであり、また、碑文は蛇の正体を、ホルスとハトホルの神聖なる子、ハルソムトスだと明かしている。シナイのホレブ神殿で見つかった器《うつわ》の大部分に描かれているのも蓮の形をした花であり、ソロモン王の巨大な青銅製の容器を縁取っているのも、開いた蓮の花だった（184頁／第九章「耐火石計画」の項参照）。シュメール期の最古の記録によると、蓮の花（百合）は「聖なる精油」――（ハトホル同様）神々の黄金と呼ばれる、最上の神酒の象徴だった。

こういった議論はいずれも、わたしの初めの質問ののちに生じたものだ。実際、そういった詳細に踏みいる前に、同僚の物理学者は、電球形にはみ出した部分が「磁束管」の形――つまり、超伝導性のマイスナー場――にそっくりだと言った。二個のマイスナー場が触れ合うと（233頁／本章「浮揚と瞬間移送《テレポーテーション》」の項参照）、永続的な量子波を生むのだが、デンデラ神殿のレリーフはどれも、（蛇のうねりに内在する）対になった場が今にも触れ合わんばかりに見える。それゆえ、彫られた図柄は、超次元の〝ｍｆｋｚｔの野〟へ通じる、ハトホルの磁束管の準備段階を表わすものというのが本当のところだろう。

通過儀式

この本の探求の途上で遭遇した、めまいのしそうな科学をなんとか理解しようと奮闘していると、ある宇宙物理学者に、そんな知識は必要ないと諭された。「信じる必要さえない」彼はそう言うと、さらに続けた。「というのも、これは信念の問題ではないからだ。認識しなくてはいけないのは、おきまりの信念や理解といったものの範疇を超えて、単純に、それはそこにあるということだ。これこそ科学であり、実際に存在するんだよ」。スティーブン・ホーキング教授の言葉を借りるなら、「一握りの人間だけが、急激に進歩を遂げる科学の最前線についていくことができるのであり、その者たちは、持てる時間のすべてを捧げて、小さな分野の研究に専心する。それ以外の人間にとって、生み出されようとしている進歩や、それに伴う興奮は、想像もつかない」。

こういった考えを心に留めてみると、現在これらの現象が見られるということは、これまでもずっと存在していたはずだと思えてきた。たったひとつ違っているのは、ある日突然白日の下に曝されるすべてのもの同様、われわれがいくつかの操作法を再発見し、単に新たな科学名称で呼んできたことだ。現代に超伝導性が存在するのなら、中世においても超伝導性は存在した。さらにいえば、モーセの時代、そしてそれ以前にも、超伝導性は存在していたのだ――ただ、アルゴンヌ国立研究所や、コーネル大学や、先端研究所ではなく、カルナックや、ホレブや、デンデラといった神殿に。自然発生的な現象について言うなら、磁場やマイスナー場もまた、当時すでに存在していた。おそらく当時の人々は、これらのメカニズムについて、今日の科学者たちが理解するようなやりかたで知っていたとは思えないが、操作に関しては、それらの存在について、〝ｍｆｋｚｔの野〟と、そこへ向かう通過儀式を描写できるほど知りつくしていたに違いない。

この著作の初期の段階でたびたび頭をよぎったのは、量子物理学という素晴らしい世界でのわたしの研究が、意外な新事実を披露し続けてばかりいて、それがまたとてつもない発想の飛躍を必要とするということだった。しかしまもなくわたしは、そういう飛躍を試みない限り、次の段階へも、その結果としてのさらなる飛躍にも巡り会えないのだと気づいた。これはまさしく、量子論の世界の実体を端的に物語っているように思える。（数々の発見が、有効で証明済みであるにもかかわらず）量子論がいまだに「理論」扱いされているのは、いつでも超えるべきハードルが控えていて、最終的な解答がけっして得られないからだ。まもなく、その発想の飛躍というものでさえ、ただの幻想だと気づいた。実際には、飛躍する必要などなく、発想とも何の関係もない。量子の快適帯が始まるのは、人が条件反射的な自制という目隠しをはずす瞬間なのだ。その瞬間から、あらゆるものが量子波にのって自然に流れ出すので、人は本能的に反応し、意外な新事実ひとつひとつを、直感で受容することになる。物理学者は「これこそ科学であり、実際に存在する」と言った。また、旧約聖書には、ソロモン王の知恵のたまものとして、次のような言葉が記されている。

かつてあったことは、これからもあり、
かつて起こったことは、これからも起こる。
太陽の下《もと》、新しいものは何ひとつない。
(コヘレトの言葉一章九節)

第十三章　荒野の炎

聖杯の謎

　前に、賢者の石が、中世における数々の聖杯伝説（38頁／第二章「聖なるマナ」の項参照）の中でどのような描かれ方をし、悟りの灰からよみがえる不死鳥の錬金術的神話といかに結びつけられたのかを見た。聖杯にまつわる言い伝えが、キリスト教の優位性を高めるものだとの見方を唱える者たちにとって、こういった事象が長らく頭痛の種だったのは、不死鳥や賢者の石が、超自然現象《オカルト》として捉えられがちだという理由による。実際、ここに存在するのは不可解な謎だ。というのも、ふつう、聖杯はキリスト教の遺物だとみなされるにもかかわらず、現に教会が、一五四七年の北イタリアのトレント公会議で、聖杯伝説に異端の烙印を押しているからだ。ちなみにこの会議では、それよりはるか昔の紀元三九七年にカルタゴ公会議で定められた選定書物の中から、新約聖書の正典に加える書物が批准されている。

　いにしえのメソポタミアの〝グラ＝アル〟遺産（158頁／第八章「精霊たちの世界」の項参

照）について考察したが、紀元前一九六〇年ごろから始まるアブラハムやメルキゼデクの時代（創世記十四章十八節に描かれているように）には、杯《カリス》とパンのシンボルはセム族文化の一部であったらしい。きわめて異例なのは、教会が聖杯に反対する立場を公式に打ち立てようとすると同時に、自身が受け継いできたひときわ重要なシンボルを奪い去ろうとしていることだ。現実には、聖体の秘跡（または聖餐）の名の下に、救世主の血とされるぶどう酒が注がれた杯《カリス》と、その肉体とされる聖餅やパンが露骨に使われているのだが。このしきたりを擁護する者たちは、これが、イエスが十二使徒にぶどう酒とパンを授けた〝最後の晩餐〟の出来事に由来しているという考えに固執するあまり、イエスの行為自体が、古くから伝わる儀式の踏襲であったという事実を認識していない。

最後の晩餐は、死海文書の中の『宗規要覧』に示されているとおり、クムランで開かれたメシアの饗宴に相当する。この宴会の饗応役をつとめた主な人物は、大祭司と〝イスラエルのメシア〟だった。ここでいうメシアとは、一般的なメシア（聖別された者）であって、必ずしもイエスのことを指しているわけではない。『宗規要覧』によると、ナザレ派共同体を代表していたのは、〝十二人の指導者会議〟を形成した任命幹事たちだった。イエスが生まれる五十年ほど前に書かれた『宗規要覧』は、この宴会での正確な席次と儀式の手順を細かく述べたうえで、こう締めくくる。「全員がコミュニティ・テーブルにつき……ぶどう酒が注がれるとき、だれも大祭司より先にパンとぶどう酒に手を伸ばしてはならない。パンとぶどう酒の最初の実りを祝福するのは大祭司だからだ……続いて、イスラエルのメシアがパンに手を伸ばす。その後、共同体の会衆たちが全員で、地位の高い順に祝禱を唱える」。

聖杯伝説には、ユダヤ史の偉人たちを崇めるという側面があり、これが多くの人間を困惑させてきた。また、登場人物も、ヨセフ、ロト、エリナント、ガラハッド、ブロン、ウリエン、ヘブロン、ペレス、ヨセウス、ヨナス、バンといった、ユダヤおよびユダヤ系とおぼしき名が並んでいる。

なかでも聖杯探しに成功したガラハッドは、比類なきキリスト教の騎士であり、初期の書物にもギレアドという名で描かれている人物だ。もっとも、本物のギレアドはヘブライ人で、アブラハムの弟ナホルから数えて三代目の孫、ミカエルの息子だった（歴代誌上五章十四節）。ギレアドとは「あかしの塚」を意味し、ギレアドと呼ばれた山は〝証拠の山〟に当たる（創世記三十一章二十一～二十五節）。ガルエドはまた、ヤコブの石塚、つまり創世記三十一章四十六～四十八節が記す証拠の石塚に授けられた名でもある。

十二世紀フランスのテンプル騎士団事情から生まれた数々の聖杯物語の中で、傑出した人物といえばアリマタヤのヨセフだが、もうひとり、はるか古代から、最高の尊敬を集めた人物がいる。ハスモン家の祭司で、紀元前一六一年に死んだマカバイのユダだ。フランス語＝フラマン語版『聖杯の盛史』（一二二〇年頃の編纂）には、ガーウェイン卿とグレイル家（聖杯一族）のヨセウスのやりとりが登場する。

「閣下」彼はメシーレ・ガーウェインに呼びかけ、「どうか、この盾を突いて、打ち破って下さい。さもなくば、わたくしがあなたを打ち破ることでしょう……なぜなら、それは誰にも負けぬ信仰心を持ち……最も徳のある騎士が持っていたものだからです」

「その者の名は？」メシーレ・ガーウェインが言う。

「名をマカバイのユダといいます」

「おまえの言うことはもっともだ」とメシーレ・ガーウェイン。「それで、おまえの名は？」

「わたくしはヨセウスと申し、アバリマシーのヨセフの血を引く者にございます」


なぜ、マカバイのユダなのか？　彼は、聖書の正典には登場しない人物だ。しかしながら、旧約聖書と新約聖書のあいだには歴史の空白があり、前に触れたユダとハスモン＝マカバイ家の歴史は、ちょうどこの時期にあたっている（205頁／第十章「捕囚後」の項参照）。それらの物語は、運良く（ハスモン家出身の）フラウィウス・ヨセフスの手になる一世紀の書物や、外典である『マカバイ書』につまびらかにされている。この書物は、七十人訳聖書（セプトゥアギンタ）の原典に収められたものの、のちの最終的な正典目録からは外された。記述内容が神の行為ではなく、人間の行為に終始しているというのがその理由らしい。

正典からこの部分が欠落しているため、福音書のイエス物語は、旧約聖書の時代背景とはまったくかけ離れたローマの時代に、唐突に出現する。よって、福音書の視点は、イエスが史実という連続体の一部ではなく、面食らうほど特殊な役割を担った人物にしか見えない程度までぼやかされた。それはまた、ヘロデ王の時代を迎えるまでのあいだ、イエスが連なるダビデ家と同等の格式を誇ったユダの第二王家が、記録の本流から抹消される動きを助長することになった。ユダの第二王家同様、この秘密の時代の内側で姿が見えなくなったものに、脈々と続く伝統的な金の文化の物語と、死海のほとりのクムラン体制がある。

ハスモンの家

「打つ者」（マッカバ）の異名で知られるユダは、エルサレム近郊モディィンの祭司、マタティアスの息子のひとりで、（聖杯物語の中でほのめかされているように）その盾は、当時すでに伝説と化していた。盾の表面には反語的な問い――「神々の中で、誰がおまえに似ていようか？」――が刻まれていた。ユダがマッカバの異名を取ったことから、その後継者はマカバイ一族という名で知られるようになった。広義では、マタティアスの曾祖父で、始祖でもあるハスモン（アズモニアス）にちなみ、ハスモン一族としても知られている。

父の志を継いだユダは武器を取り、エルサレムを蹂躙《じゅうりん》していたシリアのセレウコス王朝と戦う。この王朝は、アレクサンドロス大王に仕えたマケドニアの武将、セレウコスの後継一族だったから、ユダヤの民にギリシアのしきたりと宗教を強いた。当時、歴代セレウコス王朝の中でもとりわけ強圧的だったアンティオコス四世は、エルサレム大祭司をつとめるアロンの子孫の兄弟たちと、同盟関係を結んだ。アロン一族の仲間たちは、侵略者に与《くみ》して一族の遺産を強奪する一方で、ギリシア神崇拝を神殿に持ち込んだ。律法（トーラー）が豚の脂で焼かれ、割礼が禁止されたうえ、ギリシア語の使用が死刑をもって義務づけられた。

　ユダヤ文化に自ら反旗を翻すという、エルサレムの祭司たちの思いも寄らぬ行動を目の当たりにして、モディンのマタティアスはゲリラ隊の先陣に立ち、挑戦に応じた。このゲリラ隊はのちに、息子のユダに引き継がれた。双方の兵士数千人が激突した大戦が何年も続いた末、ユダはシリア軍数隊を打ち破る。度重なる戦でエルサレムは廃墟と化したが、紀元前一六五年、キスレヴ月二十五日（十一月）、ついにユダはそびえ立つゼウス像を追放し、エルサレム神殿をふたたびユダヤの神に奉献したのだった。街のメノラー（大燭台）に、八日間にわたる祝祭の開始を告げる火が灯された。これがユダヤ教の年中行事、宮清め《ハヌカー》の祭の始まりである。

　ハスモンの反乱はそれで終わったわけではなく、山々や国境沿いのシリア軍を撃退するという仕事がいまだ残っていた。もっともこの一件をきっかけに、エルサレムはユダの弟ヨナタンの下で、新たな君主国として歩み出すことになった。早期の権力固めを目指すハスモン家は、（地中海世界における新興勢力であった）ローマからの軍事援助を背景に、紀元前一四二年には、完全なユダヤ人独立国家を樹立する。とはいえその数十年後に、ユダヤを実質的に支配することになるのは、ほかならぬローマだった。

　マカバイが、シリアのアンティオコスとその後継者デミトリアス一世に対し勝利を収めたことは、ユダヤ社会に大きな亀裂を残すことになった。というのも、戦況が厳しかったせいで、安息日でさえ武器を取らざるを得なかったからだ。ハシディーム（敬虔な者）の名で知られる、超厳格なユダヤ教信者の一団は、これに強く反発する。そして、意気揚揚と凱旋したハスモン家が権力を握り、エルサレムに自ら王朝を開くに至って、ハシディームは異を唱えたばかりか、抗議行進をしながら一斉に街を出ていったのだ。その後彼らは、エルサレムの数マイル東、死海のほとりにあるクムランの荒野近くに、自らの共同体を建設する。『銅の巻物』によると、いにしえのクムランはセカーカと呼ばれた。

『マカバイ書』は、ユダの甥ヒュルカノスの手にしたエルサレムの王および大祭司の座が、息子のアリストブロスとアレクサンドロスへ引き継がれ、アレクサンドロスの息子ヒュルカノス二世とアリストブロス二世から、アリストブロス二世の息子アンティゴノスへと委ねられてゆく様子を語っている。バビロン補囚以来、数世紀を経て、ようやくユダヤの地に王国がよみがえったのだが、ハスモン王朝の王女マリアンメが、イドマヤのアラブ人司令官ヘロデに嫁ぐとともに、ハスモン家はぷっつりと途絶えてしまう。フラウィウス・ヨセフスの著作『ユダヤ戦記』及び『ユダヤ古代誌』には、この結婚にまつわる波乱万丈の物語や、周辺国ローマ＝エジプト間でアントニウスとクレオパトラによって画策された陰謀が、事細かに述べられてはいるものの、最終的には、紀元前三七年にアンティゴノスが死んだ際、姪（ヘロデの妻）のマリアンメ以外に、継承権を持つ人間がいなくなってしまったのだ。そういうわけで、新たにエルサレムの常駐王となったのは、ローマの後押しを受けたヘロデだった。

先述の、クムランの地への定住が公式に始まったのは、紀元前一三〇年ごろからと見られ、紀元前一〇〇年を迎えるころには、エッセネ・テラペウタイ派の信徒がやってきて、この地に根を下ろした。エッセネ派は治癒行為も行なう哲学的な共同体で、イスラエルよりもギリシア

＝エジプトに近い文化を有していた。ユダヤの年代記がそろって記しているのは、七十年ほどのちの紀元前三一年に、ユダヤを襲った巨大地震のせいで、信徒たちが定住地からの撤退を余儀なくされたことだ。このことは、クムランにおける居住が、はっきりとふたつの期間に分断されていることから裏付けられる。『ユダヤ戦記』の中でヨセフスは、エッセネ派が治療行為に携わっており、父祖伝来の植物の根や石に関する医学的な知識を持つと述べている。たしかに、エッセネとはこの専門技術を意味する言葉なのかもしれない。というのも、医者を意味するアラム語のアッサヤは、ギリシア語のエセノイに相当する言葉だからだ。

居住期間の第二期はヘロデ大王時代に始まった。死海文書（発掘開始は一九四七年）という証拠とは別に、クムランの定住地からは、何種類もの通貨が大量に見つかっている。それらの通貨は、ハスモン王朝のヨアンネス・ヒュルカノス一世（紀元前一三五〜一〇四年）の治世から、ローマに対するユダヤの反乱が起きた紀元六六〜七〇年までの期間に発行されたものだ。以来、この時代の遺物が多く発見されたのに続き、一九五〇年代には、一千基以上もの墓がクムランで発掘された。第二期居住地跡から現われた広大な僧院施設には、集会室、石膏の長椅子、複数の巨大な水槽に加えて、地下水道網まで備えられていた。律法学者の部屋には、インク壺のほか、広げた巻物（スクロール）を置いておくための、優に五メートルを超えるテーブルの破片があった。最初の定住地が地震によって被害を受けたのち、ヘロデ王の時代にエッセネ派の手で再建されたことは、考古学者および古典学者によって確認されている。白い衣《ローブ》に身を包んだエッセネ派は、ユダヤ教の三大宗派のひとつ（あとのふたつは、ファリサイ派とサドカイ派）に数えられる。エッセネ派は、エジプトのテラペウタイ派の神秘主義者や治癒者と近い関係にあり、それはクムランに居住していたイエスのナザレ派一族も同じだった。基本的にエッセネ派は古い貴族階級であり、イスラエルとダビデ王朝の栄華の再興を希っていた。

契約の番人たち

ヘロデ大王の在位中（紀元前三七〜四年）、エルサレムでは膨大な資金が支出されたが、これは紀元前二五年に王国を襲った大災害のせいだった。その年は干ばつで、パレスチナおよびシリアではまったく収穫ができなかった。種も穀物もなく、山羊や羊はみな死んでしまっていた。ヨセフスの論評によると、ヘロデは逆境にあえぐ人民を飢えから救おうと、宮殿から金や銀をあらいざらい運び出して、エジプトの長官ペトロニウスに送り、ファラオの穀物倉から食糧を手に入れた。尋常ならざる量の食糧は、衣服やそのほかの必需品と共に、国じゅうに惜しげもなく分配された。長い二年間が過ぎ、危機は去ったが、エルサレムの金庫は空っぽだった。（在位中、最も王らしく振る舞った）ヘロデは、甚だしい大惨事から国を救ったが、その過程で彼自身と王室は完全に破産したのだった。

ところが、それからいくらも経たないうちに、ヘロデの財政運営は乱費に傾いていく。行なった寄進も残した遺産も桁外れで、税収の見込み額をはるかに超過していた計算になる。その最たるものが、ヘロデが拡大、再建した新エルサレム神殿で、総敷地面積十四万平方メートル以上に及ぶこの建造物は、アテネの城砦《アクロポリス》をも凌ぎ、比類なき壮麗さを備えていた。長い歳月にわたって、何千という石工がこの巨大なプロジェクトに取り組んだ――しかし、それほどの金《かね》はいったいどこから来たのだろう？　さらには、ピラミッドをはじめとするエジプトの巨大遺跡（165頁／第八章「ゼロより軽い」の項参照）に関する疑問と照らし合わせてみても、石工たちはいかにして、無数の巨大石を、しかも大半がおのおの五十トンを超えるそれらの石を、動かし積み上げたのだろう？　現に、今日まで残っている壁面構造を見ると、それぞれ八十トンを超える隅石が、土台から三十メートル以上もの高さに置かれているのがわかる。

史実は、破産状態からスタートしたヘロデが、貿易輸出、とりわけ死海南部の南ヨルダンに位置する、生母クフラゆかりの岩窟都市ペトラとの交易で、エルサレムに新たな富を築き上げたと伝えている。当時、ペトラはナバテア＝アラブ人のアブード王の統治下にあり、貴重品だった香料および大理石交易の中心都市として繁栄のさなかにあった。ペトラの技術者は水圧装置の専門家としてあまねく知られており、このたぐいまれな専門技術は、この街が誇るもうひとつの輸出品だった。ペトラの経済は基本的に輸出を基盤に成り立っており、実際のところ、ごくわずかな品を除いて、輸入は必要ではなかった。彼らが輸入したのは、中国の絹やアフリカの象牙やインドの珍しい宝石や木材などの高価な贅沢品だった。となると、ヘロデ王が、ペトラの統治者から、信じがたいほど高い見返りの数々を獲得するために、傍目に貧しく、差し出せるものなどありそうもないユダヤの国から輸出したものとは、いったい何だったのだろう？　どうやら彼は、遠い昔にソロモン王がしたことをなぞったらしい――きわめて珍重され、貴重な生産品としてその名をとどろかせた、高位の耐火石を売ったのだ。

先に触れたように、クムランのエッセネ派は、エジプトのテラペウタイ派――カルナック神殿の名工集団、偉大なる白の友愛組合――とゆかりが深い。死海文書の中で、彼らが自らを〝新たな契約〟と称したのに対し、アラブ人が名付けた〝契約の番人《ナズリー・ハリブリット》〟は、「ナザレ派」の呼称の由来となった（通念に反して、イエスのナザレ派は、ナザレという地名とはまったく関係がない。ナザレ派とは、死海において、モーセとソロモンから受け継がれた契約の最高秘密を、守護した者たちだった）。

一九五〇年代以来、クムランでの一連の発掘作業で見つかったりっぱな修道院施設の中で、驚嘆すべき特徴を備えているのは、水槽の数とその大きさであり、また想像もつかないほど複雑に入り組んだ配水管と水路だった。施設の西側には、ユダヤの丘陵から引いた新鮮な水を供給するための水路が走っているが、そのほかの水路には、塩分含有量の高い死海の水がじかに引かれていた。なかでもけっして小さいとは言えないのが、クムランから少し下ったところを走る、九十五メートルのメイズィン水路だ。この水は、飲料水にも洗濯用にも適さないほど、ミネラル濃度が高い。しかし、当時その水には、今と同じように、驚くほど高品質のＯＲＭＥ金――天然の〝ｍｆｋｚｔ〟――が含まれていた。最近の実験から、死海の水の沈殿物の七割を単原子状態の金が、残りの三割をマグネシウムが占めていることがわかっている。さらに実験を進め、沈殿物を乾かし塩酸を加えれば、マグネシウムが溶けたあとには、純白の〝シェム＝アン＝ナ〟粉末が残るはずだ。従来の方式で掘りだした金から賢者の石を生産したソロモン王とは違い、エッセネ派は、容易に調達できる原料から、単原子物質を精製し仕上げるという、どちらかと言えばデイヴィッド・ハドソンの手法に近いやり方を取っていた。ヘロデの目的を適えるために、エルサレムから数キロ離れた荒野の修道院に籠もって、秘密裏にこの作業を進めるのは、たやすいことだったに違いない。

ヨセフスによると、エッセネ派のビジネス形態は、共同体の外部の人間とは貨幣による取引に限定していたようだが、内部の人間同士では、売買と言うよりむしろ通常の交易に見られる、自由なやり取りがあったようだ。したがって、謝礼としてヘロデ王朝から受け取った品物や収入は、クムラン全体の利益とされたが、ヘロデ王がmfkztを売って、ナバテアや他の諸国から受け取った収益は、エッセネ派へ渡された対価をはるかに超過していた。

聖書によるとヘロデは、イエスの誕生にともなって、嬰児殺しをしたとの汚名を着せられているが、歴史が記すところでは、有能で良き王だったらしい。それどころかヘロデは、十人の妻を娶《めと》り、他の面でもアラブ人としてのしきたりを守ってきたにもかかわらず、形式上とはいえ改宗までしてユダヤ教徒になることで、民意の獲得をはかろうとしたのだ。結局のところ、ヘロデがそこまでしても、カエサレア【訳注：ローマ領パレスチナの首都】に在駐する、ユダヤのローマ人行政長官を上回る権限を得られなかったという点では、統治上の問題は依然として残った。ローマの統治形態は過酷を極め、強制的に民を服従させる目的で、三千人以上が即時磔刑《たっけい》に処せられた。不公平な税制が布かれ、拷問は当たり前の光景となって、ユダヤ人の自殺率は恐ろしいほど上昇した。これに対し、ヘロデにできることは大してなく、人々も決して彼個人に責めを負わせたりはしなかった――しかし、ヘロデの息子、ヘロデ二世アンティパスは、父とは異なる気性の持ち主だった。ローマの操り人形に等しかっただけでなく、福音書に描かれたとおり、バプテスマのヨハネの首を刎《は》ねるほどの残虐性を備えていたといわれている。

このヘロデ＝アンティパスによる統治時代の初期は、エッセネ派とのあらゆる交易関係が消滅した時期にあたる。その後、彼らの本拠地クムランから、ガリラヤのユダを筆頭に、ローマの支配に反対する、激烈な熱心党員《ズィーロット》の運動が起こった。ハスモン家のヨアンネス・ヒュルカノスの血を受け継ぐユダは、名の由来である先祖ユダ・マカバイに習い、ゲリラ戦法を取る。やがて、新任のユダヤ総督ポンティウス・ピラトに対し、熱心党員が繰り広げた正面切っての激しい抵抗作戦は、のちの紀元六六年に起こる、ユダヤの対ローマ全面蜂起へと繋がっていくことになる。

死海の沈殿物からORMEが最初に発見された、経緯や時期を知ることは不可能だ。もしかしたら最初に発見されたのは、はるか昔の創世記時代だったかもしれない。近年の室内実験から、この超伝導体物質には、致死性のガンマ線を作り出す能力があり、取り扱いをひとつ間違えると大変危険であることが知られるようになった。したがって、死海地域の二大中心都市だったソドムとゴモラが、その地域のクムランで定住が始まる二千年ほど昔に、火と硫黄によって滅んだのは、耐火石の放射線による惨事だったと考えることもできる。

アブラハムと正義の王メルキゼデクの時代から、耐火石でできた契約の「パン」は、常に「正義」と結びつけられてきた。ダビデ王朝の時代を通じて、その供給を監視するツァドクと呼ばれる祭司職は、エッセネ派の共同体内部で世襲により保有されてきた。旧約聖書のエゼキエル書には、契約の庇護がツァドクの子孫たちの手に委ねられていくことが、はっきりと示されている。死海文書のひとつ、『ダマスコ文書』によると、有力なツァドクは、〃正義の師〃として崇められたといわれる。正義の師の第一の敵は〃邪悪な祭司〃と呼ばれており、これを鑑みるに、ソドムとゴモラのイメージは、(創世記十八章二十三〜三十三節の記述通り)正義と邪悪のバランスを秤《はか》るものだ。依って、「御前《みまえ》のパン」とは、「邪悪な祭司」が破滅させようと狙っている、「正義の師」の契約の食べ物を指すと思われる。

死海文書中、最も寓意と引用に満ちた『ハバクク書註解』は、初めから終わりまで、エッセネ派律法学者の符号と隠喩が散りばめられている。正義の師による〃mｆｋｚｔ〃の生産技術が、ヘロデ王朝の祭司によって盗用された経緯を語るくだりでは、正義の師をパンそのものを象徴する存在に見立てて、彼を呑み込もうと狙っている邪悪な祭司と対峙させている。とはいえ、ハスモン王朝やクムランの時代には、約櫃を入手したり使用したりすることができなかったということは、ひとつ断言できるだろう。死海文書の中では、(紀元前一〇〇年ごろの)『ダマスコ文書』だけが、はるか昔に約櫃が隠されたことを記している。

第十四章　デスポシニ

キリスト降誕のパラドックス

こうしてわれわれは新約聖書の福音書時代に到達し、『聖杯の血統（Bloodline of the Holy Grail)』(仮題／小社刊行予定）で取り上げた年代までたどり着いたことになる。イエスの生涯や聖職者としてのイエス、それにイエスの結婚については、同書で徹底的に取り上げているので、ここではそれらの事柄を簡潔に述べるにとどめおく。とはいえこの機会を利用して、近年、具体的な調査が進んでいるいくつかの側面を膨らませてみたい。イエスの伝説を経由することで、われわれは容易に、エルサレムでの約櫃奪還に至る中世の時代へと、話をつなげていくことができる。

ここに再三にわたって投げかけられてきたひとつの疑問がある。それは、人間の肉体を持ったイエス（マリアとヨセフの息子）が、キリスト教徒の描く神の子としての像と、どのように折り合いをつけるかという問題だ。この答えを得るには、新約聖書そのものを探るのが最善だろう。と同時に、聖書を探れば、いくつか見受けられるイエスの誕生と祖先に関する矛盾点についても、具体的な説明が得られる。

イエスの降誕をめぐっては、キリスト教徒が信じる教えと、聖書の実際の記述のあいだには、著しい違いが見られる。たとえば、一般にイエスは厩《うまや》で誕生したと信じられているが、どの正典福音書にも、厩に関する記述はひとつも出てこない。雄牛や驢馬《ろば》といった、昔から誕生の場面に登場してきた従順な生き物たちについても、当然ながら一言も触れられていない。驚くべきことに、四つの福音書のうち、イエスの誕生を論じているのは（マタイとルカの）ふたつの福音書にとどまり、マルコとヨハネによる福音書にいたっては、その出来事を完全に黙殺している。

新約聖書は、マタイによる福音書の次の記述をもって始まる――「アブラハムの子ダビデの子、イエス・キリストの系図」。それから、同福音書一章二～十六節で、直系卑属についての詳細な記述が続き、アブラハムの時代から一気に四十二の男系世代を数え上げて完結する。その後、同福音書二章十一節でベツレヘムでの降誕を語ってはいるものの、その記述は、イエスが「家」の中で生まれたというすげないものだ。

バプテスマのヨハネの登場をもって始まるルカによる福音書は、イエスの誕生を境にして、マタイとは逆に、イエスの父ヨセフから、（アブラハムを通り越し）「神の子」と呼ばれるアダムまでさかのぼる系図を示している（ルカ福音書三章三十八節）。四つの福音書の流れを並べて比較してみると、「神の子」という言葉が新約聖書で示されたのは、年代的に見てこれが最初であり、また同時に、それがイエスではなく、イエスのはるか遠い先祖に結びついていることがわかる。

イエスの生誕場所を語るとき、かならずと言っていいほどついてまわる「厩」(stable) という英単語は、馬を飼育するための場所、転じて、特定の厩舎に属する馬のことを指す。それは、ほかのいかなる動物と結びつくことも結びついたこともなく、またクリスマス・カードに描かれた、ベツレヘムでの降誕を想起させる農家の納屋のことでもない。イエスが納屋で生まれたとする思い込みは、イエスが「飼い葉桶に寝かされていた」という、ルカによる福音書の一節から生じたものだ——しかし、飼い葉桶は家畜の飼料箱であって、建物ではない。こうなった理由を、ルカによる福音書二章七節は、「宿屋には彼らのいる余地がなかったからだ」と述べている。こうして、「飼い葉桶に寝かされていた」という一文だけを頼りに、宿屋に代わるものとして家畜小屋という考えがひねり出された一方で、マタイがその場所を「家」と特定した事実は黙殺されることになった。

史実が伝えるところでは、その地域に宿屋というものは存在せず、そのうえこの「宿屋」という言葉も、翻訳上の誤りとされている。『スミス聖書辞典』が裏付けているとおり、「古代の中東では、現代の感覚でいう宿屋は知られておらず、旅人を自宅に招くのが一般的であり、また信者のつとめと見なされていた」。それなのに、ルカのこの一節には、「宿屋」にまつわる稚拙な翻訳がほかにも見受けられるのだ。ギリシア語で書かれた原文通りに記せば——「カタルマ (kataluma) にはトポス (topos) がひとつもない」——つまり、「部屋には居場所がない」という意味になる。実際、飼い葉桶をゆりかごの代用品とすることは、必要に迫られてにせよ、便宜的にせよ、極めて一般的だった（ゆりかごと飼い葉桶と棺は、みな同じ工房で作られていた）。混乱の原因となってきたルカの一節をより忠実に翻訳するなら、「嬰児《みどりご》イエスは飼料箱の中に寝かされていた。その部屋には、ゆりかごが用意されていなかったからだ」とすべきだ。

イエスの系譜に関することで言えば、マタイとルカは、ダビデ王以下の系図について見解を異にしている。イエスをダビデの息子ソロモンの系譜だと主張するマタイに対し、ルカはダビデのもうひとりの息子、ナタンの子孫であると論及する。もっとも、どちらの系図も結局は、（マタイ説では二十二世代あと、ルカ説では二十世代あととされる）ゼルバベルで合流するのだが。ゼルバベルについては、マタイもルカも、旧約聖書エズラ記三章二節およびハガイ書一章一節にあるとおり、バビロニア捕囚後のサラテル（シャルテル）の後継者だと見ている。一見異なって見えるソロモンとナタンの系譜について、四世紀のカエサレア主教エウセビオスは、その百年前に書かれたユリウス・アフリカヌスの手紙を引いた。エウセビオスはここで、血の繋がった父親が必ずしも法律上の父親である必要はないと明言している。そして、すべては後見上かつ養育上の問題だとし、「真の父親と名目上の父親という、両方の記憶が伝承された」だけのことだと述べた。

この弁解めいた解説には頷《うなず》けない点が多い。なぜなら、系譜とは、（たとえ非嫡出であるとしても）血統を示すものだからだ。法的な問題が発生するのは、特定の称号の相続が絡む場合に限られる。食い違いが起こった理由をもっと有り体に述べるなら、どちらの系譜にも地位の高い女性の血筋が含まれていないからだろう。歴代誌上三章十～十七節には、(マタイが主張しているように) ソロモン王を始祖とする、ゼルバベルの父系の子孫が明記されているが、実はゼルバベルの母親は、ルカによる福音書が引用したナタンの子孫なのだ。

マタイとルカがそれぞれの福音書で述べた系図は、ゼルバベルで合流したあと、ふたたび分岐する。マタイはイエスをゼルバベルの息子のひとり、アビウデの子孫であるとし、一方ルカは、イエスをゼルバベルの別の息子、レサの子孫であるとした。この食い違いは、先に述べたのとまったくおなじ理由による。イエスの両親はともにゼルバベルの子孫だったが、マリアの系図はアビウデから始まり、かたやヨセフのそれはレサから始まっているからだ。

イエスの父方の祖父は、マタイによる福音書一章十六節ではヤコブと呼ばれているが、ルカによる福音書三章二十三節では、ヘリとなっている。これもまた、どちらも間違ってはいない。ナザレ派の共同体で族長をつとめていたヨセフの父ヘリは、「ヤコブ」という伝統的な称号を授けられていたからだ。

マタイによる福音書に記された、ダビデからヤコブ＝ヘリに至る系図は (この間、約一千年)、各世代を四十年間と数え二十五世代にわたるとしており、王の世代の標準 (168頁／第九章「王の世代」の項参照) に適合する。ルカはこれとは逆に、各世代をもっと妥当な二十五年間と数え、四十世代にわたるとした。それゆえルカは、イエスをゼルバベル (紀元前五三六年) から下って二十世代目に当たると述べ、いっぽうのマタイは、十一世代目に当たると記しているのだ。

降誕物語との関連で言えば、マタイとルカは誕生の年代についても意見の一致を見ていない。マタイは福音書二章一節で、イエスの誕生をヘロデ王の治世と記したのち、二章二十二節で王の息子の名をアルケラオと記している。史実から見て、くだんのヘロデ王とは、紀元前四年に没したと特定されるヘロデ一世、通称ヘロデ大王であることがわかる。ルカは福音書二章一〜二節でこれに代わる時間枠を示して、キレニウスがシリア総督の地位にあり、ローマ皇帝アウグストゥスがユダヤの民に対して住民登録を命じた年を、イエスの誕生年だと主張している。皇帝《カエサル》アウグストゥスの厳命を受けた元老院議員キレニウス（クイリニウス）によって、ユダヤの民の住民登録が実施されたことを立証するには、フラウィウス・ヨセフス著『ユダヤ古代誌』の一世紀の記述を当たってみれば済む。同誌によれば、住民登録が行なわれたのは紀元六年であり、ヘロデ王の息子アルケラオが王位にあった最後の年に当たっている。

聖書の記述を包括してみよう——マルコもヨハネも、イエスの降誕や系譜には触れていない。かたやマタイとルカはそろって、イエスの父ヨセフに至る、男系の先人たちを列挙している。マタイはイエスが屋内で生まれたと述べているが、ルカは場所の特定をしていない。そのうえ、このふたりが福音書に記した誕生の年代には、少なくとも十年以上の隔たりが見られる！

この年代のずれは、エッセネ派のしきたりに照らし、誕生の意味するものがふたつ存在した事実によって説明がつく——ひとつは、男児が肉体的に生まれ出た日、そしてもうひとつは、共同体の仲間入りを果たした日だ。実際、男児は十二歳で「生まれ変わり」、簡素でゆったりとした外衣に身を包んで、誕生を再現する儀式に臨む。こうしてふたたび象徴としての生を授けられ、所属する共同体で密儀参入者《イニシエイト》の地位を得るのだ。のちに、ガリア（フランス）のメロヴィング王家では、王の息子は十二歳を迎えると、似かよった儀式を執り行なって、王位の継承者に正式に列せられた。エッセネ派のしきたりである、共同体の一員としての生は、ルカによる福音書二章一～十二節にはっきりと見てとれる。けれども十七世紀の翻訳では、すっかり曲解されたせいで、イエスが共同体への入会儀式に臨んだ年代が、実際に生まれた年代と混同される結果を招くことになった。

マタイによる福音書同様、ルカも降誕（イエスの実際の誕生）の年代を、紀元前四年に死去したヘロデ大王時代の末期としている。その一方でルカは、当時シリア州総督の任にはキレニウスが就いており、アウグストゥス帝の命でユダヤ全土に住民登録が課されたとも述べている。しかし、ヘロデ王の存命中にキレニウスがシリア総督をつとめた事実はない。ヨセフスによれば、キレニウスの総督就任は紀元六年であり、キレニウスがアウグストゥス帝の名代として、ユダヤ全土での住民登録を実施したとある。この地域で実施された住民登録の記録はこれだけで、ヘロデ一世の時代には見られない。この人口調査が実施されたのはイエスの生誕から十二年後のことであり、まさしく共同体入会の儀式が行なわれた年と一致している。

この翻訳上の誤りは、両親とともにエルサレムに赴いたイエスが、神殿に留まって出発を遅らせたとする逸話の年代を混同する原因にもなった（ルカによる福音書二章四十一～五十節）。この逸話はイエスが十二歳のときのことだとされているが、イエスの「十二年目の年」が具体的に意味するものに結びつけるべきだろう。すなわち、この世に生まれ出てから十二年目なのではなく、共同体の一員となってから十二年目ということになる。その年の過越祭のころには、イエスは二十四歳だったはずだ。と同時に、共同体内部での格付けも、若輩から正規の成人男子へと格上げされる予定になっていた。しかしイエスは、両親と連れだって祝いの行事に参列するよりも、そのままエルサレムに残って〝父の〟つとめを論議するほうを選ぶ。父とはつまりイエスの信仰上の父（共同体の父）である、当時の祭司エルアザル・アナスを指している。

そのあとの計算はいたって簡単だ。ユダヤで人口調査が行なわれた紀元六年、イエスは十二歳だった。ということは、イエスの推定生年は紀元前七年で、たしかにヘロデ大王の治世の末期にあたる。イエスの生年でよく耳にするのは、紀元前五年とする説だ（オックスフォード・コンコーダンス・バイブルなど）。紀元五二六年、ディオニュシウス・エクシグウスの算出によって、イエスの誕生をもって始まりとする紀年法が初めて導入された。エクシグウスは、イエスの生年を、ローマ年七五四AUC（Anno Ubris Conditae の略、「ローマ市の建設から数えて」という意）とした。これは新暦法紀元の一年目と一致し、Anno Domini（キリスト紀元＝西暦）という意味の分類に適っている。のちに、イエスの生年は、イエスがヘロデ王時代に誕生したことに基づいて、ヘロデが死去した七五〇年AUC、つまり紀元前四年以前というのが定説となった。以来、イエスは記録のうえで、紀元前五年生まれに修正されたので、すでに確立していた紀元前、紀元後の分類がまったく無意味なものになってしまった。それは別にしても、降誕の日付を考える際に、より良い指針となるのは、フラウィウス・ヨセフスの用いた時間枠であり、紀元前七年というその年は、正確さという点でも近いと言える。

こういう理由から、このところ世界中が沸いた千年紀《ミレニアム》は、ローマ人が適当に作った暦の二千年を祝ったことになるのかもしれないが、そこにイエスの誕生との関連を見いだそうとするには、七年ばかり遅すぎたことになる。

神の子＝人の子

ヨハネによる福音書が、降誕をつまびらかに述べていないのは事実だとしても、同福音書七章四十二節には、イエスの先祖に行き着く重要な情報が報じられている――「メシアはダビデの子孫で、ダビデのいた村ベツレヘムから出ると、聖書に書いてあるではないか」。さらに、聖パウロによるローマの信徒への手紙一章三～四節は、「わたしたちの主、イエス・キリストは、肉によればダビデの子孫から生まれ、神の子と定められた」と言及している。繰り返すが、マルコによる福音書十章四十七節、およびマタイによる福音書二十二章四十二節でも、イエスは「ダビデの子」と呼ばれている。使徒言行録二章三十節では、（ダビデ王を引いて）ペトロがイエスを、「肉によれば、その子孫」と述べている。これらの記述に加えて、マタイおよびルカによる福音書が挙げた、父系に基づく系譜を見れば、イエスがまぎれもなくダビデ王の血を引く人間であることは、疑いようがない。そのうえ、聖パウロによる、イエスが神の子だと「定められた」との記述が見られると同時に、ルカによる福音書一章三十五節の受胎告知の場面では、イエスが神の子と「呼ばれる」だろうという、良く似た表現まで登場するのだ。

イエスがダビデの父系子孫だということを、もっと明白に語っているのがヘブライ人の手紙七章十四節で、そこではイエスがメルキゼデクと同等の祭司に任命されたことが言及されている。モーセとアロンの時代から、ユダヤ人の祭司職を当然の権利として受け継いできたのは、レビ族だけだった。ダビデからヨセフに至るユダ族はというと、王位を継承する権利を有してはいたが、祭司になることは叶わなかった。ヘブライ人への手紙の中で聖パウロは、イエスが新たに祭司の地位を得たとはっきり述べている――「わたしたちの主が、ユダ族出身であることは明らかですが、この部族についてモーセは、祭司に関することを何一つ述べていないからです」（ヘブライ人への手紙七章十四節）。直前の十二節では、この慣例の逸脱に対応するために、「律法にも必ず変更があるはずです」との指摘がなされている。ここには、イエスが神の子だから望み通りの地位を手に入れたなどとは、一言も書かれていない――ただ、イエスがユダ族のダビデの血筋であるという理由から、律法の変更が必要だと記されているだけだ。

イエスは、神の子か否かを質《ただ》されると、その話題を避けることがほとんどだった。マタイによる福音書二十六章六十三～六十四節では、大祭司から本当に神の子かどうかを尋ねられたイエスが、「それは、あなたが言ったことです」と応じている。これは、そう言ったのは祭司で、自分ではない、という意味だ。ルカによる福音書二十二章七十節でも、イエスはほぼ同じ言葉で答えている――「そこで皆の者が『ではおまえは神の子か』と言うと、イエスは言われた。『わたしがそうだとは、あなたたちが言っている』」。ほかにも、（マタイによる福音書二十六章六十三～六十四節のように）イエスが自分は人の子だという趣旨の答を返す場面がいくつか見受けられる。

イエスを肉体を持った神の子とする考えは、聖書に記された、イエスに関する他者の言葉が発端となった。たとえば、ヨハネによる福音書二十章三十一節は、「これらのことが書かれたのは、あなたがたが、イエスは神の子キリストであると信じるためである」と述べているし、同様に、使徒言行録九章二十節にも、キリストは神の子であると、ペトロが説教の中で述べたことが記されている。新約聖書には、イエスが神の子であると「定められた」、「述べられた」、「信じられた」、「呼ばれた」といった記述が、四十五カ所で見られる。これに対し、イエスを「人の子」であると示唆した箇所は九十に及び、その言及の大部分はイエス自身によるものだ。

ここまで見てきたとおり、アダムは「神の子」と呼ばれるようになった血筋の開祖にあたる。全体像を描く上でさらに重要なのは、聖書が、「神の子どもたち」であるとして、特定のふさわしい者たちを引き合いに出していることだ。その発端は、新約聖書マタイによる福音書五章九節のイエス自身の言葉だ――「平和を実現する人々は、幸いである。その人たちは神の子と呼ばれる」。ここでも、イエスの場合と同様に、重要な意味を持つのは「呼ばれる」という言葉だ。

あらゆる点を考え合わせると、イエスに使われる「神の子」という言葉が、比喩的かつ象徴的であるのに対して、ダビデ王に始まるイエスの有形の血統は、実体を伴った人間という姿でたびたび登場する。ここで最も大切なのは、イエスという一個人ではなく、ダビデ王の血統こそが、とりわけ神の子孫だとみなされている点だ。これは、神がダビデ王に関して告知する姿を写す、サムエル記下七章十三〜十四節の記述が、拠り所になっている——「この者がわたしの名のために家を建てる。わたしは彼の王国の王座をとこしえに堅く据える。わたしは彼の父となり、彼はわたしの子となる」。

処女と大工

良い機会なので、翻訳の際に誤って大工にされてしまったイエスの父親ヨセフについて（29頁／第二章「命を与えるもの」の項参照）、要約しておきたいと思う。ヨセフは、ギリシア語で書かれた原文の中で、アラム語"naggar"から派生した"ho tekton"という称号で呼ばれていた。これは、「大工」ではなく「職人」と訳されるべき言葉だ。この記述語を定義づけるとすれば、ユダヤ人学者ゲザ・ヴェルメシュ博士が指摘しているように、学者、もしくは親方とするのが妥当であり、当然ながら、ヨセフを大工と同一視するものではない。もっと正確に言うと、それは、ヨセフが自身の職業において、卓越した技を有する学者であることを明確に示すものだった。実際のところ、旧約聖書時代のトバル＝カイン、ベツアルエル、フェニキアのヒラムらの流儀を受け継ぐ者として、ヨセフがクムランの耐火石精錬所において、鍛工の長をつとめるほどの工匠だった可能性はじゅうぶんにある。

似かよった誤りはイエスの母マリアについても犯されており、現在の福音書では処女だと紹介されている。けれども、「処女」と翻訳されることになったセム語"almah"には、実は「若い女性」以上の意味はない。肉体的な処女性を表わす言葉でこれに相当するのは、"bethulah"のほうだ。ラテン語の場合、"virgo"は単に「未婚」を指しているだけなので、現代でいうところの「処女」という意味合いを持たせるためには、(virgo intacta のように) 性体験の欠如を示す"intacta"という形容詞で、名詞を修飾する必要がある。

六九二年のトゥルロの公会議で確立されたとおり、カトリック教会がマリアを「永遠の処女」だと専断したことに限って言えば、マリアの肉体的な処女性は、さらに疑わしいものになる。マリアがイエス以外にも子孫をもうけたことは広く知られており、それぞれの福音書にも裏付けとなる記述がある。「この人は大工の息子ではないか? 母親はマリアといい、兄弟は、ヤコブ、ヨセフ、シモン、ユダではないか?」(マタイによる福音書十三章五十五節)。ルカによる福音書二章七節およびマタイによる福音書一章二十五節はいずれも、マリアの「最初に生まれた息子」として、イエスの名を挙げている。さらに、マタイはイエスを「大工の息子」(ヨセフの息子という意) であると述べているし、ルカによる福音書二章二十七節は、ヨセフとマリアがイエスの「両親」であると明確に語っている。また、マタイによる福音書十三章五十六節およびマルコによる福音書六章三節を読むと、イエスには三人の妹がいたことがわかる。エピファニオスの『パナリオン』と『アンコラトゥス』によれば、妹たちはそれぞれ、マリア、サロメ、アンナ (ジョアンナ) と名付けられた。イエスの妹たちについては、ヤコブの『原福音』、『フィリポによる福音書』、教会が定めた『使徒教憲』の中でも触れられている。新約聖書の福音書はその妹たちを、マグダラのマリアとともに、イエスの十字架および墓の場面に登場させている。たとえばマリアとサロメは、マルコによる福音書十五章四十七節に現われるし、いっぽうジョアンナとマリアは、ルカによる福音書二十四章十節に姿を見せる。これらをはじめ、ほかの福音書の記述を見ても（合計六カ所）、「ファーストレディ」――救世主の王妃――として、序列上、常に最初に挙げられているのは、マグダラのマリアだ。

イエスの妹マリア（ヤコブのマリア、通称マリア・ヤコブ）が、紀元四四年にマグダラのマリアに従ってガリアへ赴いたことは、『マグダラ行伝』およびヴァチカン公文書内の古代写本『英国史』がつまびらかにしている。聖マリア・ヤコブはナザレ派の女性祭司であり、〝さまよい人マリア〟という名で広く欧州に知られた人物だ。英国では、中世になってマリア・ヤコブへの崇拝が広まった。またフランスでは、マグダラのマリアに寄り添う人魚として、パリのサンマリー教会の窓に描かれている。

証拠の焼却

『聖杯の血統』では、ベタニヤでのイエスとマグダラのマリアの結婚を取り上げたほか、子供たちの誕生と後世の一家の変遷を、聖杯とのかかわりという観点から詳細にたどっている。その後継者たちに公式な迫害が加えられたことは、本書で詳しく述べるに値するほど関連性の高いテーマだと思う。またこの出来事は、定着したローマ帝国史の中で伝えられてこなかったせいで、今でも特に読者の関心を引きつける対象であり続けている。

一世紀に起きたユダヤの反乱と、紀元七〇年のティトゥス将軍によるエルサレム強奪ののち、ローマ帝国が行なった専制支配によって、ダビデの遺産であるイエス一家についてのあらゆる記録は、破壊の憂き目にあったと見なされてきた。けれども、破壊が中途半端だったおかげで、関係文書は救世主の継承者たちの手元に留まったまま、遺産として聖なる地から西欧へ持ち込まれたのだ。

紀元二〇〇年ごろの文書の中で、年代史家であるエデッサのユリウス・アフリカヌスは、エルサレムおよびユダヤをあとにして、メソポタミアの北辺部、シリア、トルコ南部といった場所に押し寄せたおびただしい亡命者たちが、どのように自分たちのしきたりを末代まで残そうと試みたかを振り返っている。「キリスト教年代記の父」と称されるアフリカヌスは、バビロンにおけるナザレ派の代表であり、一世紀の使徒オバデヤがアラム語で記した一連の作品を、ラテン語に翻訳したことで名を馳せた。『オバデヤ書』は、使徒オバデヤが自ら筆を取った、十巻から成る史書である。とはいえ、この書物は、当時数多く存在した重要な目撃証言と同様に、紀元三九七年のカルタゴ公会議で、キリスト教の正典に列することをきっぱりと拒否された。

カエサレアのエウセビオスは著書『教会史』の中で、アフリカヌスの数々の文書が、救世主の継承者を〝デスポシニ〟――古代ギリシア語で「主（または、主君）の継承者（または、所有物）」――と呼んでいたことを認めた。この尊称は、イエスとおなじ系譜に連なる者たちだけに限定されている。他のいかなる文脈においても、この呼び名が使われた箇所は探し出せないが、アフリカヌスは、その根拠を説明することも厭わなかった。〝デスポシニ〟は、イエスの肉親と後継者に限定して用いられていたらしく、今日なら、王家の中枢を指す言葉といったところだろう。

年代記は、ヘロデ＝アンティパス王がその在世中に、イエスの家族に関する系譜上の記録を焼かせたことを明白に述べている。のちにローマ軍が大挙してエルサレムを破壊した際、ローマの総督たちはこぞって、救世主に関する記録を燃やし、のちのち、一家の家系図が入手できないようにした。にもかかわらず、アフリカヌスが認めているように、「何人かの用心深き者たちは、自らの私的な記録を保有し……高貴な出自の記憶を保全することに誇りを抱いていた」。そこには、救い主の家族である〝デスポシニ〟の記録も含まれていた。

二世紀のパレスチナの歴史家ヘゲシプスは、著作『回顧録』の中で、ローマ皇帝ウェスパシアヌス（紀元六九～七九年）が、救世主一家に連なる者をひとりたりとも生かしておかぬこと、そして「ダビデ王の子孫をすべて探り出せ」という命令まで発したことを伝えている。

エウセビオスが認めているように、〝デスポシニ〟の指導者たちは、こうした迫害を乗り越え、厳格に王朝を受け継いでいくことで、宗派の長となった。しかし彼らは、あらゆる策を弄され、死へと追い立てられる運命《さだめ》にあった――反逆者のように追いつめられ、勅命によって斬殺されたのだ。ヘゲシプスはまた、ウェスパシアヌス帝の跡を継いだドミティアヌス帝（紀元八一～九六年）の統治下で、すべての〝デスポシニ〟を処刑するという勅命が出されたと記している。捕らえられた者たちの中には、イエスの弟ユダを父とするゾケルとヤコブもいた。さらにヘゲシプスの伝えるところによれば、続くトラヤヌス帝の治世（紀元一一〇年ごろ）でも状況が変わることはなく、〝デスポシニ〟のシメオンは、主の家族に属しているという理由により、磔刑《たっけい》に処せられたという！

（イエズス会で教授職を務め、先年、ローマ教皇庁において、枢機卿アウグスティン・ビアおよび教皇ヨハネス二十三世に仕えた）マラキ・マルティヌス教父は、紀元三一八年、ローマを訪れた〝デスポシニ〟の代表団が、新たに教皇の住まいとなったラテラノ宮殿において、シルヴェステル司教（教皇）に謁見したと語った。彼らは、代表団の主任報道官ヨセを通じて、ローマではなく、エルサレムこそ、教会の中枢を置くにふさわしい場所だと主張した。そしてエルサレムの司教を継承するのは、当然、救い主一族の系譜である〝デスポシニ〟であると要求する一方で、アレクサンドリア、アンティオキア、エフェソスといった他の主要都市の司教たちとも協調してゆくと述べた。この要求が徒労に終わったことは、驚くにあたらない。というのもシルヴェステルは、とてもコンスタンティヌス帝の命令を撤回するような立場にはなかったからだ。かくして代表団には勧告が下された――今日では、イエスの教えはローマ帝国の要望に沿う教義にとって代わられた。救済の力を宿しているのは、もはやイエスではなく、皇帝そのひとである、と！

マグダラのマリア（マグダレン）の旅

初期キリスト教とは明らかに異質の混成体制として、ローマ教会を新設するにあたり、コンスタンティヌス帝の司教たちは、運営にあたっての具体的なルールを導入した。そのひとつが、四世紀に始まった独身主義で、一一三八年に宗規と定められて以来、今日まで存続している。

これは、テモテへの手紙一の三章二～五節で聖パウロが唱えた、司教たる者は、妻子を持つべきであり、自分の家を治める心得があってこそ、教会を預かることができるのだとする所説に真っ向から反するものだった。司教たちは、大筋においてパウロの教えを守る選択をしておきながら、イエス自身の結婚歴が黙殺されることを願って、この明確な指示を排することに決めたのだ。

同時に、紀元三六七年に始まった新約聖書の正典化の過程で、多数の福音書が選から漏れたのも、それらが教会および地域社会における女性の地位を認めていたからだった。その結果、最初に選ばれた何十もの福音書のうち、新生教会から承認を得ることができたのは、四つの福音書（マタイ、マルコ、ルカ、ヨハネ）のみだった。当時、福音書の原本は五十ほど存在していたことが知られていて、そのうちの二十が現存している。なかでも、一九四五年にエジプトのナグ・ハマディで発見された、フィリポ、トマス、マグダラのマリアによる一連の福音書は、広く知られるところだ。

イエスの仲間うちの女性の中で、序列から見て最も傑出していたのは、マグダラのマリアだった。数ある初期のキリスト教文書では、「イエスのすべてを知っていた女性」として描かれている。マグダラのマリアは、「キリストがどの使徒よりも愛情を注いだ」者であり、「ペトロでさえ遠く及ばない知識と、視野と、見識をそなえた」使徒であり、ベタニヤでの聖婚の場で、イエスに油を注いで聖別した最愛の花嫁だった。名門ハスモン一族の血を引くマリアは、“Magdal-eder”――群れの監視塔――と呼ばれ、常に太陽や月や星の光輪に象徴される英知と結びつけられる。知恵の女神ソフィアが、マグダラのマリアに姿を変えて地上に降り立ち、フランスのプロヴァンス地方へ逃れて、イエスの子を産んだと伝えられている。ヨハネの黙示録十二章一～十七節において、聖ヨハネはマリアとその息子について語っていて、迫害を受けたマリアの逃避行や、〝デスポシニ〟の一員である「子孫の残りの者たち」に向けられた、止むことのない追跡の様子を綴っている。

マグダラのマリアの後継者たちが、男性優位で行なわれるローマ教皇の〝使徒継承〟に反対の意を示したという理由に基づき、女性はカトリックの聖職から締め出されることとなった。イエスの母親以外の女性は、取るに足らない地位へと追いやられ、その聖母マリアにしても、(崇敬されたとはいえ) 聖職者としてのいかなる地位も否定されると同時に、一方では処女に祭り上げられたのだ。この戦略によって、イエスの継承者らの勢いは衰え、司教たちは聖ペトロを初代とする作為的な教皇位継承を楯に、教会に対する自分たちの主張を固持することが可能になった。

『マグダラのマリアの生涯』の著者で、マイヤンス (マインツ) およびフルダ大修道院の大司教でもあったラバン・マール (七七六～八五六年) は、初期の時代から伝わるマリア関連の伝承の数々をひとつにまとめた。このマール稿本 (原稿) の写しがオックスフォード大学で発見されたのは一四〇〇年代の始めだが、すでに一一九〇年ごろには、マシュー・パリスの著書『大年代記』に引用されている。また、オックスフォード大学の『バシレイオスによる教会歴史』にも、その名が登場する。あるいは、ドミニコ修道会のラコルデール師による『聖マグダラのマリア』（フランス革命後に刊行）と、ジェノヴァの大司教ヤコブス・デ・ヴォラギネ（一二二八年生）著『聖マグダラのマリア伝説』のふたつからも、得るところが多い。デ・ヴォラギネもマールも、マリアの母ユーカリアとイスラエルのハスモン王家とが縁続きであることを、はっきり述べている。

ヴォラギネのもうひとつの重要な著作『黄金伝説』は、一四八三年にロンドンのウェストミンスターでウィリアム・カクストンによって印刷された、最も初期の書籍のひとつだ。カクストンはアランデル伯爵ウィリアムに説き伏せられて、すでにフランス語およびラテン語で出版されていた同書を、それら欧州版の写本をもとに英語版に翻訳した。これは教会の年代記で、主要な聖人たちの伝記をまとめたものだ。大いなる崇敬を集めたこの本は、中世の修道院や教会で、定期的に公開朗読された。『黄金伝説』には、ガリアを目指したマグダラのマリアが、ラザロ、聖マキシム、マリア・ヤコブらとともに、マルセイユ近郊に上陸した様子を綴った物語も収められている。マグダレン教団が最も盛んになっていったのは、ラングドック地方のレンヌ＝ル＝シャトーだ。フランスではここ以外にも、聖マグダラのマリアを祀った聖堂が数多く建設された。サン・マキシマンにあるマリアの墓もそのひとつで、墳墓と雪花石膏の墓碑の周囲は、カシアヌス派の修道士たちによって護られている。

二〇〇一年十二月、霊知に満ちた聖譚曲《オラトリオ》、（マグダラのマリアの生涯を語り伝える）『カナの婚礼』が、ロンドンの王立オペラハウス、コヴェント・ガーデンで世界初演を迎えた。拙著『聖杯の血統』を下敷きにしたこの作品でわたしは、作詞を担当する栄誉を担い、プラハ交響楽団付きの作曲家ジャズ・コールマンが作曲を担当した。また、オペラハウスで催されたこの演目にあわせて、画家アンドルー・ジョーンズによって特別制作された新作絵画、プロヴァンスの海岸に歴史的到着を果たした、身重のマグダラのマリア像が披露された。『水辺の高貴な婦人』と名付けられたこの見事な絵画は、口絵xiv頁に掲載されている。

気高い工匠

もしイエスが、ユダヤの国に対して犯したとされる罪を償い、罰を受けたとするならば、その一族や継承者らが、その後ローマ帝国の至る所で、追跡され迫害されたのはなぜだろう?

確かにイエスの一族は、特定の社会において極めて強い影響力を持ち、体制側である帝国に大いなる脅威を与える存在だった――しかし、どうもそれだけとは思えない。エルサレムのナザレ派大司教をつとめたイエスの弟ヤコブは、二番目の息子だったので、共同体内では、「ダビデ」と呼ばれたイエスに対し、「ヨセフ」と呼ばれていた。代々、一族の長をつとめた者たちはみな、〝パンの家《ベツレヘム》〟(184頁/第九章「耐火石計画」の項参照)のダビデ(ダビドゥム)として区別された。ヤコブは「ヨセフ」の名を受け継ぎ、(現代の皇太子を殿下と呼ぶのと一緒で)「神聖なる殿下《バ・ラマ・テオ》」と呼ばれた。こうしてヤコブは、ナザレ共同体の呼び名で言えば〝ヨセフ・ハ・ラマ・テオ〟、音訳名〝アリマタヤのヨセフ〟として、広く知られるようになった。

ヨセフは、聖書以外の場でも、金属の工匠として世に聞こえた存在だった――父やベツァルエルやヒラムら、耐火石の伝統を担った者たちとおなじように、「名匠《マスタークラフツマン》」と呼ばれていたのだ。記録はヨセフを〝気高い監督〟と記していて、マグダラのマリア崇拝が南フランスを中心に発展したのに対し、ヨセフ＝ヤコブには、イングランド・グラストンベリーに免税地が授けられた。監督とは鉱区の職長を指しており、その土地を譲与したのは、〝小島の王《ペンドラゴン》〟(pendragon of the Isle) カラクタクスの弟、アルヴィラグス王だった。兄弟の王朝はカムロット家（「湾曲した光」の意——のちに虚構の町キャメロット（アーサー王伝説で、王宮が置かれた町）とのロマンティックな混同が生ずる）と呼ばれた。

ヨセフの娘アンナは、湾曲した光を束ねた虹を紋章に戴くカムロット王家に嫁ぎ、そこからケルト王朝の偉大なる系譜が始まった。いっぽうガリアでは、イエスとマグダラのマリアを開祖とする聖職者の家が、漁夫の王朝《フィッシャー・キングズ》として知られるようになり、やがてフランス王国を築くに至る。その昔、マリアとヨセフが、秘宝中の秘宝である聖杯を携えやってきたといわれていたから、このふたつの王朝を結びつけることで、とりわけロマンティックな物語が紡ぎだされていった。

聖杯には（物理的にも宗教的にも）数多くの姿があるが、どのような形であれ、常に〝王家の血筋〟、すなわちユダ族メシアの“Sangréal”を象徴してきた。聖杯の概念が今日まで理解されないまま来てしまったのは、まさにこの理由に拠っている——というのも、中世期初頭に教会の手で隠蔽されたせいで、その血統の重要性の根本が世に広まらなかったからだ。一般に暗黒時代と呼ばれるこの時期は、はっきりとした史実がほとんどなく、とりわけケルト王国においては、その傾向が顕著だった。これは、年代史を書いた人間がいなかったということではなく、この時期の真正な記録の大多数が、没収され破棄されて、体制下で既得権を握った修道士（聖職者）らの手で、宗教的に偏った改訂版に差し替えられたという意味だ。聖職者たちに与えられた使命は、真実とは関係なく、作為的に編み出された新たな教理を支持し、普及に努めることだった。幸運なことに、一世紀～四世紀に記された、教会設立以前の記録が数多く現存している一方で、後世の勇気ある聖職者たちの中には、公式（当局）の教義に逆らってまで、初期の記録に残る神秘的伝承を守りぬいた者たちもいた。

　グレイル（Grail：聖杯）という言葉は、「最上の神酒」および〝神々の黄金〟と呼ばれた、いにしえのメソポタミアの〝グラ＝アル（Gra-al）〟から派生した（158頁／第八章「精霊たちの世界」の項参照）。古代シュメール王たちの光体（Ka《カー》）が食していたのが〝グラ＝アル〟であり、これにとって代わったのが、エジプト、バビロニア、アッシリアで、高位の耐火石、〝シェム＝アン＝ナ〟、〝mfkzt〟と呼ばれた金の白い粉末だった。

　このことはすなわち、ローマ帝国のみならず、のちのローマ教会にとっても、〝デスポシニ〟による大いなる脅威と映った。歴代皇帝の強大な軍事力と、その後の教皇たちの権威をもってしても、「湾曲した光《カムロット》」の偉大なる秘密には手が届かなかった。そして両者にとっての究極の探求が、〝契約の櫃《はこ》〟の入手にあることは、これまでと何ら変わりなかった。こうしているあいだにも、エレミヤの率いた、いにしえのエルサレム神殿警護団修道会は、エレミヤに導かれ無事にアイルランドへ渡ったタマル（ゼデキヤ王の娘）の血筋を通して、アイルランドおよびスコットランドの王家へと受け継がれていく（196頁／第十章「運命の守護者たち」の項参照）。

やがて、いとこ筋に当たるメロヴィング家がフランスを治めるようになると、ダルリアダ（スコットランド西部）の高貴な王アーサー・マック・エイーダンは、紀元五七四年、聖遺物サングリアル警護の象徴である、円卓の聖杯《サングリアル》修道会を組織した。

七五一年には、教皇ザカリアスがメロヴィング朝の漁夫王《フィッシャー・キングズ》から王位を剝奪《はくだつ》して、自らが選んだ王朝をフランスに打ち立てる。しかしこの王朝にはほとんど力がなかったため、スコットランドのエオカイド四世（アーサー王の弟から数えて六代目）は、八〇七年までに、フランク王国の新皇帝シャルルマーニュと協定を結ぶに至った。そのころには、エルサレムの聖別されたベテルの石（〝運命の石〟）が、神殿の地下建造物《ヴォールト》にあったエレミヤの秘録とともに、スコットランドに持ち込まれてから、すでに長い時が経っていた（おそらく、アイルランド＝スコットランドによる聖コルンバ使節団の管理下にあったと思われる）。ローマ帝国が崩壊し、〝デスポシニ〟であるフランス＝スコットランド同盟が堅固だったことを考えれば、このときこそ、約櫃を持ち出す絶好の機会だったかもしれない。もっとも、当時のエルサレムはイスラム教徒の支配下（しかもかなりの時間が経っていた）にあり、旧神殿の跡地には見事なモスクが建設されていた。こうなってしまっては、到底近づくことなど叶う由もなかった。

第四部

第十五章　ヘルメス哲学のルネッサンス

テンプル騎士団

紀元七〇年、ティトス将軍率いるローマ軍がエルサレムに侵攻し、神殿もろとも都を破壊した。住民は散り散りになり、街はその後六十年以上にわたって廃墟と化す。紀元一三二年には、ハドリアヌス皇帝がエルサレムの再建に乗り出したが、〝神殿の丘〟跡地にユピテル神を祀る新たな神殿を建てようとしたために、ユダヤの民が過激派のシモン・バル＝コフバを立て、一斉に蜂起した。しかしこれは失敗に終わり、生き残ったユダヤ人は、追放されるか奴隷に売られるかした。以後、ユダヤ教を学び信仰することは、極刑に値する罪とみなされ、エルサレムはローマ風に、〝アエリア・カピトリーナ〟と改称された。

五世紀を過ぎ、ローマ帝国が衰亡していくと、エルサレムはビザンティン帝国の支配を受ける。その後ペルシアに侵略され、紀元六三八年には、宗教として確立したばかりのイスラム教の二代目カリフ、ウマル・イブン・アル＝ハッターブの軍勢に征服された。ウマルは神殿跡地に、のちにエルアクサ・モスクと呼ばれるようになるモスクを建設し、続いて、モスク近くにある〝モリヤの丘〟の〝ダビデの岩〟の上に、いまやエルサレム一の名所となった、〝岩のドーム寺院〟を建設した。その後たて続けに起きた地震で双方の建物が損壊し、修復と改築が行なわれた。この間、キリスト教徒は教会――特に四世紀に建てられた〝聖噴墓教会〟で礼拝をすることが認められた。ユダヤの民も、エルサレムに戻ってシナゴーグを建てることが許された。彼らは〝神殿の丘〟と〝モリヤの岩〟をモスクの土台にされてしまったが、イスラム教徒とそこそこ平和に暮らした。ユダヤの民にとっては蹂躙されても仕方のないところだった。しかし、ローマ帝国やビザンティン帝国のキリスト教徒と違って、イスラム教徒は、ユダヤの民を迫害したり虐殺したりすることがなかった。

紀元一〇七七年、ビザンティン帝国のすぐそばまで勢力を伸ばして、皇帝アレクシウス一世の頭痛の種になっていたセルジュク朝トルコが、ついにエルサレムを掌握する。これで歴史の流れは変わった。トルキスタンの多民族で構成されたセルジュク朝トルコは、小アジアに支配を広げる際にイスラム教を採用したのだが、スルタンのマリク・シャーは、イスラム教の最高権力者（ムハンマドの後継者）に臆することなく兵を向け、エルサレムを制圧した。これにイスラム教の権力者たちは慌てふためき、その驚愕は、ユダヤ人やキリスト教徒にも拡がった。結果として西欧の諸侯は、エルサレムを支配下に置こうと結束を固め始めた。

一〇九五年、教皇ウルバヌス二世の命によってヨーロッパの精鋭騎士が集結し、強大な軍隊が編成されて十字軍遠征が開始される。ルピュイ司教アデマールの指揮のもと、ノルマンディ公ロベール、ブロア伯ステファン、ヴェルマンドワ伯ユーグらが先陣をつとめた。フランドル伯ロベール二世が率いるフランドル分遣隊には、ブローニュ伯ユースタスとその弟の、ゴドフロワ・ド・ブイヨンとボードワンが加わった。南フランスからは、トゥールーズ伯レーモン・ド・サンジル率いる軍勢が加わった。

ゴドフロワ・ド・ブイヨンは、フランスの下ロレーヌ公だった。母親である有名な聖イーダから称号を受け継いだ彼は、相続したブイヨンの土地および城を担保に、リエージュの司教から金を借りて十字軍遠征の資金とした。第一回十字軍の戦いが本格化するころには、全軍の指揮を任されるようになり、一〇九九年、ついにセルジュク朝トルコ軍を打ち倒して、エルサレム国王に指名される。しかし結局彼は、国王というもったいぶった称号を好まず、〝聖墳墓の守護者〟という呼称を用いた。

十字軍遠征は、戦場をエジプト、シリア、パレスチナと変えながら、一二九一年まで合計八回行なわれた。その中で、はるばる遠征した甲斐があったのは、ゴドフロワが指揮をした第一回十字軍遠征だけで、それさえ、勝利に酔った十字軍軍勢が、エルサレム市街でイスラム教徒に無差別殺戮《さつりく》を繰り広げ、遠征の大儀を台無しにした。エルサレムは、ユダヤ教徒とキリスト教徒にとって重要なだけでなく、イスラム教徒にとっても、メッカとメディナに次ぐ三番目の聖地になっていた。というわけで、エルサレムをめぐっては今も論争の種がつきることがない。

フランス国王ルイ七世とドイツ皇帝コンラート三世が率いた、エデッサへの第二回十字軍遠征は大失敗に終わる。そして、ゴドフロワの最初の勝利からおよそ百年が過ぎた一一八七年、エルサレムは〝イスラムの英雄〟と謳われたエジプトの宰相サラディンの手に落ちた。これにフランスの尊厳王フィリップ（フィリップ二世）とイングランドの獅子心王リチャードが立ち上がり、第三回十字軍遠征が行なわれたが、聖地を奪回することはできなかった。第四回、第五回十字軍遠征は、トルコのコンスタンティノープルとエジプトのダミエッタが戦いの舞台になる。皇帝フリードリッヒ二世による第六回十字軍遠征では、エルサレムをサラセン軍から奪回することに成功したが、それもつかのま、一二四四年には、サラディンの後継者に奪い返される。その後、フランス国王ルイ九世が第七回、第八回十字軍遠征を行なったが、形勢を逆転するには至らなかった。一二九一年には、パレスチナとシリアは完全にイスラムの支配下となり、十字軍遠征は終わりを迎えた。

この十字軍遠征の時代には、ゴドフロワ・ド・ブイヨンが一〇九九年に創設したシオン修道会をはじめ、聖噴墓守護騎士団、テンプル騎士団など、修道騎士団が数多く誕生した。ゴドフロワ・ド・ブイヨンは一一〇〇年、エルサレムでの勝利のあとほどなく死亡し、エルサレム国王の地位は弟のブローニュ伯ボードワンが継いだ。十八年後の一一一八年、ボードワンが亡くなると、その従兄弟であるブールのボードワン二世が跡を継ぐ。現存する公式の記録によると、テンプル騎士団はこの年、〝ソロモン神殿とキリストの貧しき騎士団〟として設立された。創設者は、清貧と貞節、服従の誓いを立て、聖地を守ることを使命とした九人のフランス人だったという。十字軍時代まっただなかの一一八〇年ごろ、フランク族の歴史家ギョーム・ド・タイヤーは、テンプル騎士団のつとめは巡礼者の道中を警護することだと書き残している。しかし、その責務の重大さを考えれば、一一二七年にヨーロッパに戻るまで、彼らが新しい騎士を迎え入れることなく、わずか九人で、巡礼者の安全を守るというつとめが果たせたとは考えにくい。実際〝キリストの貧しき騎士団〟には、ギヨームが書き残したよりはるかに大勢の騎士がいた。

実は〝キリストの貧しき騎士団〟は、シャンパーニュ伯の従兄弟で、臣下でもあるユーグ・ド・パイヤンによって設立されたとされる年の、数年前にはすでに存在していた。彼らのつとめは巡礼者の旅の安全を守ることではなかった。王室年代記編集者シャルトルのフルクの書にも、騎士団のそういった面はいっさい描かれていない。実は騎士たちは、周りをイスラム教徒に囲まれたゴドフロワの、精鋭外交官だった。一一一四年、シャルトルの大司教は、この騎士団を〝キリストの戦士《ミリス・ド・クリスティ》〟と名づけた。一一一八年には、特別な命を受けた〝聖アンデレの神殿騎士団〟(あるいは〝王家の秘密の守護王子たち〟)が、ボードワン二世の王宮、つまりエルサレムの神殿跡地に建設されたエルアクサ・モスクを宿舎とすることを許された。ボードワンが、ダビデの岩の上に立つ丸天井の王宮(当時はキリスト教の聖堂で、〝主の神殿《テンプル・ドミニ》〟と呼ばれた)に居を移すと、エルアクサ・モスクはそっくりテンプル騎士団に明け渡された。騎士団には悲願があった。それは、モスクの地下を掘り、千七百年以上も昔に、エレミヤとヒルキヤの神殿警護団が隠したとされる秘宝を、キリスト教徒の手に取り戻すことだった。モスクの地下深くはもともと、何層も入り組んだ構造になっていて、そこは聖書の時代に封印されて以来、誰も足を踏み入れたことがなかった。聖ベルナールはここに、契約の櫃《はこ》をはじめ、旧約聖書のエルサレムの財宝が眠っていると考えた。

秘宝探索プロジェクトの責任者にはユーグ・ド・パイヤン、その補佐役にはフランドルの騎士、ゴドフロア・サン・オメルが選ばれた。ブルゴーニュ伯の縁者にあたるアンドレ・ド・モンバールもプロジェクトに加わった。一一二〇年にはアンジュー伯フルク（イングランド、プランタジネット王朝の始祖ジョフロア・プランタジネットの父）が騎士団に加わり、続いて一一二四年には、ド・パイヤンの君主にあたるシャンパーニュ伯ユーグも加わった。テンプル騎士団のパトロンで、保護者でもあったのは、シャンパーニュ伯の親戚にあたるシトー修道会の大修道院長、クレルヴォーの聖ベルナールだった。実際、聖ベルナールが一一一五年にシトー会修道院を建てたクレルヴォーの土地は、シャンパーニュ伯から寄贈されたものだった。一般に信じられているのとは逆に、テンプル騎士団はけっして貧しくはなかった。それに、山賊はびこる巡礼の道を警備する、気高きテンプル騎士の活躍は、どの記録を見ても書かれていない。怪我や病気で倒れた巡礼者の世話をしたのは、〝エルサレム聖ヨハネ救護騎士修道会（ホスピタル騎士団）〟という、テンプル騎士団とは別の組織だった。ホスピタル騎士団の記章には、テンプル騎士団と同じ、縦横が同じ長さの十字架が使われたが、テンプル騎士団が白地に赤の十字架だったのに対し、ホスピタル騎士団は、黒字に銀の十字架と、色使いが異なった。またホスピタル騎士団が、巡礼者のための救護施設をエルサレムに建てたのは、十字軍遠征が始まる前の一〇五〇年ごろのことだった。

テンプル騎士団の神殿地下調査は、一一二七年には終了した。騎士団は契約の櫃《はこ》だけでなく、莫大な量の金塊と秘宝を回収したが、そのほとんどが、紀元前一世紀にローマ帝国の侵略を受けるより前のヒルキヤの時代から、長きにわたってエルサレム神殿の地下深くに眠っていたものだ。ローマ帝国の元老院議員コーネリウス・タキトゥスは『(ローマ帝国の)歴史』に、紀元前六三年に神殿に入った偉大なるポンペイウスが、「神殿に人の気配がなく、至聖所ががらんとしている」ことに驚いたと書き記している。

テンプル騎士団の大偉業の知らせを聞いた聖ベルナールは、来たるべきトロワ公会議に出席するよう、ユーグ・ド・パイヤンに命じた。会議は、ローマ教会の特使であるフランスの枢機卿が、議長をつとめることになっていた。ユーグと騎士の一団は、聖ベルナールの命に応じ、手柄の秘宝を携えて聖都をたった。これによって聖ベルナールは、エルサレムでの使命は完了したと宣言した。ヴァチカン当局が秘宝を没収しようと躍起になることは目に見えていたので、聖ベルナールは次の一文をしたためた。「秘宝の発見は、われわれの援助により可能となった。騎士団はシャンパーニュ伯の護衛のもと、フランスとブルゴーニュを通ってトロワに向かう。その道中、近隣の諸侯あるいは教会権威筋から妨害を受けることがあれば、護衛団はいかなる措置を講じてもよい」。

トロワのシャンパーニュ宮では、会議終了後に開始される古文書解読に向けて、有力なユダヤ教学校のスポンサーになるなど、準備が始まった。一一二八年、トロワ公会議が開かれ、その席でテンプル騎士団は、国境に制限されない〝至高の修道士会〟としての地位が認められた。一方、騎士団のエルサレム本部は、聖都の国務を預かる行政府の役割を持つようになった。聖ベルナールの後ろ盾を得ていた騎士団は、シトー修道会の一組織として正式に発足し、ユーグ・ド・パイヤンが改めて総長に任命された。その後聖ベルナールは、ヴェズレーでフランス王ルイ七世列席のもと、十万人の会衆を前に、第二回十字軍遠征を呼びかける演説を行なった。また、テンプル騎士団の戒律を制定し、騎士たちに「ベタニヤのマリアとマルタの服従」を求めた。機を同じくしてヴェズレーでは、〝聖マグダラのマリアの大聖堂《バシリカ》〟の建設が始まった。

トロワ公会議のあとテンプル騎士団は、ヨーロッパと中東を結ぶ、政治と外交の中枢機関として、またたく間に栄光の高みに駆けのぼった。それからわずか十一年後の一一三九年、シトー修道士でもある教皇インノケンティウス二世はテンプル騎士団を、教皇を除き、世界のいかなる権力者にも従属しない、独立した団体であると宣言した。国王にも枢機卿にも国家にも属さず、騎士団が従うのは教皇ただひとりであるとされ、英国からパレスチナに至る地域に、広大な領土と莫大な財産を持つことが認められた。『アングロサクソン年代記』には、ユーグ・ド・パイヤンがイングランドを訪れた際、国王のヘンリー一世から「丁重にもてなされ、高価な贈り物を賜った」と記録されている。スペイン国王アラゴンのアルフォンソなどは、テンプル騎士団に領土の三分の一を寄贈した。キリスト教国はこぞって、騎士団の前にひれ伏したと言えよう。

テンプル騎士団が途方もない発見をしたという知らせが広まると、騎士たちに畏敬の念を抱かない者はなかった。エルサレムの富だけでもじゅうぶんなところを、騎士団には、はるか遠い国々からも多大な寄付が寄せられた。騎士団に入団を希望する者は、どんな代価もいとわず、このためテンプル騎士団は、ヨーロッパに戻って十年もしないうちに、世界でも例を見ない一大勢力となった。しかし、騎士団そのものは巨万の富を築いたが、ひとりひとりの騎士は、清貧の誓いに縛られていた。俗世での身分がなんであれ、テンプル騎士はみな、財産権の放棄を求められた。それでも、貴族の子弟が引きも切らず、騎士団入団を志願した。テンプル騎士団は、豊富な資金を元手に世界最初の国際銀行網を作り上げ、レヴァントと、事実上ヨーロッパ全土の王侯に対して、金融業務を行なうようになった。

　騎士団の地位が高まると、それに並行して、シトー修道会の勢力も増した。トロワ公会議から二十五年も経つか経たぬかのうちに、大修道院の数を三百以上に増やしたのだ。驚きはそれだけにとどまらない。フランスの民はテンプル騎士団が、発見したばかりの秘密の技術を駆使して、驚くべき建造物を完成するのを目の当たりにした。厳かなゴシックアーチに飾られた、壮大なノートルダム大聖堂が地上高くそびえ立ち、空を背に威容を誇った。今日の建築家にとっても謎が多く、再現不可能と言う者もいるほど、驚異的な建造物だ。〝尖頭アーチ〟は信じられぬほどの高さに達し、〝飛び控え《フライング・バットレス》〟と細いリブ・ヴォールトによって、かつては実現不可能だった、広い空間を作り出している。あらゆるものが上を目指し、何千トンもの石をふんだんに使って装飾をほどこしながら、全体の印象としては不思議なほど軽やかだ。キリスト教世界の栄光を称えるために、石工たちは、はるか遠い昔のヒラムの幾何学と空中浮揚技術を使って、最も精緻で聖なる記念建造物を完成させたのだ。

聖堂は主に〝ソロモンの子どもたち〟――聖ベルナール率いるシトー修道会から、発見されたばかりの神秘の知識を授かった、石工スペシャリストの集団で形成するギルド――が建設した。十九世紀のフランス人ヘルメス学者フルカネリの説明によれば、この時代の聖堂建築をゴシック様式（〝ゴート族美術《アール・ゴティーク》〟、あるいは〝隠語《アルゴー》の作品〟の意）と呼ぶのは、変性錬金術の世界で、〝金羊毛《ゴールデン・フリース》の守護者たち〟と呼ばれる錬金術師が仲間内で使う言葉、すなわちラング・アルゴティークに由来するらしい。聖ベルナールは、ソロモン王の石工《メーソン》たちに伝わる、秘密の幾何学を翻訳した。この石工たちは、フェニキアの名工、ティルスのヒラムの指導のもとで、段階に応じた技術と知識を身につけたが、このことから、ヒラムはフリーメーソンの象徴的人物となり、〝傑出した父〟を意味する〝ヒラム・アビフ〟と呼ばれるようになった。

大聖堂は、地下に深いほら穴か井戸があって地電流が高い場所を選んで、あちこちでほぼ同時期に建設が始められた。とはいえ、完成までに一世紀以上かかったものもある。パリのノートルダムは一一六三年、シャルトルは一一九四年、ランスは一二一一年、アミアンは一二二一年に建設が開始された。この時代にノートルダム大聖堂を建設した地域はほかに、バイユー、アブヴィル、ルーアン、ラン、エヴルー、エタンプがある。ヘルメス哲学の第二原則に「上にあるごとく、下にもある」と謳われているように、これらのノートルダム大聖堂を線でつなぐと、おとめ座の形が浮き上がる。

シャルトル史の権威の中で特筆すべきは、ルイ・シャルパンティエだろう。彼の調査と著作のおかげで、ゴシック建築への理解が深まった。シャルパンティエによると、シャルトルは地電流が最も高く、このため、神聖な雰囲気に包まれた土地として、キリスト教伝来以前のドルイド教の時代から崇められていたという。人々の土地への信仰は篤《あつ》く、したがってシャルトルのノートルダム大聖堂は、国王だろうが司教だろうが、枢機卿だろうが修道会士だろうが、ひとりとしてその墓地に埋葬することを許さない、唯一の寺院となった。もとは大地母神を祀った異教の遺跡で、イエスの時代のはるか以前から、巡礼者の訪れる場所であった。聖堂の祭壇はうまい具合に、〝大地の胎〟の印といわれる聖石《ドルメン》が収められた、〝ドルイドの岩屋〟の上に据えられた。

ゴシック建築最大の謎のひとつが、聖堂の窓に使われたガラスだ。この特殊なガラスは、十二世紀の初頭に初めて世に現われ、百年後には、現われたときと同様、唐突に姿を消した。このようなものが出現したのは、あとにも先にもこの時代だけである。ゴシックガラスは、ほかの製法によるガラスより、透過した光の明度が高いばかりか、その輝きを効果的に高める性質を持つ。たそがれのほの暗い中でも、このガラスはほかのガラスより、はるかに美しい輝きを保つ。本物のゴシックガラスには、有害な紫外線を有益な光に変える独特の作用があるが、この作用は、ヘルメス学的錬金術の産物とされているだけで、製造の奥義までは明かされることがなかった。ゴシックガラスを完成させるために雇われたのは、オマル・ハイヤームの流れを汲むペルシアの哲学的数学者たちで、彼らによれば、ゴシックガラスにはその製造過程で、万物の命の元である宇宙の息吹、すなわち〝世界霊魂《スピリタス・ムンディ》〟が混ぜ込まれるという。ゴシックガラスは高スピン金属で製造されたので、今では世界霊魂が、〝賢者の石〟の白い光であるとわかっている（今日、各地のノートルダム大聖堂の窓に使われているガラスは、ほとんどが本物のゴシックガラスではない。第二次世界大戦による被害のため、ほかの教会のガラスと入れ替えられたり、寄進によって修復されたりしたからだ）。出エジプト記二十四章十節にある、モーセが神の足下に見た、水晶で作れるがごとき敷石と似た描写は、新約聖書ヨハネの黙示録二十一章十八節と二十一節にも見られる。そこには、壮大なエルサレムの都が、次のように描かれている。「都は透き通ったガラスのような純金であった……都の大通りは、透き通ったガラスのような純金であった」。

　本書第八章、「シャル＝オンの段階」の項（154頁）で述べたように、ｍｆｋｚｔの粉、別名〝賢者の石〟の最適重量は、変性前の金属重量の五十六パーセントである。残りの四十四パーセントは、翳《かげ》りのない白い光に変わる。高位の金属（金かＰＧＭ）で作った白い粉を一定の温度で熱すると、たちまちガラスに変性する。ガラスの色と性質は、変性する前の金属の種類によって変わる。この方法で、驚くほど透明なガラスが製造できるだけでなく、白い光（〝世界霊魂〟）となって消えた四十四パーセントを、ガラスの中に再現することができる。そうすれば最適重量は、金属重量の百パーセントに戻る。このことから四十四パーセントは、実際には消失するのではなく、ただ現世を超えて、古代の人に〝シャル＝オンの段階〟（「光の軌道の領域」）として知られた、無重力の次元に移行するのだとわかる。

一九八九年、パリのソルボンヌ大学にある高等研究院の教授、アントワーヌ・フェーヴルは、オランダのグローニンゲンで開かれた錬金術会議で、〝世界霊魂《スピリタス・ムンディ》〟について講演した。その中で彼は〝世界霊魂〟を、ドイツ人のヘルメス学者ヘルマン・フィクトゥルトの一七四九年の著作、『黄金の羊毛《オウレウム・ヴェリユス》』から引用して、〝世界霊魂〟は金羊毛伝説で描かれるように、あらゆる自然現象に存在する宇宙的エネルギー、〝黄金の星気体《アストラル・ゴールド》〟であるとした。

テンプル騎士団は、エルサレムの秘宝ばかりか、古代ヘブライ語文書とアラム語文書をも発見した。これによって騎士団は、教会当局による編集や改変が一切加えられていない、事実のみを記した文書を手に入れたことになる。発見された文書は膨大な量にのぼり、ペルシアとアジアの書物も数知れず含まれていた。イエス・キリストの時代より古い、古代エッセネ派の文書もあれば、アラビアとギリシアの哲学書もあった。これらはやがて、教会から異端のそしりを受けることになる。金属と卑金属に関する写本もあれば、数霊術や幾何学、建築学、音楽についての著作もあった。要するにテンプル騎士団は、先人が書き残した数千年の研究の成果をひとつの知識体系に融合させ、ヨーロッパに戻ったのだった。

以上のことに加え、テンプル騎士団がその後、ラテン十字を拷問の道具だとしてシンボルに用いなかったという事実が、騎士団を、普通のキリスト教徒では得られない見識を持つ集団として、広く世に印象づけることになった。この見識によって騎士団は、処女懐胎とイエスの復活について、教会の解釈は誤っていると確信するにいたる。教会の教義とは相容れないところがあったが、テンプル騎士たちは聖人と崇められ、当時の、シトー修道会出身の教皇とは密接な関係を保っていた。しかし時代とともにテンプル騎士団は、かつては尊敬の的であった知識のために、ほかの修道会出身の教皇や、異端審問の推進役となった情け容赦ないドミニコ修道会士から、迫害されるようになる。

ヴァチカンは、テンプル騎士団がエルサレムから持ち帰ったものが、文書と金塊だけでないことを知っていた。テンプル騎士団の秘宝には、とりわけ偉大で神聖な品が含まれることに感付いていたのだ。この段階ではまだ、それが何かまでは明らかでなかったが、物質的な富をはるかに超えた、驚くべきものであるという情報はつかんでいた。

異端審問

紀元八世紀、フランク王国カロリング朝のピピン短軀王は、ブルゴーニュ領内にユダヤの王国を建て、ダビデ王家の血を引くと認められた者を王にすることに同意した。これは、ナルボンヌからイスラム教ムーア人を一掃する戦いで、ユダヤの民が大いに力を貸したことへの見返りだった。この結果、紀元七六八年、ニームからスペイン国境にいたる地域に、ユダヤの王国セプティマニア（ミディ）が建国され、ナルボンヌがその首都となった。ピピンの息子でその後継者であり、紀元八〇〇年には西ローマ帝国皇帝となったシャルルマーニュは、ユダの君主による統治のもとで、セプティマニアが独立することを快く認めた。バクダッドのカリフもこの決定を支持し、ローマ教皇ステファヌス五世も、しぶしぶながら同意した。こうして、ユダの一族のギレム公がダビデの血を引く真の後継者と認められ、ギレムは七九一年、ジェローヌに有名なユダヤ教アカデミー、サン・ギレム・ル・デセールを設立した。

この王国はその後、完全な独立国としての機能を失ったが、ダビデ王の血筋は、三百年以上にわたり、スペインのミディからブルゴーニュ南部にいたる地域で脈々と続いた。一一四四年、イギリス人修道士、ケンブリッジのティボルドは（ノリッジに住むユダヤの民を、儀式殺人の罪で告発する際）、「スペインに住むユダヤの長老とラビは、〝王の種《たね》〟の居住するナルボンヌに集まり、礼を尽くしてもてなされた」と証言した。一一六六年、年代記編集者トゥデーラのベンジャミンは、ダビデ王の血を引く有力者が、いまだ広大な領土を所有していると記している。すなわち「ナルボンヌはトーラーの支配する古い町である。そこには賢人や権力者、王侯がおり、頂点には名高きトドロス公の息子、カロニモスがいる。カロニモスは家系図が示すとおり、ダビデ王の末裔で、世襲によって受け継いだ財産と、国の支配者から譲り受けた領地を持ち、何人《なんぴと》もこれを取り上げることはできない」。

聖ベルナールとシトー修道会はトロワ公会議のあと、ジェローヌに再建されたユダヤ教アカデミーを大いに活用し、エルサレム写本の翻訳編集作業を行なった。しかし、そこで何が行なわれているか知らされていなかったカトリックの司教たちは、大いに不安をかき立てられる。彼らにわかっていたのは、ジェローヌが長らく、マグダラのマリア信仰の、いわば本山であったということ、そして、テンプル騎士は入団の際、〝ベタニヤの服従〟とマグダラのマリアに誓いを立てるということだった。そのうえノートルダム聖堂はもともと、〝われらが貴婦人《ノートルダム》〟としてのマグダラのマリアに奉献されたものであり、また、ジェローヌの南、ナルボンヌにほど近いレンヌ＝ル＝シャトーの村では、一〇五九年にマグダラのマリアに捧げる教会が建立されていた。そのあたり一帯（マルセイユの西北西でリオン湾に面した地域）は当時、使用されていた独特の言語、オック語にちなんで、ラングドックと呼ばれていた。

　司教たちは、テンプル騎士団の秘宝が何であれ、それはラングドックからフランス南部に至るどこかに隠されていると確信するようになる。そこで一二〇九年、教皇インノケンティウス三世は軍隊を送り込むことを決め、三万の兵から成る教皇軍が、シモン・ド・モンフォールの指揮のもと、ラングドックに下った。教皇軍は、聖地十字軍の赤い十字をもっともらしく掲げていたが、その目的は、聖地十字軍のそれとはまったく異なっていた。彼らが送り込まれたのは、禁欲的な〝カタリ派〟（〝清浄なる者〟）を殲滅《せんめつ》するためであり、教皇とフランス国王フィリップ二世は、このカタリ派が秘宝を隠匿しテンプル騎士団と結託してローマ教会に歯向かうものと見なしていた。

　殺戮は三十五年間続いた。何万人もの命が奪われ、虐殺は、モンセギュールの神学校で二百人以上の捕虜が生きたまま火あぶりにされた一二四四年に、ピークに達する。宗教思想的に見ると、カタリ派の教義は、本質的にはグノーシス主義である。信者はとことん精神性を重んじ、精神は純粋だが物質は汚れていると信じていた。

　ラングドック地方は、八世紀に建国されたユダヤの国セプティマニアと、地理的にほぼ重なっていた。カタリ派の信徒は、テンプル騎士団と同じく、ユダヤ文化とイスラム文化に特に寛容だった。彼らはまた男女の平等を認めていたが、このゆえに、正式には一二三三年に始まったとされる、カトリック教会による異端審問で非難され、激しく弾圧された。信徒たちは、ありとあらゆる瀆神《とくしん》行為と性的逸脱の罪で告発されたが、告発の内容とは裏腹に、引き出された証人はこぞって、カタリ派の教会がいかに愛に満ちているか、信者がいかにゆるぎない信念でキリストに仕えているかを語った。信者は神と聖霊を信じ、〝主の祈り〟を唱え、慈善学校や慈善病院など独自の福祉システムを持つ、模範的社会を形成していた。

実をいえばカタリ派には、当時の社会規範から外れたところがあった。聖職者の資格のない者でも説教ができ、ローマ教会のように、任命された司祭や、ごてごて飾り立てた教会を必要とはしなかったのだ。聖ベルナールはかつてこう言った。「カタリ派の説教ほど、キリストの教えに忠実なものはない。神を信じる彼らの心は純粋である」。それでも教皇軍は、聖戦を旗印にかかげて、カタリ派の共同体を殲滅せんと押し寄せた。

カタリ派掃討令は、神秘主義のカタリ派信者だけでなくその支援者にも及んだ。つまり、ラングドックの住民のほとんどが、討伐の対象になったのである。当時のラングドックは、地理的にはフランスの一部だったが、州として半ば自治が認められていた。トゥールーズ伯を領主とし、政治的には北スペインの国境地域と強い結びつきがあって、文学、哲学、数学に加えて古典語が教えられていた。概してとても豊かな地域で、商業は安定していた。しかし、一二〇九年に教皇軍がピレネーのふもとに押し寄せると、これが一変する。教皇軍による残虐な異端討伐は、ラングドックの中心地アルビの名を取って、〝アルビ派十字軍〟と呼ばれた。少なくとも、後世にはそう伝えられている。しかしこの名前には、それよりずっと深い意味がある。〝アルビ（Albi）〟は実は、女の妖精《エルフ》を意味する古いプロヴァンス語、〝ylbi〟が転じた形で、カタリ派の信者は、マグダラのマリアから生まれた救世主の後継者（〝聖なる血《サングラール》〟、あるいは〝聖杯〟）をアルビ＝ジェンズ（Albi-gens）、すなわち〝エルフの血筋〟と呼んでいた。

　中世に栄えた宗教集団の中で、カタリ派は、カトリック教会にとっていちばん害のない存在だった。それに、カタリ派が古代の特定の知識に精通しているというのは、とりたてて目新しくもない事実だった。なぜなら、ジェローヌのギレム・ド・トゥールーズがこの地にユダヤ教アカデミーを築いて、四世紀以上もの時が経っていたからだ。しかしまさにこのことから（カタリ派が、キリスト教のルーツよりも歴史的な意味のある、たぐいまれな宝を隠しているという思い込みも手伝って）、ローマ教会は、契約の櫃《はこ》とユダヤのあかしの銘板、そしてエルサレム写本が、ラングドックのどこかに隠されているという結論に達した。ローマ教会が、その正体をあらわにするには、これでじゅうぶんだった。なんとしても秘宝を手に入れようとする、狂信的な体制側にとって、解決策はただひとつ。ついに、教皇軍には次のような命令が下った。

「カタリ派を皆殺しにせよ！」。

第十六章　秘匿文書

テンプル騎士団の受難

ラングドックにおけるアルビ派十字軍は一二四四年に幕を閉じたが、その六十二年後、フランス国王フィリップ四世と教皇クレメンス五世が、秘宝欲しさからテンプル騎士団に迫害の手を伸ばし始める。一三〇六年、テンプル騎士団は絶大な勢力を持つようになり、フィリップ四世は不安におののきながら、そのようすをうかがっていた。王は騎士団に多額の借金があり、事実上破産状態にあった。それに、騎士団の政治力と、その秘儀がもたらす力を恐れてもいた。国王の権力など、騎士団の力に比べれば、吹けば飛ぶようなものだということを知っていた。

その時代までテンプル騎士団は、教皇の干渉を受けることなく活動ができたが、フィリップはこれを変えることに成功した。聖職者に課税しようとし、時の教皇ボニファティウス八世からこれを禁止する教勅が発令されると、フランス王は教皇を捕らえて幽閉し、殺害しようとする。その後継者のベネディクトゥス十一世もまた不可解な死を遂げ、一三〇五年には、フィリップの擁立したボルドー大司教ベルトラン・ド・ゴーが教皇となって、クレメンス五世を名乗った。新教皇を支配下においたフィリップは、さっそくテンプル騎士団の告発リストを作り始めた。いちばん手っ取り早くなすりつけられる罪は、異端の罪だった。テンプル騎士団が、カトリックの正当教義である聖母マリアの処女懐胎とキリストの磔刑に、異議を唱えていることはよく知られていたからだ。また彼らが、外交上とビジネス上の必要性から、ユダヤ人やグノーシス主義者、イスラム教徒とつき合いがあることも、よく知られていた。フィリップは、策を弄して教皇の支持をとりつけ、国内の騎士団の告発に踏み切っただけでなく、他国の騎士団も廃絶しようとした（〝異端〔heresy〕〟という語は、正当教義に反する事物を信じ、礼拝することと定義されているが、語源は「選択」を意味するギリシア語〝hairesis〟である。つまり異端の罪をかぶせるというのは、選択権の否定にほかならない）。

一三〇七年十月十三日金曜日、フィリップの寵臣《ちょうしん》たちはテンプル騎士団への復讐心に燃え、フランス全土の騎士たちをいっせいに逮捕した。騎士たちは投獄され、尋問、拷問を受けて火あぶりにされる。国王側に雇われた証人が喚問され、騎士団に不利となる、世にも奇怪な供述が集められた。テンプル騎士たちは、黒魔術や男色、堕胎、瀆神行為、妖術といった、身の毛もよだつ、ありとあらゆる罪で告発された。証人は、金目当ての者も脅されて応じた者も、証言を済ますとふっつりと姿を消した。しかし、これほどの騒動にもかかわらず、王は肝心の目的を果たせずにいた。騎士団の宝を手に入れられなかったのだ。臣下の者たちに、シャンパーニュとラングドックを徹底的に探させたが、そのあいだ、秘宝のほとんどは、騎士団パリ本部の地下金庫室にしまわれていた。

十四世紀のフランスとフランドルでは、たいていの貴族が身内に聖職者（司教ではなくても、一族と縁の深い修道院の院長）をかかえていた。ラ・ブザディエール荘園の司祭もそうした貴族のひとりで、騎士団を告発する教勅が発令される直前、荘園城主のもとには七人の騎士が客人として滞在していた。騎士たちは城主から、今にも異端審問が始まろうとしていると警告を受け、急遽《きゅうきょ》パリに向かって、幹部騎士にフィリップ国王の姦計《かんけい》を報告した。それから、本部の指示を伝えるため、支援部隊を引き連れてサンマロに向かった。七人の騎士とは、ガストン・ド・ラ・ピエール・フィーブとギドン・ド・モンタノール、ジェンティリ・ド・フォリーニョ、アンリ・ド・モンフォール、ルイ・ド・グリモール、ピエール・ヨリック・ド・リヴォー、セイザール・マンヴィーユである。

当時、騎士団の総長はジャック・ド・モレーだった。クレメンス五世がフィリップ国王の傀儡教皇だと知っていたので、ド・モレーは、パリ本部の秘宝を十八隻のガレー船に積み込み、シャラント海岸のラ・ロシュル港から国外に運び出すように手配した。大半の船がスコットランドに向かったが、なかにはポルトガルに向かったものもあった。しかしフィリップはこの動きに気づかず、ヨーロッパ全土の騎士団を追い詰めようと画策した。持ち出せる宝のほとんどを無事に運び出したあとも、ド・モレーとおもだった騎士たちにはやらねばならないことが多く、フランスにとどまった。何も知らない騎士たちに、危険が迫っていることを報せるのが先決だった。警告のメッセージを携えた急使がフランス全土に送られたが、たいていは時すでに遅く、仲間の騎士たちは捕らえられたあとだった。

騎士はイングランドでも逮捕された。が、スコットランドのボーダー地方より北では、教皇の勅書にはなんの効力もなかった。というのも、スコットランド国王ロバート一世（ロバート・ザ・ブルース）とその臣下の諸侯は、以前、カトリック教徒であるイングランド国王、エドワード二世に叛旗を翻したかどで、教皇から破門されていたからだ。エドワード二世は、最初は騎士たちを裏切ることに難色を示したが、フィリップ四世の義理の息子というむずかしい立場にあって、ついには異端審問の規則に従わざるを得なくなった。イングランドでは多くの騎士が捕らえられ、領地と地方支部は没収されたのち、聖ヨハネ騎士団に移譲された。

しかしスコットランドでは、物語は違った展開を見せた。というのも、スコットランドとテンプル騎士団は、はるか昔の一一二八年から、固い絆で結ばれていたからだ。トロワ公会議が終わってまもなく、ユーグ・ド・パイヤンは初めてスコットランド王デイヴィッド一世に拝謁したが、その際クレルヴォーの聖ベルナールは、資産豊かな自分のシトー修道士会に、スコットランドのケルト教会を併合していた。デイヴィッド国王はユーグと騎士たちに、フォース湾沿岸のバラントラドックの地（現在のテンプル村）を領地として与え、騎士団はサウスエスクに最初の支部を設けた。実際、デイヴィッドとその妹は、どちらもゴドフロワ・ド・ブイヨンの血筋を引く、ブローニュのフランドル家と婚姻関係を結び、これによってデイヴィッド王とユーグ・ド・パイヤン、そしてエルサレムの十字軍国王は、直接、血縁で結ばれたのである。

フランスとスコットランドのあいだに言葉の壁がなかったことは、覚えておくべきだろう。

というのも両国は、貿易と軍事上の目的で、数百年前から〝古い同盟《オールド・アライアンス》〟という同盟を結んでいたからだ。これは、正確には〝攻守同盟〟と呼ばれ、紀元八〇七年にフランク王国の皇帝シャルルマーニュと、スコットランド国王エオカイド四世とのあいだで締結された。この同盟のおかげで、のちにフランス王フィリップ四世が死んでカペー王朝が断絶したあと、スコッツガード（ガーダ・エコセズ）は正式にヴァロア朝フランス王室を護衛する近衛隊となり、一四二九年の有名なオルレアンの包囲では、ジャンヌ・ダルクの騎兵隊として、見事な闘いぶりを見せることになる。

フランスのブルターニュから、船隊を組んでやってきた五十人ほどのテンプル騎士は、そのままスコットランドのキンタイア岬に住みついた。一三一三年六月二十四日（総長ジャック・ド・モレーの、ヨーロッパでの処刑は避けられないと覚悟し）、騎士たちは、一三〇七年に改訂されたシトー修道士会の会則を、スコットランド騎士団の会則に採用し、ピエール・ドモンを総長に選任した。キンタイア岬近くのアイレイ島と本島のキルマーチンには、いまだにテンプル騎士の墓が数多く残っている。その中にいくつか見られる特徴的な墓石は、そこに眠る騎士が、ガレー船に乗って逃れてきたフランスのテンプル騎士であることを物語っている。

スコットランド王ロバート・ザ・ブルースと、ローマ教会から破門されたスコットランドの聖職者たちの庇護を受け、騎士団はローマとはまったく無関係な、独自の階級制を持つ教会へと形を変える。テンプル教会には、大修道院長、司祭、司教は存在するが枢機卿はなく、まして教皇は存在しなかった。イングランドとの戦争に備えて騎士たちは、十字軍遠征で身につけた、ヒット・アンド・ラン戦法をスコットランド軍に伝授すべく、訓練を始めた。一方騎士団の黄金は、アイルランドで武器を製造する資金に使われた（アイルランドでは、ロバートの弟エドワード・ブルースが、一三一四年から一三一八年に死去するまで、国王の座に就いていた）。

イングランドのプランタジネット家がスコットランド併合の野望に燃えていたとしたら、テンプル騎士団がやってきたことで、ますます火に油が注がれたことになる。結果として両国は、一三一四年にバノックバーンで激しくぶつかりあった。戦いが起きたのは、テンプル騎士団の総長ジャック・ド・モレーが、フランス国王フィリップ四世の異端審問官に、騎士団の秘密を明かすことを拒んで火刑に処せられた、わずか三カ月後のことだった。

バノックバーンの勝利のあと、テンプル騎士団は王室護衛団としてスコットランドの政治機構に組み入れられ、スコットランド王室近衛隊と、名称も新たに正式に発足する。騎士団は、その後のスチュアート王朝でも重用され、組織を大きくした。広大な土地（特にロジアンとアバディーン周辺）が与えられ、スコットランド西部のエアーやローン、アーガイルにも領地を持つに至った。

一三一七年、テンプル騎士団の運営方針は大きく変化した。バノックバーンで多くの騎士が斃《たお》れ、軍の規模が縮小したので、スコットランド人を騎士団に迎え入れるのが賢明と判断されたのだ。スコットランド国王が騎士団の〝至高の総長〟に就き、この肩書きは代々、国王に受け継がれることになる。以来、騎士団の最高職に就いた者は誰であれ、サンジェルマン公（あるいはサンジェルマン伯）と呼ばれるようになった。名義上の総長職という前例のないこの肩書きを得て、ブルース国王は騎士団を再編し、薔薇十字同胞修道士会と名づけた。その後数名の薔薇十字騎士がフランスにわたり、アヴィニョンで教皇ヨハネス二十二世に謁見《えっけん》した。

テンプル騎士団にとって、教皇と手を結ぶことは叶わざる夢だったが、薔薇十字同胞修道士会は、一見したところテンプル騎士団とつながりがないように見えた。それに、全世界の騎士修道士会を束《たば》ねているのは教皇だったので、新たな修道士会もその輪に入るためには、教皇に謁見する必要があった。修道士会使節団上級代表として、ガストン・ド・ラ・ピエール・フィーブが教皇に目通りし、教皇ヨハネスは、自分の甥のジャック・ド・ヴィアーを実質上の総長にするという条件で、勅許状《ちょっきょ》を発行することに同意した。しかし一三一七年五月六日にド・ヴィアーが死亡し、総長席は空席になった。そこで騎士団は、ちょうどスコットランドにいたギドン・ド・モンタノールを総長に任命し、教皇から、薔薇十字同胞修道士会をローマ教会に併合するという許可状を手に入れて帰国、これを国王ブルースへの土産にした。

結局のところ、スコットランドに対する破門の教皇令は、いつのまにか有名無実になっていた。そして一三二三年、教皇ヨハネス二十二世がロバート・ザ・ブルースをスコットランド国王に認めて、破門は正式に解かれる。この破門解除の史実を根拠に、歴史家の多くは、ロバートが、スコットランドのテンプル騎士団を解散させたに違いないと見ているが、事実はそうでない。ロバートは一計を案じ、秘密の騎士団をさらに秘密のヴェールの奥に隠しただけだ。つまり、薔薇十字団をみずから設立することで、ロバートはバノックバーンの戦いで貢献したテンプル騎士団に、非常に巧みな隠れ蓑を提供したのである。

スコットランド国内の銀行網は、テンプル騎士団の影響が大きかったこの時代に、ヨーロッパと中東で騎士団が培った経験を生かして、大きく発展した。スコットランドは金の埋蔵量が豊富で、騎士団はこの資源をためらうことなく活用した。イングランドのプランタジネット王朝が、躍起になってスコットランドを併合しようとしたのは、ひとつにはこの豊かな地下資源を手に入れるためだった。パリで開かれた、スコットランド国王ジェームズ五世（一五一三年〜四二年）とマドレーヌ・ド・フランスの結婚の祝宴では、三百名以上の招待客ひとりひとりに、スコットランドの黄金で満たしたゴブレットが贈られた。スコットランド王家の王冠（まばゆいばかりの宝石とテイ川で採れた真珠が散りばめられている）もやはり、スコットランドの黄金で作られている。英国の全国紙でも取り上げられたばかりだが、スコットランドのパース州には、現在も操業中の金鉱がふたつある。

第三位階《ザ・サード・ディグリー》

中世フランスには、〝ソロモンの子どもたち〟のほかに、〝スービーズ神父の子どもたち〟、および〝ジャック親方の子どもたち〟という石工の同業者組合があった。十四世紀になってテンプル騎士団への異端審問が尖鋭化すると、これらのギルドも騎士団と同様に、存亡の危機に立たされた。ギルドのメンバーは、ヘルメス学を修得した熟練石工職人であり、神の幾何学の仕組みについて、それぞれの位階に応じた特権的情報を頭に叩き込まれていた。現代の思弁的フリーメーソンの主流派と同じく、当時のギルドにも、徒弟と職人と親方の三位階があった。テンプル騎士団に対して激しい異端審問が行なわれて以後、脅迫と尋問によって機密情報を引き出すことを〝第三位階《ザ・サード・ディグリー》〟（拷問）と呼ぶようになったのはこのためである。

現代のフリーメーソンの原型は、ヨーロッパ中世のギルドにあるといわれているが、実は古代の〝名匠たち《マスタークラフツメン》〟の時代にまでさかのぼる、長い歴史を持つ。ニューヨーク、セントラルパークに建つエジプトのオベリスクは、ファラオ、トトメス三世（紀元前一四六八年〜一四三六年）の時代に建造されたが、そこにはメーソンのシンボルと同じものが彫刻されている。トトメス三世はモーセの高祖父にあたり、神秘の知識を後世に残すために、学者と哲学者を集めて大きなソサエティーを創った。その思想を受け継いだエジプトのテラペウタイ派は、ユダヤの地において禁欲的なクムラン教団となり、〝サマリヤのマギ〟もここに加わった。アクエンアテンすなわちモーセは、シナイに幕屋を建てたとき、エジプトの風習にしたがって、神殿祭儀の概念のすべてを忠実に継承しようとした。このあとエジプト由来の神殿祭儀が伝統となって、カナンの地に持ち込まれた。これより前の時代、カナンと古代ヘブライの人々は、ノアとアブラハムがしたように（創世記八章二十節、二十二章九節）、野外にころがるなんの変哲もない石を、神に祈りと犠牲を捧げる祭壇としていた。

太陽神殿から運ばれてきた二本目のオベリスク、通称〝クレオパトラの針〟（エジプト女王クレオパトラ七世にちなんだ名であるが、実際に建立されたのは女王の時代より千年以上も昔である）は、ロンドン・テムズ川のエンバンクメントに建っている。高さは二十・八八メートル、重さは百八十六トンにもなる。花崗岩でできたこれら二本のオベリスクは、もともとエジプト、ヘリオポリス神殿の入り口に建てられていたが、紀元前十二世紀にアレクサンドリアに移され、その後、一本は一八七八年にロンドンへ、一本は一八八一年にニューヨークへ運ばれた。一九二六年、フランス人錬金術師フルカネリの弟子ユージェーヌ・カンスリエが、師匠の遺した原稿を清書し『大聖堂の秘密』という本にまとめて出版した。カンスリエはこの初版への序文の中で、わざわざ〝ヘリオポリスの友愛組合〟の名を引き合いに出している。

神殿の入り口に、建物とは別に独立した柱を建立するエジプトの慣例にならい、フェニキアの建築家ヒラムは、エルサレムのソロモン神殿の正面入り口にも、同じ手法を取り入れた。柱のてっぺんが丸いデザインは、ティルスの女神崇拝に用いられるものに似ており、また、カナンの女神アシュトレトに捧げられた、豊穣のシンボルともそっくりだ。エルサレム神殿の青銅製の柱はヤキンとボアズと呼ばれ（旧約聖書列王記上七章二十一節、歴代誌下三章十七節）、フリーメーソンのメンバーたちは、これらの柱が、巻物状のメーソン憲章を容れるため、空洞に造られていたと考えている。さらに旧約聖書の記者たちは、エルサレム神殿は〝契約の櫃《はこ》〟を納める目的で設計され、エホバに捧げられたと考えていたが、その構造は、唯一神の男性原理に縛られているわけではない。神殿はおもに、旧来の風習に調和するように建設され、神聖幾何学の男性エネルギーと女性エネルギーの双方が組み入れられていた。

フリーメーソンの伝説によると、エルサレムの神殿は完成までに七年かかった。ヒラムは神殿完成の間際に殺され、雑に埋められたが、その死は、親方メーソンの奥義を位階の低い職人たちに明かさなかったためといわれている。今日、ヒラム・アビフ殺しは象徴化され、フリーメーソン第三位階参入儀式のハイライトとなっている。参入希望者は打ち倒されたのち、〝ライオンの握手〟という独特の握手法と特別な身振りで、墓場の闇からよみがえる。現代のフリーメーソンは実践的でなく思弁的であるが、ヒラムの時代でさえ、ヒラムが属していた〝ディオニュシオスの工匠たち〟という同業者組合には、独自のロッジとシンボル、合言葉があった。こうしたシンボルのひとつに〝石切り機〟があり、これは後期ピタゴラス学派とエッセネ派の紋章として使われた。この図案はまた、ローマのカタコンベに残る、虐殺された幼児の墓に描かれた、石工同業者組合の参入儀式の絵にも見られる。

無実の炎

ちょうどこの章の資料集めに追われていたころ、ローマの雑誌《エラ》の編集者、アドリアーノ・フォルジョーネから電話が入った。「ヴァチカンで、すばらしい文書が発見されたことを御存知ですか?」フォルジョーネの興奮した声が耳に響いた。白状すると、わたしは何も知らなかったが、ほどなく《エラ》は六ページにわたる写真つきの記事を掲載した。これを受けて英国の一流日刊紙《ザ・タイムズ》も、「ヴァチカン資料によれば、虐殺されたテンプル騎士たちは、死の前に教皇から異端の罪を許されていた」という見出しで、長い特集記事を掲載した。

十字軍遠征によって数多くのイスラム教徒の血が流れたことに、教皇が謝罪をするこの御時世に、《ザ・タイムズ》のローマ特派員は、十四世紀の異端審問で大勢のテンプル騎士の命が奪われたことにも、教皇は謝罪すべきだとしている。これまでクレメンス五世は、フランス国王フィリップ四世の傀儡教皇として裏で国王と手を結び、テンプル騎士団の失墜と騎士団総長ジャック・ド・モレーの処刑に力を貸したとされてきたが、実際は、フィリップ四世が腹心の部下を放って騎士の大虐殺にとりかかる前に、騎士団の異端の罪を解いていたことがはっきりした。

この新事実を発表したのは、ヴァチカン古文書学協会研究員のバーバラ・フレイル博士で、博士は二〇〇一年九月十三日、クレメンス五世の署名が入った見たこともない巻物が、ヴァチカン秘蔵古文書館にひそかに保管されているのを発見した。その後シノン文書と名づけられたこの資料には、一三〇八年、ロアールのシノン城で教皇特使たちがド・モレーとパリ本部の幹部騎士に行なった尋問のようすが描かれている。フィリップ四世の告発の正当性を問う調査がなされたあと、教皇クレメンス五世はこう結論づけた。「教会はここに、テンプル騎士団の無実を認めたことを宣言する。騎士達はキリストのしもべに戻り、秘蹟を授かるであろう」。

さらに次の文章を読めば、クレメンス五世がフィリップ国王を厳しく非難していたことがわかる。「わが不在のあいだ、国王たるそなたは、テンプル騎士団とその財宝に心を向けた。それして浅はかにも、騎士たちを監禁して未だに解放しようとせず、わが心を苦しめている。それどころかそなたは、とらわれの騎士たちに肉体的な苦痛を与えるという暴挙に及んでいると聞く」。国王へのこの抗議は、一三〇八年七月五日、勅書〝スビト・アシデュー〟として正式に文書化された。その中でクレメンスは、騎士の逮捕を教皇に報せなかったフランス人異端審問官、パリのウイリアムの怠慢を責めている。

テンプル騎士たちには不幸なことに、教皇の抗議はことごとく国王に無視された。フランスのアヴィニョンに新しく教皇庁を置いたクレメンスは、勅令に従うよう国王に強制できる立場になく、ローマにいる枢機卿たちも、フランスの専制君主に対しては、教皇同様に無力だった。そこでクレメンス五世は、しばらく機会をうかがったのち、一三一二年のヴィエンヌ公会議で、テンプル騎士団を正式に廃止するという新たな作戦に出た。これによって、とらわれのド・モレーとほかの騎士たちの身柄を、国王の手中から教皇庁内の、居心地のいい宮廷に移し、軟禁することができるはずだった。そうなれば騎士たちは、教皇の庇護のもとで裁判が受けられ、うまくいけば刑の執行も猶予できるかもしれない。しかし、教皇のこの努力も徒労に終わった。騎士団の処遇をめぐる論争は長引き、やがてクレメンス五世は、病から死の床につく。この機会を、フィリップ国王が逃がすはずはなかった。お伺いを立てなければならない教皇はなく、国王はド・モレーと幹部騎士たちをセーヌ川の小さな中洲に引き出した。そして一三一四年三月十八日、ド・モレーたちは裁判を受けることなく、ついに火刑に処せられる。クレメンス五世はそのひと月後の四月二十日、ロックモールで死去し、その後すぐ、フィリップ国王も死亡した。教皇職はその後、一三一六年にヨハネス二十二世が選出されるまでの二年間、空席が続いた。

このたびのシノン文書の発見で、興味深いことがわかった。ヴァチカン政府内部では、文書は紛失したと思われていたものの、その存在は秘密ではなかったのだ。教皇クレメンス五世が正義を求めて奮闘したことは文書から明らかだったにもかかわらず、それは九百年間にわたって秘密にされ続けた。文書発見のあと、カトリック教会の日刊紙《ラ・ヴェニーレ》のインタビューを受けたヴァチカン当局スポークスマンは、われわれの知る範囲では、十九世紀初頭のナポレオンの時代から、文書は紛失していた、と答えた。

文書は本物で、内容についても間違いがないことに疑問の余地はないのだが、騎士団を赦すという寛大な文面の陰には、胡散臭《うさんくさ》さが透けて見える。実際、クレメンスとフィリップが共謀して、〝アメとムチ〟戦術をとっていたと思われるふしがいくつもある。教勅は長々と美辞麗句を連ねているが、フィリップ国王と異端審問官を別にするとそれは、とらわれの身のド・モレーとテンプル騎士たちに向けて書かれたものだ。おそらくクレメンスと枢機卿たちには、フィリップ国王を教皇令に従わせる力はなかっただろうが、ほかの君主は教皇にもっと従順だったと考えるのが道理だろう。たとえばポルトガルとスペインの国王は、騎士団の異端の罪を赦免する教皇の決断を、間違いなく歓迎しただろうし、イングランドのエドワード二世は、義理の父親である独裁的なフランス国王に対峙する、正当な理由ができてほっとしたに違いない。ところがフランスを一歩出ると、当時、シノン文書の存在をヨーロッパ諸侯が知っていたという記録はない。

むしろクレメンスとフィリップは、同じものを狙って両極端の役を演じていたと見るほうがよい。フィリップが自白を引き出すために騎士団を追い詰め、痛めつける一方で、クレメンス五世は味方のふりをして、信頼をかちとるための芝居をしていたにすぎない。つまるところ両者が、まったく同じものを追い求めていたことは秘密でも何でもない。両者はテンプル騎士団の秘宝のありかと、一一二七年にエルサレムから帰還した騎士団をヨーロッパ全土の畏敬の的にしたあの驚異の品、契約の櫃《はこ》を手に入れる方法を、なんとしても知りたかったのだ。

第十七章　よみがえる不死鳥

神殿の丘の下で

約櫃《やくひつ》が、ヨシヤ王の時代（紀元前五九七年）に隠されたことには疑いの余地がない（196頁／第十章「運命の守護者たち」の項参照）。旧約聖書には、約櫃がソロモン王の時代から十五世代にわたって（三百七十五年間）エルサレム神殿に安置され、その後、秘密の場所に移されたと繰り返し記されている。また、同様の言及は聖書以外にも見られる。紀元前一〇〇年ごろに書かれた、クムラン死海文書の『ダマスコ文書』にも、約櫃が秘匿された旨が明記されている。

バビロニア王ネブカドネツァルに奪われないように隠される前は、約櫃がエルサレム神殿の至聖所《サンクトゥム・サンクトゥラム》に置かれていたことも、疑いの余地がない。神殿のどこに安置されていたかは、至聖所の床の、聖書の記述とぴったり一致するところにいまだに残るくぼみ――入り口に向かって、およそ百三十五センチ×七十九センチのくぼみ――から、具体的にわかっている。列王記上八章二十一節のソロモン王の言葉にあるように、「またわたしは、そこに主との契約を納めた箱のために、場所を設けた」というわけだ。

床に残る長方形の安置場所跡から、さらに興味深いことがわかった。普通、約櫃の置き方としては、長い側面を入り口に向けることを想像するが、実際には短い側面を入り口に向けて置かれていたのだ。至聖所は広さが約十メートル四方しかないのに対し、タルムードに記された約櫃の担ぎ棒の長さはほぼ五メートルあり、このことからいったん約櫃を至聖所に安置すると、担ぎ棒を引き抜くための、玄関広間のようなスペースが必要だったと思われる。

第一神殿がソロモン王の設計による最初の正方形の基礎の上に、次いで第二神殿が、預言者ネヘミヤの指揮のもと、ゼルバベルの敷設した建てかえ用建築物の基礎の上に建設された経緯についても、疑念をはさむ余地はない。その後、砦としての機能を持たせるために、紀元前一八六年、セレウコス朝シリアの王たちが基礎を拡張し、紀元前一四一年にはハスモン家が、紀元前三七年から三四年にはヘロデ大王が拡張を行なったことも、はっきり確認されている。

今は〝ハラム・アッシャリーフ〟(聖なる禁域)と呼ばれるこの旧市街地は、ソロモンの時代からヘロデの時代までめざましい勢いで拡張され、古代建築の基礎としては、最大のスケールを誇るに至った。アテネのアクロポリスが、広さおよそ三万平方メートルなのに比べ、最終的にヘロデが建てた神殿は、およそ十四万四千平方メートルに及んだ。外壁の厚みはおよそ四・九メートル、使われた石は、ひとつの重さが八十トンにも達するものが多かった。じかに神殿を目にしたユダヤの歴史家フラウィウス・ヨセフスは、その威容に打たれて、〝唖然とするような〟、〝巨大な〟、〝驚嘆すべき〟といった言葉で表現した。ローマの元老院議員タキトゥ

エルサレム神殿の下にある地下室

スは著書『歴史』に、涸れることのない泉から構内へ水が引かれ、いざという時のために雨水を貯めるタンクも設置されていたと記している。ミシュナ（紀元二〇〇年ごろに書かれた、ラビによる最も古い律法の法典）のミドラス聖典注釈書には、地下貯水池から水を引くための大きな水車があると記されていることも、付け加えておこう。

一八六〇年代、パレスチナ調査財団の援助を受け、英国人の探検家チャールズ・ウォレン卿が、〝神殿の丘〟の地下を徹底的に発掘した。その際撮影された写真（現在は財団の所有となっている）から多くのことが明らかになった。ウォレン卿の探検隊は、正方形に築かれた最初の基礎の壁と、拡張後の壁の位置を確かめるために、まず、岩盤まで立て坑を数本掘り、それらを水平のトンネルでつないだ。これが完成したのち、探検隊は石灰岩の基礎をさらに深く掘り進み、そこに驚くべきもの、くねくねと続く回廊と通路でできた地下迷路を発見した。迷路は広々とした貯蔵室や、たくみに造られた小部屋と地下貯水池から成る人工の〝不思議の国〟につながっていた。運のいいことにこの不思議の国は、白黒写真が残されているだけでなく、その数年前にクリミア戦争の絵で一躍有名になった、ヴィクトリア朝の芸術家ウィリアム・シンプソンによる彩色写真も残されている（シンプソンは、《ロンドン・イラストレイティッド・ニュース》に依頼され、ウォレン探検隊の成果を記録するためにエルサレムに派遣されていた）。

ソロモン王が建てた最初の神殿の、正方形をした最初の基礎は、この、パレスチナ調査財団による発掘調査中に発見された。擁壁の下部はまだ無傷で、そこに使われた石工の技術は、第二神殿、およびその後の建築物の技術とは、明らかに異なっていた。この時期に発掘調査が行なわれたのは、実に幸運だったといえる。なぜなら、その後間もない一八九四年に、英国の陸軍工兵隊が地図作製のために測量を行なったのを別にすれば、こうした調査は二度と行なわれなかったからだ。それ以来神殿の地下は、イスラム教徒を政治的、宗教的に刺激してはいけないという理由から、立ち入ることができなくなった。一八九四年の測量は、地下通路でテンプル騎士団の十字架と折れた剣、その他、騎士団ゆかりの品を発見するという成果を残した。

ロイヤル・アーチ

フリーメーソン組織の源流が、古代エジプトとバビロニアにまでさかのぼることは多くの認めるところだが、現代フリーメーソン団の教義が、エルサレムのソロモン神殿と分かちがたく結びついていることは注目に値する。これは儀礼にも、儀式問答の中にも、特徴として現われている。たとえば、

問「最初のロッジはどこにあったか?」
答「ソロモン神殿の柱廊玄関に」

あるいは、

問「ロッジは、神殿のどの部分に置かれたか?」
答「神殿の西端、二本の柱が建つソロモンの柱廊玄関に」

といったぐあいだ。

フリーメーソン第三位階(313頁/第十六章「第三位階《ザ・サード・ディグリー》」の項参照)の中心テーマは、ソロモン王の石工頭領ヒラム・アビフである。第三位階の参入儀礼によると、ヒラムは〝名匠《マスターク》たち《ラフツメン》〟の秘密を明かさなかったために、ユベラ、ユベロ、ユベラムという三人の、位階の低い石工に殺された。個々の儀礼によって細かな点は異なるが、要するに、ひとりが二十四インチ罫引き(あるいは鉛錘定規)で、別のひとりが直角定規(あるいは水準器)で、残るひとりが

大槌でヒラムを殴ったとされる。三人は〝モリヤの丘〟のてっぺんに浅い穴を掘ってヒラムの遺体を埋め、その墓にアカシアの小枝を刺した。遺体が見つかったとき、ソロモンは数名の石工職人（第二位階）に、遺体を掘り出すように命じた。しかしヒラムの遺体は、徒弟の握手（フリーメーソン第一位階の握手法）でも、職人の握手（第二位階の握手法）でも、手をつかむだけでは引き上げられなかった。手首をしっかり握り、力がじゅうぶんにかかるよう、てこの原理で支点（〝友愛の五箇所〟）を作って、やっと引き上げることができた。このあと遺体は、至聖所のそばに丁重に埋葬され、墓にはヒラムにふさわしい墓碑銘が捧げられた。

　この儀礼のシナリオの中で特におもしろいのは、ヒラムの遺体を掘り出す際、職人たちがレビ人約櫃守護者と同じく、エプロン（エフォド）を身につけるようソロモンに命じられたというくだりだ。また職人たちは手袋をはめなければならず、そのうえ金属製品は、身につけているものもポケットの中のものもすべて、はずさなければならなかった。これは今日でも儀礼の中で、密儀参入者《イニシエイツ》が硬貨を出し、金属製品をすべてはずすという形で繰り返される。最近では、これは人間の弱さを象徴する仕草とされているが、ソロモンに命じられて遺体を掘り出した職人には、わざわざそうする理由はなかったはずだ。つまりこの伝統はもともと、おそらく何かもっと科学的な根拠があって生まれたものと思われる。

　一七〇〇年代に秘儀的な伝承から誕生したロイヤル・アーチ・メーソンは、おおむね第三位階《ザ・サード・ディグリー》の分派として活動している。一般に現代の〝思弁的〟フリーメーソンは、過去の〝実践的〟メーソンから発展したと考えられており、ヒラムの儀礼がその例にあてはまるかどうかは別として、ロイヤル・アーチ・メーソンも、この儀礼と結び付けられてきた。だがルーツはかなり異なるようだ。ロイヤル・アーチの教義と象徴には、むしろ薔薇十字団の形而上学に近い、錬金術的な面が顕著に見られる。第三位階との大きな違いのひとつは、ロイヤル・アーチが、親方の遺体を穢《けが》れた墓から掘り出すエピソードではなく、地下聖堂伝説というきわめて特異なテーマを扱っていることだ。これは、部分的には旧約聖書の教えが起源となっているが、それと並行して、もっと後世の、ヨーロッパのテンプル騎士団の影響も感じとれる。また、十字軍時代にエルサレムで秘密の地下構造物《ヴォールト》を発見した騎士たちにまつわる、スコットランド系メーソンの伝統的要素も併せ持つ。ついでながら、ロイヤル・アーチの儀礼では、てっぺんの石がはずれたアーチの絵で示される、〝かなめ石〟の重要性にも触れている（十八世紀にロイヤル・アーチ・メーソンの事務局長をつとめた、ローレンス・ダーモットによる作品／口絵XV頁参照のこと）。

イングランド・グランドロッジの幹部は最初、すでに出来上がっていたメーソン組織にロイヤル・アーチ・メーソンを組み入れることに反対していた。しかし、フリーメーソンの起源を古代の石工組合に求める者たちが、ロイヤル・アーチ・メーソン組み入れを強く主張し、これがいわゆる〝古代派〟と〝近代派〟の論争へと発展する。結局は近代派が、儀礼にいくつか修正を加えるという条件で折れ、ロイヤル・アーチ儀礼は、第三（親方メーソン）位階が分化したものとしてメーソン組織に組み入れられた。

イングランドでのフリーメーソンの誕生は、十七世紀半ばまで待たねばならない。しかしスコットランドではすでに一五四一年に、アバディーン・ロッジの名が記録に残されている。実際、〝厳正遵守の儀礼〟によれば、アバディーンではフランスの実践的ギルドから生まれた思弁的メーソンが、早くも一三六一年に存在していた。また、スターリングのロッジでは、早くも一五九〇年に、メーソンの支部があったといわれている。この時代には、薔薇十字やテンプル騎士、ロイヤル・アーチを含む、さまざまな上位位階が活動をしていた。

当時、スコティッシュ・テンプル騎士団は、デイヴィッド・シートン（ジョージ・シートン卿と、その妹メアリ・シートン——メアリ・スチュアートが一五四八年にフランスに渡ったときにも、一五六一年に女王としてスコットランドに戻ったときにも付き従った、かの有名な「四人のメアリ」のひとり——の親戚にあたる）が率いていた。シートンは、スチュアート修道士会を再編して〝聖アントニウスのテンプル騎士団〟とし、一五九〇年には、病院を建てる条件で、ジェームズ六世より土地の払い下げを受けた。一五九三年には、修道院とそれに付属する病院を建てるよう、さらにリースの土地が払い下げられ、一六一四年に設立された病院はのちにキング・ジェームズ病院となり、王家の紋章を戴くことが正式に許された。

記録によれば、イングランド・フリーメーソンの最初の入会式は一六四一年に行なわれた。さまざまな儀礼はチャールズ一世の時代に様式化されたが、形式ばらない友愛会的組織は、これより先の時代に、チャールズの父であるスコットランド国王ジェームズ六世（イングランド国王ジェームズ一世）が、ボーダー地方南部に設立していた。

イングランド初のフリーメーソン会員として特筆すべきは、スコットランドの政治家ロバート・モレー卿である。モレー卿は、フランスのリシュリュー枢機卿のロンドン大使であり、イングランドの王室と政府内の各派閥に、絶大な影響力を持っていた。続いて、ヘルメス学者のエリアス・アシュモール（オックスフォード大学アシュモール博物館の創設者）と、チャールズ二世の時代にロンドンのグレシャム・カレッジ学長をつとめた、ブランカー子爵ウィリアムが入会した。三人は、ヘルメス学錬金術と神聖科学という共通の興味で結ばれ、一六六〇年、ロバート・ボイルやウィリアム・ペティ、クリストファー・レンといった薔薇十字団の覚知者《アデプト》らとともに、ロンドン王立協会を設立した。一六六二年、王立協会はパトロンのチャールズ二世から認可を得て、協会の標語を〝ヌリス・イン・ヴェルバ〟と定める。大まかに訳せば「誰の言葉も信じるな」となるこの標語は、以前は薔薇十字団の哲学者フランシス・ベーコンが用いた標語だった。実際、一六六七年に発表された王立協会創立記念の木版図には、チャールズ国王の胸像が、ブランカー子爵と、すでに亡くなって久しいフランシス・ベーコン卿の姿とともに描かれている。また、図版中央に描かれた天使は、一六一四年に出版された『薔薇十字団のマニフェスト』の『薔薇十字友愛団の名声』に出てくる〝名声の天使〟である。

新生哲学

王立協会の錬金術と黄金への関心が高まったのは、ケンブリッジのプラトン学派ヘンリー・モアとその弟子、ラグリー・ホールのコンウェイ子爵夫人アンナの影響によるところが大きい。アンナは、ハートリブ・サークルと呼ばれる知識人グループの育ての親で、このサークルには、ロバート・ボイルと医師のウイリアム・ペティが属していた。ボイルらは、中世錬金術と聞いて通常思い浮かべるイメージ（卑金属から黄金を製造すること）は、錬金術の宣伝者《プロパガンディスト》と、覚知者《アデプト》になりそこなった錬金術師が、門外漢に植えつけた錯覚であると認識していた。彼らは錬金術が、古代の冶金術をルーツにした、実用性と霊性を兼ね備えた技術であると同時に、（鉛に象徴される）俗世の人間が到達できる、悟りの境地（黄金の状態）をも意味することを知っていた。

すべてのかなめはグレシャム・カレッジにあった。このカレッジは、その設立提唱者であり資金提供者であったトーマス・グレシャム卿を記念して、一五九七年に（ロンドン・チープサイド、現在ナットウエスト・タワーが建つ場所に）創設された。アントワープ金融市場でチューダー王朝財政管理代理人をつとめたグレシャムは、薔薇十字団の支部長であり、薔薇十字団の紋章学研究者ロングリートのジョン・ザイン卿とは義理の兄弟だった。ザイン卿の『ホモ・アニマル・ソシアーレ』は、考古学上の発見が相次ぐ時代のずっと前に書かれた、エジプトの象形文字とドルイドの碑文についての長い論文である。

王党派と議会派による内戦のあと、一六四九年から十一年間続いたイングランド共和国およびクロムウェル父子の護民官政治時代には、チューダー朝時代に書かれた錬金術書が入手しづらくなっていた。議会派円頂党の没収を免れた著作も、人目につかないところに隠されたからだ。しかし一六六〇年の王政復古で、スチュアート朝チャールズ二世が即位すると、密儀参入者《イニシエイト》のための新たな啓蒙活動が始まった。堅苦しい文体で書かれていたが、新しい教えによれば、賢者の石は黄金の製造とは何の関係もなかった。なぜなら、賢者の石はそれ自体が黄金でできており、ニコラ・フラメルやエイレナエウス・フィラレテスが記したように（25頁／第一章「究極の目的」の項、および158頁／第八章「精霊たちの世界」の項参照）、不思議な〝黄金の粉〟以外の何ものでもなかったからだ。

ひらめき鋭いこれら科学のパイオニアが打ち立てた新生学問は、まさに不死鳥《フェニックス》のごとく灰の中から舞い上がり、西洋史に比類なき、発見の時代が築かれた。特に、伝統的に反重力と結びつけられてきた賢者の石の特質は、科学者たちの格好の研究課題となり、やがてロバート・フック、そしてアイザック・ニュートンによる、有名な引力の発見に結びついた。付け加えるなら彼らは、再生の炎と新しい光に包まれて破壊の中からよみがえるという、伝説の不死鳥《フェニックス》に象徴される賢者の石が、より高いレベルの意識と知覚に、直接関係することにも気づいていた（38頁／第二章「聖なるマナ」の項参照）。

ロバート・ボイルは、王立協会以外の友人にとっては謎めいた存在だった。父親のコーク伯が英国一の富豪だったので、生活のために働く必要はなかったが、彼ほど熱心に、かつ長時間働く者はいなかった。とかく耳目を集める人物だったため、聖職関係者からかなりの嫌がらせを受け、しかも、かたくなに隠秘学《オカルト》の研究を続けたせいで、大いに疑いの目を向けられていた。司教たちはボイルが、特別に設備を整えた錬金術工房を持っていることを察知していて、監視の目を光らせていた。しかしボイルは、科学者は司祭になるべしという当時の不文律に従わず、ついに、魔法と賢者の石についての論文を書き上げた。几帳面このうえないボイルが、作業をするうえで相当のジレンマに苦しんだことは間違いない。伝統的な錬金術書は書かれていることが曖昧過ぎて、ほとんど役に立たないと嘆いていたが、それでも総力を傾けて研究を続けた。ボイルが実際に、賢者の石の製造に成功したか否かははっきりしないが、どうやらうまくいかなかったようだ。しかし、ウィーンのある修道士が修道院の柱の中に、不思議な粉が多量に入った小箱を発見したあと、その粉が実際に効力を発揮するのをボイルが見たのは間違いない。王立協会への報告書の中でボイルは、その粉が特定の重力に作用することを詳細に述べている。これは今日、実験室で証明済みのことだ。もちろん、ボイルは想像もしなかっただろうが、三世紀以上もあとになって、この粉は時空を操作する力があることがわかり、国際的な宇宙産業がまっさきに関心を寄せる物質になった。

ウィーンの修道士のエピソードは、かつてエリザベス朝の魔術師ジョン・ディーが、ヘンリー八世によって解散させられたグラストンベリー修道院の廃墟から、錬金術の粉が入った同じような箱を手に入れた話を連想させる。さらに重要なのは、東洋には、賢者の石のもとになるものが天然に存在し、製造の手間をかける必要がないということを、ボイルが苦労の末に発見したことだ。これもまた、最近の発見によって、可能性のあることが証明されている。

その後、王立協会の『哲学紀要』に寄せた記事の中でボイルは、自分の研究目的は黄金を作ることではなく、「どんな病にも効く万能薬を作る」ことだと記した。彼はまた、驚くべき先見性の高さを発揮し、錬金術が危険な研究であることを認めていた。なぜなら、賢者の石は、使い方を間違えれば「天地がまっさかさまにひっくり返り、人の世の秩序が失われて圧制が生まれ、世界をあまねく混乱の渦に引き込む」恐れがあるからだ。
隠秘学《オカルト》の研究団体という、初期王立協会に対するイメージを払拭するために、のちのハノーヴァー朝時代に実施されたプログラムのせいで、ロバート・ボイルの錬金術研究は、現代まで意図的に、学界内で抹消されてきた。今、ボイルの名を聞いてまっさきに思い浮かべるのは、気体の体積についての「ボイルの法則」と、空気の伸縮性の研究である。ボイルが研究にのめりこみ、数々の発見を成し遂げたのは、大いなる錬金術の秘密を理解したいという尽きせぬ欲求にかられてのことだったが、これを知る者はあまりいない。

もうひとり、並外れた才能を持つ王立協会のメンバーを挙げるなら、熱心な錬金術師でもあった、アイザック・ニュートン卿であろう。彼はヘルメス・トリスメギストスのエメラルド板とヘルメス文書《コルプス・ヘルメティクム》の翻訳に取りかかり、特に〝プリスカ・サピエンティア〟(〝宇宙の法則〟の統一理論)には深い関心を示し、これを「自然の構造」と呼んだ。この「自然の構造」という観念は、ヘルメス哲学の基本原理「上にあるごとく下にもある」と同類と見なしてよい。これはつまり、地上に調和をもたらしている比率は、それに対応する宇宙の比率の現われであるという意味で、言い換えるなら地上の調和は、宇宙の体系を現世に反映したものだということだ。最小の細胞から銀河という最大の広がりまで、幾何学の法則が繰り返し支配する。このことは、記録に残る最も古い時代から、人々に理解されていた。

ニュートンの宗教上の傾向には、イエスの神性を否定し、聖三位一体の概念を一切拒絶するキリスト教の一派、アリウス主義の影響が明らかである。非常に敬虔な人物で初期宗教学の権威でもあったが、ニュートンは、新約聖書が、出版までのあいだにローマ教会による意図的な改変を受けたと主張し続けた。主要な研究のひとつに古代王国の社会構造に関するものがあり、ユダヤ文化の伝統については、神に授かった知識や数秘術の宝庫として、他に抜きん出ていると絶賛した。実際ニュートンは、古代のヘルメス伝承にかなり傾倒していた。その心酔ぶりは、戦時下の一九四二年、著名な経済学者であり政治解説者のジョン・メイナード・ケインズをして、王立協会の講演でニュートンを「最後のシュメール人」と呼ばしめたほどである。

否定された秘密

さてこうした人々は、もともとの薔薇十字団の形而上学的科学でも第一線で活躍していた、正真正銘の旧派フリーメーソンである。古代の支配者《アルコン》たちの秘密を研究し、ヘルメス哲学の神秘的な原理を実際に応用することで、彼らとその同僚たちは、史上最も偉大な科学者の仲間入りをした。しかし一六八八年、ロンドン・ウエストミンスター議会ホイッグ党の貴族議員によって、スチュアート王家が王位を追われると、スコティッシュ・フリーメーソンとテンプル騎士団から生まれた薔薇十字団哲学も、亡命する王家とともにヨーロッパ大陸に渡った。一七〇〇年代初頭、古い文化が英国の岸辺を離れ、禁欲的な新体制があたりに暗い影を落とし始めると、ニュートンらは錬金術を離れ、もっと控えめなイメージをまとわざるを得なくなった。この点、のちに王位についたハノーヴァー家（一七一四年に英国にやってきた、ドイツ系の王家）は、独自のメーソンロッジ（フリーメーソン支部）を導入し、一七一七年にはイングランド・グランドロッジを設立した（その後、メーソンロッジの林立にともない、これはユナイテッド・グランドロッジとなった）。いずれヨーク・ライトとして知られるようになるこの新しい形態のフリーメーソンは、非常に限られた情報の上に成り立っており、これがのちに問題を引き起こすことになる。高位位階の密儀参入者《イニシエイト》でなかった創設者たちは、フリーメーソンの本当の秘密は過ぎし時代に失われたと主張することで、みずからを正当化した。

この弱点を補うために、ジョージ三世のハノーヴァー朝政府は一七九九年、秘密結社禁止法を発令するという奥の手に出る。これによって、ヨーク・ライトより高位の位階はすべて活動を禁止され、特に、テンプル騎士団から生まれた教えと儀礼は御法度《ごはっと》になった。英国における旧タイプのフリーメーソンは、こうしてとどめを刺された形となる。スコットランドのキルウィニング・ロッジは、歴史をたどればロバート・ザ・ブルースの時代をさらに（おそらくは十二世紀にまで）さかのぼる、由緒正しいロッジだが、このロッジでさえ、勅許を取り消すと脅されて、やむなく禁止令に従った。これ以降、的外れで儀礼主義的な〝秘密〟の代用品が、「古い秘密が再発見される、そのときまで」導入されることになる。結局のところ、この新しい流派のフリーメーソンはほぼ三世紀ものあいだ、古い秘密をひとつも見つけられなかった。彼らが、大切な秘密を知っているがそれを明かすわけにはいかないという体裁を取り繕うのに懸命だったのも、不思議ではない。なぜなら、秘密の中でもいちばん大きな秘密は、本当の秘密がなんであるかを一度も教わっていないことだったからだ！

十八世紀以降、ソロモン神殿はフリーメーソンの教義の中で、ずば抜けて重要な地位を与えられてきた。しかし、いつもそうだったわけではないというと、読者は驚くかもしれない。俗に『古き義務』と呼ばれるものの初期写本――一三九九年ごろに書かれたレギウス写本――には、初代エクセレント・グランドマスターがソロモンではなく、創世記十章八節から十節に登場する、バビロンの勇敢な狩人ニムロドだったと明記されている。この文脈では、バベルの塔を建設したのもニムロドということになっているが、これは誤りで、塔の建設を実際に行なったのは、ニムロドよりずっとあとの時代、紀元前二〇〇〇年ごろのウル・ババ王だった。このように年代的に矛盾しているにもかかわらず、レギウス写本には、ニムロドが、建築職人および石工同業者組合メンバーをそうでない人々から識別するために、石工の合図と合言葉のすべてを職人たちに伝授したと書かれている。

英国では規制を受けたものの、昔ながらの科学的なメーソン活動はヨーロッパ各地で流行した。そして薔薇十字団が支配するヨーロッパで、一七八四年の死に至るまで注目を浴び続けた人物といえば、ド・モンフェラ侯爵、すなわち、名高きサンジェルマン伯爵である。本書十六章「テンプル騎士団の受難」の項（306頁）で述べたように、サンジェルマンとは、スコットランドのロバート・ザ・ブルースが、一三一七年に薔薇十字同胞修道士会を導入して以来、その総長に代々冠せられてきた名だった。

ヘルメスの技

ロイヤル・アーチ・フリーメーソンの儀礼は、まぎれもなく地下構造物《ヴォールト》発見の物語を素材にしているが、時代をさかのぼってみると、アーチと約櫃《アーク》の双方に関連性があり、またヘルメス哲学を土台としているようだ。実際、イングランドで一七二三年に出版された『アンダーソン憲章』の草稿では、少なくとも二十三回、ロイヤル・アーチは〝王者の技《ロイヤル・アート》〟（この語は必ず、大文字か斜字体で書かれている）の伝承についての儀礼であると明記されている。また一七二三年から、儀礼には次の質問が加えられた。「アーチの図案の由来は何か？」これに対する儀式上の正解は「虹」となっている。おもしろいことにこの問答から、錬金術師の家系カムロット家の紋章〝湾曲した光〟が連想される（282頁／第十四章「気高い工匠」の項参照）。

一六三〇年代に発行されたロバート・フラッドの薔薇十字団新聞《哲学の鍵とフラッドの錬金術》に掲載された図版の多くが、フリーメーソンの意匠の原型となったことに疑いの余地はない。十八世紀のロッジで使用されたトレーシング・ボードの一部も、同じような経緯で作られた。また、当時一般に用いられたディーコンの宝章には、ヘルメスその人が描かれていた。それでは、初期フリーメーソンに見られた、これら薔薇十字団およびヘルメス学的側面は、その後どうなったのか？　エリザベス朝およびスチュアート朝時代に存在した本当の秘密は、どのようにして忘れられ、現代のメーソン会員でさえ完全には理解できない、奇妙な儀礼に取って代わったのか？　一七〇〇年代のジョージ王朝時代、とりわけアイザック・ニュートンやクリストファー・レンらの後輩が健在だったころには、錬金術の名残が明らかだったが、一八〇〇年代に入ると、およそ科学の名に値するものは、跡形もなく姿を消した。

一八〇九年、メーソンの中心テーマに最後の変化が訪れる。この年、ジョージ三世のふたりの息子、エドワードとオーガスタス（のちにジョージ四世となる、ジョージ・オーガスタスの弟たち）のあいだで、白熱した議論が起こった。ケント公エドワードは、新しく設立されたハノーヴァー家ヨーク・ライトのフリーメーソンだったが、弟のサセックス公オーガスタス・フレデリックはスコティッシュ・ライトのテンプル騎士で、しかも（父王の立場にはおかまいなしに）、亡命したスチュアート家と同盟を結んでいた。エドワードは、弟がスチュアート家と手を切るよう腐心したが失敗し、イングランドのフリーメーソン組織の中に、テンプル騎士に似た支部をつくることで妥協した。この支部はケント公自身の保護領に置かれ、正当なテンプル騎士主義からはかけ離れてしまったものの、今日まで存続している。

その後、アレクサンダー・デューカーという製版者からケント公エドワードに、反スチュアート家テンプル騎士の統括組織をスコットランドに設立する旨の申請が出された。ケント公はこれを許可し、一八一一年、デューカーがグランドマスターに、エドワードがロイヤル・グランドパトロンに就任して、〝スコティッシュ・コンクレーヴ〟という新しい組織が誕生した。

一方、スコットランドにあるもともとのテンプル騎士団では、〝アイリッシュ・グランド・エンキャンプメント〟のロバート・マーティンが一八二六年からグランドマスターを務めていた。マーティンは一八二七年十二月二十八日、ケント公とデューカーには、テンプル騎士であるようなふりをする権利はないと非難の声をあげ、デューカーの組織を告発した。しかし彼には、国王の息子たるケント公の、息のかかった新メーソン設立を阻む力はなかった。結果的に、オリジナルのスコッツ・エンキャンプメントとアイリッシュ・エンキャンプメントは、フランスのスチュアート家テンプル騎士と、その傘下にあるスコティッシュ・ライト、特に、一七四七年に、〝ハンサムなチャーリー王子（チャールズ・エドワード・スチュアート）〟とサンジェルマン伯がアラスで設立した薔薇十字団第一参事会《シャピトル・プリモーディアン・ド・ローズクロワ》と同盟を結んだ。ケント公には、自分のメーソンを英国国外で展開する手段がなく、そこで、もっともらしい位階を大量に作り上げて、英国と北アメリカで今もスコティッシュ・ライトと呼ばれているメーソンを導入した。ところで、もともとの科学的友愛団の、失われた秘密はどうなったのか？　何も変わっていない。秘密は今も存在する。しかし当然のことながら、ケント保護領の管轄に置かれたメーソン団では、失われてしまった。

光の主

黒と白の敷石を市松模様に置いたメーソン・ロッジの床は、ソロモン神殿の床を再現したものといわれている。しかしこれは聖書に由来するものではなく、旧約聖書、その他の関連文書を見ても、そうした言及はない。実際、列王記上六章十五節と三十節にははっきりと、神殿の床は糸杉の板を張りつめ、全面を金で覆ったと記されている。この記述のために、ロッジの床の市松模様はしばしばメーソンのメンバーのあいだで論争の的になり、これまでにも数々の解釈がなされてきた。起源とされるものはほかにもさまざまあるだろうが、これはテンプル騎士団が戦場で用いた幟《のぼり》の、白黒市松模様と合致する。ボースンと呼ばれるこの幟は、ロッジの床についていわれているのと同じく、束縛と自由、無知と悟り、〝闇〟と〝光〟の、入れ替わる関係を示している。
ロイヤル・アーチ儀礼で使われる、象徴としての言葉のひとつに、〝ヤハ＝ブル＝オン〟がある。これは、ゼルバベルによる第二神殿建設の基礎工事の際に、第一神殿の地下構造物《ヴォールト》で発見されたといわれている。ヘブライ語とメソポタミア語、エジプト語の組み合わせと見られ、使用される儀礼によって多少の違いはあっても、「わたしは主、万物の父である」というような意味だ。「わたしは今もこれからも、天の主、万物の父である」と訳されることもあり、また、「わたしはわたしである。アルファとオメガであり、始まりと終わりであり、最初と最後であり、過去・現在・未来を通して全能の者である」と、長々と解釈が付け加えられることもある。

いずれにせよ〝ヤハ＝ブル＝オン〟は、三つの神が一体であるという原理を表わしている。異なる文化をひとつに統合した言葉で、メーソンの偉大なる建築家《グランド・アーキテクト》が持つ三つの相を示す。つまり、詩編六十八編四節でヤハとのみ記される、ヘブライ語のヤハウェと、カナン語でバアルともベルとも記されるブル、そしてエジプト語のオン。訳せば、「わたしはオンの主である」となる。しかし最後の言葉オンは（創世記四十一章四十五節に引用されているとおり）、エジプトの太陽神のことであり、アヌとラーの神殿があったエジプトの都市、〝太陽の家〟とも呼ばれるヘリオポリスの別名でもある。オンという語は特に〝光〟に関係が深く、〝ヤハ＝ブル＝オン〟をより精確に訳せば、次のようになる。「わたしは光の主である」。

あらゆるメーソンの儀礼の中で、大小さまざまな形で表わされる〝光〟は、儀礼を支配する

イングランドのユナイテッド・グランドロッジの紋章
上部に契約の櫃が掲げられている

ものとして必要不可欠である。ロイヤル・アーチの儀式には、実際、古い秘密が何であるかを示すヒントがいくつか存在する。ロイヤル・アーチが十八世紀にアイルランドとスコットランドからイングランドに渡ってきたのは、より哲学的傾向の強いフリーメーソン支部の名残をとどめていたからで、そうでなければ追放されていただろう。もともとの組織が持っていたスコットランド風スタイルを残すこの思弁的メーソンは、アイルランドのテンプル騎士団の伝承から直接発展したので、テンプル騎士が重視したものを重視し、テンプル騎士が秘密としたものを秘密とした。エルサレム神殿が初期のテンプル騎士にとって、非常に重要な存在だったことには疑いの余地がないが、それは神殿建設がソロモン王の事業だったからでも、ヒラム・アビフがそこで殺害されたからでもない。騎士団がエルサレム神殿の地下で発見し、一一二七年に西欧に持ち帰った物のゆえに、重要と見なされたのだ。

フリーメーソンの中で語られるヒラム・アビフの物語は、聖書やそのほかの年代記ではいっさい言及がない。なぜならそれは歴史的事実でなく、たとえ話だからだ。ロッジの市松模様の床が論争を引き起こしたように、結果的にはヒラムの物語もかなりの議論を呼び、伝説の起源をたどろうとする者によって数多くの著作が残された。しかし、大きな文脈で見直せば、ヒラムの物語は、穢《けが》れた闇から掘り起こされるという重要なステップを経て、めでたく光の王国に復活する物語と捉えることができる。この概念は、参入儀礼の開始とともに明らかにされる。つまり儀礼は、「あなたが心の底から望むものは何か?」という質問で始まり、それに対して設定されている答えは「光」なのである。

ヒラムの伝説は(親方を墓から掘り起こし、復活させるという儀礼上の行為を含め)、契約の櫃《はこ》の発掘と復活の寓意物語以外の何ものでもない。契約の櫃はロイヤル・アーチの意匠に用いられるだけでなく、(位階儀礼には直接扱われないが)ユナイテッド・グランドロッジの紋章のてっぺんにも、誇らしげに描かれている。現在のロイヤル・アーチ儀礼では、十八世紀の終わりごろに支部宝章の見解について論争が起こり、結果として儀礼の一部に、解釈の見直しが行なわれたとの説明があることも、ここに補足しておこう。これより以前にロッジが出した、今は虫食い状になった宝章についての説明文の中から、意味を成す言葉を拾い集めれば次のようになる。「Nil nisi clavis deest ... Templum Hierosolyma ... clavis ad thesaurum ... theca ubi res pretiosa deponitur」。これは訳せばこうなる。「望むものは、鍵よりほかに無し……エルサレム神殿……秘宝への鍵……貴重なものが隠された場所」。

第十八章　安住の地

賢者の薔薇園

テンプル騎士団が見事な手並みで約櫃を最終的に安置した場所と方法を特定しようとする際、考慮すべき要素がいくつかある。まず重要なのは、必ず〝光〟が関係していることだ。次は、〝かなめ石〟（あるいは笠石）を定位置に据えるという条件である。ロイヤル・アーチの、エルサレム神殿地下構造物《ヴォールト》（石工たちが、ヤハ＝ブル＝オンという秘密の碑文と、不思議な巻物を発見したところ）にまつわる物語には特に、大理石の台座の上で発見されたという、彫刻を施した〝黄金のプレート〟が登場することも、補足しておこう。

フリーメーソン第三位階の儀礼では、ソロモン神殿に造られたヒラム・アビフの〝最初のロッジ〟が言及されるが、ロイヤル・アーチが取り上げるのは、もっと昔の出来事だ。たとえば、〝最初の〟あるいは〝神聖なる〟ロッジは、「シナイの荒野、ホレブ山のふもと」に造られ、モーセとオホリアブ（アロンの息子）、ベツァルエルがロッジの長《おさ》になったと語られる。その後、

『哲学者の薔薇園』に描かれた
〝賢者の石〟を表わす図案

ロイヤル・アーチのプレート図案
『アルダスゲイト儀式』のものと
一致している

〝第二ロッジ〟はエルサレム神殿の柱廊玄関ではなく、〝聖なるモリヤの丘の奥〟に造られ、ソロモン王とティルスのヒラム王、ヒラム・アビフが長《おさ》になったと語られる。

では、前述の黄金のプレートにはどのような彫刻が施されていたのか？ メーソンの教えによれば、そこには（口にしてはならない神の名のほかに）、円の中に正三角形を組み込んだ図形が、描かれていたという。ロイヤル・アーチの文書にも、正方形の枠の中に、同じ中心を持つ図形を組み込んだ――基本的には、円、正方形、三角形の三つの図形をすべて使用した――図案が描かれている。

こうした図案は、何を象徴するのだろうか？ 儀礼によると、秘密は「ルビーよりも貴く、あなたが欲しいと望むあらゆるものも、彼女（秘密）とは比べられない。……彼女を捕える人には、彼女は命の木となる……」

（旧約聖書箴言二章十五節〜十八節をなぞった表現）という。

　では、一五五〇年出版の錬金術書『古代哲学者たちによる、錬金術小論文集』の中のヘルメス学の論文、『哲学者の薔薇園』を見ることにしよう。この書では、〝賢者の石〟は円と四角形（正方形）、三角形を組み合わせた図案で表わすとされている。つまり〝賢者の石〟を示すシンボルは、『哲学者の薔薇園』に明記されているとおりロイヤル・アーチの図形とほとんど同じであり、これはさらに、エルサレム神殿の地下構造物《ヴォールト》で発見された黄金のプレートへとつながってゆくのである。

　さて、十八世紀にローレンス・ダーモットが描いたロイヤル・アーチの図（口絵XV頁参照）は、かなり興味深い。ダーモットは一七五一年から、イングランドの古代派《エインシャント》グランド・ロッジ（エインシャントは伝統的にAntientと綴られた）の事務局長をつとめていた。古代派《エインシャント》と近代派《モダーン》は、一八一三年に統合されてイングランド・ユナイテッド・グランドロッジとなる。そしてダーモットは、近代フリーメーソン組織にロイヤル・アーチを受け入れることを、まっさきに提唱した人物だった。絵の中の、かなめ石のはずれた真新しいアーチ型建造物は、そこがエルサレム神殿の地下室であることを示すものである。アーチの下の白黒市松模様の床には、大理石の台座が見える。しかし、そこで発見されたといわれる黄金のプレートは、どこに消えたのか？　プレートのあるべき場所、すなわちこの絵の中心には、なんと契約の櫃《はこ》が描かれているのだ。

　ではこの絵を、それよりさらに一世紀以上も前に出た、王立協会の哲学的な版画と比較しよう。版画にも、アーチ天井と市松模様の床が描かれ、まん中には大理石の台座がある。ダーモットの絵と違うのは、約櫃が占めていた場所に国王チャールズ二世の胸像が描かれている点だ。いにしえのスコットランド時代から、王室修道士会のグランド・マスターを務めてきた一族の末裔として、生まれながらテンプル騎士であるチャールズ国王は、〝賢者の石〟に対する王立協会の、薔薇十字団的研究を王族として後援する立場にあった。一六六七年の版画の中で、ブランカー子爵が国王の胸像を指差しているその様子から、国王が絵の中で重要な位置にあることは間違いない。チャールズの叔母、エリザベス王女（ジェームズ一世の娘）は、一六一三年にプファルツ選帝侯フリードリヒ五世と結婚したが、その息子（チャールズ二世の従兄弟）ルパート（ラインのプファルツ王子）は、長じてハイデルベルグ薔薇十字団のマスターとなる。しかもルパート王子の宮廷付き司祭でチェスター司教のジョン・ウィルキンズ（何かと論争の的になるヘルメス学の書『数学の魔術』の著者で、オックスフォード大学ウォダム・カレッジの学長）は、ベーコン哲学信奉者の集まりであったかつての〝見えざる学寮〟の、創設メンバーであり主導者でもあった。この〝見えざる学寮〟は最終的に、自然哲学者のグループ、科学的な王立協会へと発展することになる。

以前述べたように（306頁／第十六章「テンプル騎士団の受難」の項参照）、テンプル騎士団がヨーロッパから亡命してきた一三〇七年よりあとに、エドワード・ブルース（スコットランドのロバート・ザ・ブルースの弟）がアイルランド国王に即位した。一三一四年のバノックバーンの戦いでは、テンプル騎士分遣隊を率いたユーグ・ド・クレシーが、アイルランドの〝テンプル騎士グランド・プライオリー〟から武器の供給を受けた。そのため、急ごしらえのアイルランドのロッジは〝宿営《エンキャンプメント》〟と呼ばれるようになった。ローレンス・ダーモットは、ロイヤル・アーチの活動をイングランドに導入する前の一七〇〇年代、アイリッシュ・グランド・エンキャンプメントに所属していた。この支部に伝えられる儀礼はまぎれもなくテンプル騎士を下地にしており、現在の儀礼も、十二世紀にテンプル騎士団がエルサレムで行なった地下発掘に、深いかかわりがあるようだ。ロイヤル・アーチの儀礼と意匠は、約櫃と賢者の石が、ゼルバベルの第二神殿時代（紀元前五三六年～五二〇年）に石工たちによって、地下構造物《ヴォールト》で発見されたことを象徴的に物語っている。しかしその下地にされているのは、一一〇〇年代初期にテンプル騎士団がそれらを発見したというエピソードのようだ。

モーセとソロモンの時代、約櫃は、聖なる石つまり黄金の白い粉（mfkztの粉、あるいはシエム＝アン＝ナ）の製造に必要不可欠なものだったが、同時にそれは白い粉の貯蔵容器でもあった。このため、約櫃は超伝導体になって、空中浮揚、およびそれに関するエネルギーが生み出された。約櫃といえば賢者の石を指すまではいかないものの、両者は分かちがたく結びついていて、そのことは、ロイヤル・アーチの図が（『哲学者の薔薇園』に示されるように）賢者の石を象徴する一方で、ダーモット自身の手によるロイヤル・アーチの図には、ずばり約櫃そのものが描かれていることからもわかる。

約櫃の引渡し

紀元前五九七年、エルサレムはネブカドネツァルによる猛攻を受けるが、その直前、ヨシヤ王の指示で、約櫃が神殿地下深くに隠される。これは、タルムードの文書で確認することができる（196頁／第十章「運命の守護者たち」の項参照）。ヘブライ語のミシュナ（ヨーマ五十二b）には、特に次のような言及がある。「最初の聖なる神殿が破壊される前、約櫃を奪われることを恐れたヨシヤ王は、それを隠すように命じた」。そのすぐあとには、約櫃とともに〝シエメン・ハ・ミシュカ〟も隠され、このため、その後は大祭司に油を注ぐことができなくなったという言及も見つかる。〝ミシュカ〟は、〝油を注いで神聖にする〟（ここから、聖油を注がれた者、メシヤという語が派生した）という意味で、〝シエメン・ハ・ミシュカ〟は昔から、救世主《メシア》の〝聖油〟を指すとされてきた。〝シエメン・ハ・ミシュカ〟の意味は今も変わらないが、語源的に見ると〝シエメン・ハ〟の部分は、黄金の白い粉末である高位の耐火石、つまり救世主に受け継がれる賢者の石を意味するメソポタミア語、〝シエム＝アン＝ナ〟と非常によく似ている。

古代の〝アプカルの精霊〟（158頁／第八章「精霊たちの世界」の項参照）を考察した際、神官でもあるこれらメソポタミアの賢者たちの主要な職務は、王を清めることだと述べた。彼らは、清めの道具の象徴として〝松かさ〟を用い、これを〝清浄器〟を意味するムリルという語で呼んだ。また、清めの物質は〝シエム＝アン＝ナ〟の粉末で、賢者たちはこれをシトラに入れて持ち運んだ。この神秘的な〝投入の粉末〟は、アッシリアのレリーフでは〝生命の木〟（誕生の木）に直接結びつけられている。また、エルサレム神殿の秘密にまつわるメーソンの儀礼では、「彼女を捕える者には、彼女は生命の木である」と語られる。清めとの関連性は、『死海文書』の『神殿の巻物』、ソロモン王の巨大な青銅の貯蔵容器（184頁／第九章「耐火石計画」の項参照）の項を見れば、具体的に証明される。『神殿の巻物』によると、貯蔵容器は〝清めの部屋〟に納められていたらしい。〝シエメン・ハ・ミシュカ〟は慣習的に聖油を指すとされ、ヘブライ語ではまさにその意味で用いられていたが、もともとは、ヨシヤ王とエレミヤが約櫃に容れて隠した賢者の石、すなわち清めの〝シエム＝アン＝ナ〟のことなのだ。

聖なる約櫃が現在どこにあるかを明かす前に、テンプル騎士の伝統に基づく教義のいくつかを、今日あるがままの形でここに記すことは無駄ではないだろう。そこで、一九九〇年のエルサレム神殿騎士修道士会の儀式の中で、騎士グランド・コマンダーが、スコットランド・グランドロッジの、メーソン系テンプル騎士支部に向けて行なった演説を、一字一句変えることなく引用する。儀式は、十二世紀に建てられた、ロジアンのシトー修道会ニューバトル大修道院の礼拝堂で行なわれた。八月二十日のこの日は、テンプル騎士団の最初のパトロンで保護者であった、クレルヴォーの聖ベルナールの祝祭日で、これを記念して、特別にロッジが召集された。関連箇所を以下に記す。

一一二七年、ユーグ・ド・パイヤンは、故郷のフランスに戻ってトロワ公会議に出席せよとの命を受けました。公会議では、フランスの枢機卿が教皇特使、つまり教皇ホノリウス二世の代理として、議長を務めることになっていました。しかし枢機卿のうしろには、本当の権力者、その言葉は絶対で、誰もが恭順の意を抱くシトー修道士会クレルヴォーの大修道院長、聖ベルナールが控えておられたのです。ユーグ・ド・パイヤンは、聖ベルナールともシャンパーニュ伯とも親戚関係にあたりましたが、だからといって手ぶらで故郷に戻ることはありませんでした。それどころか、荷箱にいくつもの古代の書物と、何よりの手柄の品、契約の櫃《はこ》を持ち帰り、聖ベルナールに差し出したのです。

聖ベルナール自身の記録によれば、一一二七年にテンプル騎士団がエルサレムから帰還する際、騎士団とその手柄の品は「シャンパーニュ伯の護衛のもとに置かれ、近隣の諸侯あるいは教会権威筋から妨害を受けた場合、護衛団はこれにいかなる処置を講じても良い」とされた（294頁／第十五章「約櫃会議」の項参照）。聖ベルナールは、テンプル騎士団の発見した貴重な品が、ローマ教会の多大なる関心をあおり、したがって、警護団の護衛なしには、騎士団が無事にフランスとブルゴーニュを通り抜けることはできないと気づいていた。聖なる宝物への教会の熱い関心は、何世紀も衰えることなく続き、その間、数え切れないほどの命が犠牲になった。カトリック教会は、アルビ派十字軍遠征を手始めに、テンプル騎士団への迫害、一般人への異端審問の道へと突き進むのである。

迫害を受けてフランスから亡命する前のテンプル騎士団を考察した章（296頁／第十五章「ノ

ートルダム」の項参照）では、騎士団の努力がフランス各地に、威風堂々たるゴシック建築の大聖堂という、建築史上ほかに例のない見事な実を結ぶのを見た。契約の櫃《はこ》の消息について、公共の場で最後の記録を目にすることができるのも、実はこのゴシックの大聖堂なのである。なかでも最も神聖なシャルトル大聖堂には、運ばれてゆく約櫃を描いた、小さな石のレリーフがある。北側入口、〝密儀参入者《イニシエイト》の門〟の柱に刻まれたこの彫刻には、難解なラテン語の碑文が添えられている。侵食と汚れに加え、フランス革命で受けた数箇所の小さな傷が、長いあいだ判読を困難にしていたが、近年、レーザーによる洗浄を行なった結果、判読が進んだ。さまざまな解読結果を総合すれば、“Hic Amititur Archa Federis”となり、これは、「ここで契約の櫃《はこ》は手放された」とも「ここで契約の櫃は送られた」とも「ここで契約の櫃は引き渡された」とも訳すことができる。どう訳すにしても、約櫃は決して、失われたわけでも、テンプル騎士団によって隠されたわけでもない。それは単に、「ここ」すなわちシャルトルで、「手放された」か「送られた」か「引き渡された」のだ。

最後の作業《パフォーマンス》

シャルトル大聖堂が持つ特徴の中で、最も奇妙で、最も頻繁に論争の種にされてきたものに、迷路模様《ラビリント》がある。なぜ奇妙かといえば、迷路模様は古代から、さまざまな文化に共通して見られたが、どの時代においても、特にキリスト教に結びつけられたことがなかったからだ。そのため、フランスのオセールでは一六九〇年に、サンスでは一七六八年に、ランスでは一七七八年に、アラスでは一七九五年に、それぞれの地の大聖堂の迷路模様が、聖職者たちによって破壊されるという事態に至っている。一六五四年に亡くなったシャルトルの修道会士、ジャン＝バティスト・スーシエも、大聖堂の迷路模様を「くだらないお遊び、時間の無駄」だと思うと書き残している。しかし、他の町と違ってシャルトルでは、そんなスーシエでさえ、迷路模様を破壊することはなかった。おかげでシャルトルのそれは、中世に作られ現存する迷路模様の中では最大で、最も保存状態がよく、最も神聖なものとされてきた。

聖堂身廊の敷石が作るシャルトルの迷路模様は、紀元二世紀のギリシアの錬金術写本に描かれていたものをそのまま写したものである。一二二〇年代、写本の中の迷路模様を、シトー修道士会の助祭助手、ピカルディのヴィラール・ドオンクールがその画帳《スケッチブック》に模写し、石工たちが、一二六〇年のシャルトル大聖堂主要部完成にあわせて、身廊の床に再現した。羊皮紙に描かれ、豚革の袋に入れられたドオンクールのユニークなスケッチ集は、中世後期にはパリのサンジェルマン修道院に保管され、一七九五年にはフランス国立図書館の所蔵となった。画集には聖堂の設計図や薔薇窓のデザイン画、いろいろな動物のスケッチや、石工や大工の技を図解したもの、さらには、のちに彼をゴシック時代のレオナルドと呼ばしめることになる、時計仕掛けや水力を使用した機械装置の、見事な絵図が含まれていた（十九世紀には、ドオンクールの名は現代風に改められ、今は一般的に、ヴィラール・ド・オンヌクールと呼ばれている）。

全長が二百六十一・五メートルを超えるシャルトルの曲がりくねった迷路は、特別に〝エルサレムへの巡礼の道〟と呼ばれている。迷路模様そのものは、とりわけソロモン神殿に設置されていた青銅の容器を象徴するとされて、〃ソロモンのラビュリントス〃と名づけられた。実際『世界シンボル大辞典』には、迷路模様は、魔力を持たせるために造られたという記述がある。また『宗教百科』には、迷路模様をたどれば、〃デイセンサス・アド・インフェロス〃、つまり、闇に降り、光に戻ることになると明記されている。

イタリアのルッカ大聖堂（この大聖堂の迷路模様は、縮小されて柱に描かれている）には、シャルトルの迷路模様について、次のような記録が残されている。「これは、クレタの人ダイダロスによる迷路である。ここを脱け出す道を見つけられたのは、アリアドネの糸玉に助けられた、テセウスただひとりであった」（テセウスの伝説については、付録六「テセウスとミノタウロス」参照）。ダイダロスの迷路と違って、シャルトルのそれは、回り道もなければ行き止まりもなく、入ってきた道を出るだけなので、脱け出すルートを見つけるのはいたって簡単である。迷路模様の神秘は、それが〃闇に降り、光に戻る〃という錬金術のテーマを具現化しているところにある。つまり、迷路模様が正しくその力を発揮すれば、それは〃包み込む光の場〃すなわち、古代の〃ｍｆｋｚｔの野〃（18頁／第一章「福者の野」の項参照）に至る道となる。迷路模様の中央から大聖堂西の扉までの距離は、西の扉から、その上にある薔薇窓までの距離と、まったく同じである。この二等辺三角形の底辺は、迷路模様の中央から薔薇窓の中央を結んだ線となる。薔薇窓には〃最後の審判〃が描かれており、大聖堂の西ファサードを身廊の上に倒してゆけば、迷路模様と西の薔薇窓はぴたりと重なるのである。

しばらくここで、フリーメーソン・ロッジでの儀礼に話を戻そう。儀礼では〃西〃と〃失わ

シャルトル大聖堂の迷路模様

れた秘密〟について、名誉マスターと幹部が台本どおりの会話を交わす。

マスターの問「それは、どこに見つかるのか？」

答「まん中に」

問「まん中とは？」

答「円周上の任意の点までの距離がすべて同じになる、円の中の一点」

ここで、フリーメーソンにはなじみの深い〝円の中の一点〟を示すシンボルが、われわれの旅の始まりとなったセラビト・エル・カディムの、ハトホル神殿〝王の聖堂〟に見られる、〝光〟を意味する象形文字とまったく同じであることは、指摘しておく必要があるだろう（21頁／第一章「偉大なる者」の項参照）。

〝円のまん中〟が〝光〟に通じるということと、神殿地下構造物《ヴォールト》で石工の秘密を象徴する品を発見したという、ロイヤル・アーチの物語を結びつけて考えよう。そしてもし、シャルトルの迷路模様が薔薇十字団の伝統どおり〝光〟への道だとしたら、迷路模様のまん中には、黄金のプレートがあるはずだ。しかし、聖堂身廊の床には、そのようなものは影も形もない。

にもかかわらず、むき出しで、見るからに仕上げがされていない観のある、迷路模様のまん中には、床と同じ高さになるまで頭を削り落とされた、金属の鋲が多数目につく。この点については、一六七八年に亡くなったメサレン領主シャルル・シャリーヌの日記が、謎を解く手がかりとなる。日記には、迷路模様中央の薔薇模様の位置に、輝く黄金のプレートがあったと記されている。さらに詳しく調べると、シャルトル大聖堂の鉄の鐘は、徴用されて大砲に鋳なされ、やがてナポレオン戦争で使われることになるのだが、鐘が徴用された一七九二年に、重いプレートも取りはずされたことがわかった。直径およそ百四十センチのそのプレートは、実際は輝く銅で作られていた。シャリーヌの日記やその他の文書から、プレート表面にはイタリアのルッカ大聖堂に残る記録のとおり、クレタの伝説のテセウスやミノタウロスが、アリアドネとその糸玉とともに彫刻されていたことがわかっている。

銅は軟質金属で、大砲や武器の製造には向かない。したがって、シャルトルのプレートが取りはずされたのは、何か別の目的のためだったに違いない。フランス革命家に盗まれただけかもしれないし、ひょっとしたら、どこかに保管するために、テンプル騎士団が取りはずしたのかもしれない。もし後者なら、プレートが存在する可能性はまだある。もっとも、それを示す記録を、わたしはいっさい目にしたことがないのだが。クリストファー・ナイトとロバート・ロマスは著書『ヒラムの鍵』の中で、じゅうぶんな根拠をあげた上で、テンプル騎士団はおそらく、エルサレム神殿で見つけたロイヤル・アーチ文書をエディンバラ近郊のロスリン教会堂に隠したに違いないという論を展開する。ティム・ウォレス＝マーフィーとマリリン・ホプキンスもその著書『ロスリン』の中で、テンプル騎士団が神殿の地下で発見したエルサレム文書は、どうやらロスリン教会堂にあるようだと結論づけている。もしこうした説が正しければ――そして、それを裏付ける理由はいくらでもあるのだが――その同じロイヤル・アーチの伝統に深く根ざしているシャルトルのプレートも、やはりロスリンにあると考えられるのではないだろうか。

銅（233頁／第十二章「浮揚と瞬間移送《テレポーテーション》」の項参照）は、強力な第二種超伝導体で、大きな外部磁場のあるところでも、超伝導状態を保つことができる。超伝導体としての銅は（《ケミカル・アンド・エンジニアリング・ニュース》の説明にあるように）、下部臨界レベルまで磁場を排除しようとする。このため銅と最終的な磁気源のあいだには、〝磁束管《フラックス・チューブ》〟が生じる。磁束管の周囲をめぐる超伝導電流が、磁束管内に磁場を作り出し、磁束管の表面を流れる電流が、第二種超伝導体が排除した磁場を復元する。こうして磁束管は渦になる。ある意味でこの渦は（古代の解釈に従えば）、ヤコブの雷石《サンダーストーン》から立ち上る渦に似ていなくもない。ベテルではこの渦は先端が天に達する階段となり、神の御使いがこれを上ったり下ったりしたという。同様の物語に、エリヤがつむじ風に乗って天に運ばれたエピソードもある。

磁束管《フラックス・チューブ》を手っ取り早く生成するには、磁気発生器、もしくは第一種超伝導体を用いて、銅のプレートの表面にエネルギーを集中させねばならない。銅は磁気を排除する性質を持ち、排除されたエネルギーは、渦状の磁束管に吸い取られる。原子物理学者のダニエル・シュエル・ウォード博士は、磁気発生器を戦闘海域のはるか沖に停泊した艦船から軍を指揮する司令官になぞらえる。銅のプレートは、いわばその指令下にあって、実際に敵艦と砲火を交える駆逐艦だ。プレートと磁気発生器との距離は、まったく問題にならない。なぜなら、超伝導体はいったん共鳴し始めると、いかなる時空の広がりも超えて、作用するからだ。

シャルトルの迷路模様が導く先は、まん中、つまり、最後の審判の輝くプレートである。しかし、〝ソロモンの青銅の容器〟で錬金術を行なうには、上方から磁力をたっぷり注いでやらねばならない。つまり、磁束の渦をつくる、ロイヤル・アーチの〝かなめ石〟が必要になる。シャルトル大聖堂にそのようなものがあるだろうか？　実は、ない。一八三六年の火災で、大聖堂の木造の屋根が炎に包まれて焼け落ちたからだ。屋根はその後再建されたが、では、火災に遭う前はどうだったのだろう？

一六六二年のロンドン王立協会創立メンバーのひとりに、度量衡学者であり鉱物学者でもあるマーティン・リスター医師がいる。リスターはエリアス・アシュモールおよび薔薇十字団の面々と親しい関係にあり、また、著名な博物学者にして英国内科医師会の会員でもあった。一六九八年には、アカデミー・フランセーズのメンバーと、科学上の業績について情報交換をする名目で渡仏している。羽ペンの時代に、金属製の新しいペンのことを聞き知って感銘を受けた彼は、シャルトル大聖堂についても、回顧録に次のように書き記した。「かつて大聖堂の天井高くには、磁力の強い、かなり大きな天然磁石があった」。

こうした天然磁石は、伝説の雷石《サンダーストーン》と同様、もとは隕石だったと思われる。磁鉄を多く含み、磁鉄よりイリジウム——強力な第一種超伝導体——の含有量が多いこともしばしばある。このような隕石由来の雷石《サンダーストーン》は、たいていテニスボールほどの大きさしかないが、ときにはかなりの大きさに達することもある。十八世紀には、およそ七百二十六キログラムもの天然磁石がロシアで発見された。また紀元前四七六年には、〝二輪戦車《チャリオット》ほどもある〟大きな雷石が、トラキアに落下したという。

古代エジプトの名匠《マスタークラフツメン》たちはこれらの石を、〝レス・メヒト・バ〟と呼んでいた。これが〝南北鉄〟を意味する言葉であることから、彼らが石の特性を知っていたことは、まず間違いない。また彼らは、〝チャム〟と名づけた、この上もなくすばらしい性質をもつ、非常に貴重なもうひとつ別の物質のことも知っていた。それがどんなものなのか今は正確にはわからないが、あちこちの碑文から、その物質が、オベリスクの先端部とピラミディオン——ピラミッド冠石の頂端部——にのみ、特別に使用されたことが明らかである。〝チャム〟の性質について調べたデイヴィッド・ハドソンは、それが黄金かプラチナから作られた透明なＯＲＭＥガラスでできていて、〝ｍｆｋｚｔの野〟との関連からして、超伝導体であることに疑いの余地はないという結論に達した。大英博物館のエジプト学部長Ｅ・Ａ・ウォリス・バッジは一九二四年に、神秘の〝チャム〟はかなり価値のあるものに違いないが、これまでのところ、そのかけらすら見たことがないと書き記している。興味深いことに、バッジの調査から、〝チャム〟もピラミディオンも、ファラオ・アクエンアテンの時代に姿を消したらしいことがわかっている。

そして中世テンプル騎士団の時代、シャルトル大聖堂には、底円の直径が約百四十センチメートルになる円錐形の磁束の渦を形成する、完璧な舞台が用意されていた。上には第一種超伝導体の雷石《サンダーストーン》、下には第二種超伝導体の銅のプレートが設置され、神秘的な雰囲気がかもし出されている。あとは電圧をかけさえすれば、周波数を持つ流れが起こり、エネルギーが発生する。さてここで、最後の作業に向けて準備を整えた、蓄電型アーク放電装置、契約の櫃《はこ》が〝かなめ石〟の下に登場する。

入口《ポータル》

磁束の渦を作るために約櫃を所定の位置に置くと、その場にはたちまち、エネルギーが満ち溢れる。というのも、これまで見てきたようにｍｆｋｚｔ耐火石を容れた黄金の約櫃は、それ自体が、固有のマイスナー場を持つ超伝導体であるからだ。このような状況では、結果は驚くべきものになる。

約櫃は空中浮揚するだけでなく、重力と時空の、これまでに知られているあらゆるパラメーターに逆らいはじめる。なぜなら、超伝導体は独自の世界に存在し、素粒子と物質には関与しないで〝光〟に関与するからだ。デイヴィッド・ハドソンをもう一度引用しよう。「超伝導状態では、物質内のあらゆる原子が、時間を超越したところで単一の原子のようにふるまいます。

原子には干渉性《コヒーレンス》があり、ゼロポイント・エネルギーで、そろって振動しています」(これは、オースティン先端研究所のハル・パソフ博士が確認したとおりである)。

超弦理論の量子分野では、時空には十の次元が存在するという仮設がある。つまりわれわれの知る時間の一次元と空間の三次元、それから、これらとは異質の概念尺度の中へ、いわばコンピュータのデジタル圧縮のように小さく折りたたまれた六つの空間次元の、あわせて十である。最近、英国天文台長のマーティン・リース卿がBBCラジオに出演し、平行次元の研究は、理論上の新しい試みではなく、〝神秘学〟であると述べた。リース卿の説明を引用しよう。「空間は、実体の根源的性質です。しかし、粒子で構成され、物質とみなされるものはすべて、実際には振動でできているのです」。このことから、振動の周波数が変われば実体の性質も変化するというのは、想像にかたくない。実体には境界がない。実体を認識するわれわれの概念が、この時空での経験に縛られているにすぎない。たとえば、ふたつの物体はひとつの場所に存在することができないというのは自明の理であるが、光や匂い、音のような、物体でないものにはそれができる。つまり量子力学とは、物質的実体に対するわれわれの見方に、疑問を投げかける学問なのだ。

マーティン・リース卿の説明を、さらに引用しよう。「超弦理論の基礎となった空間概念は、ごく小さなスケールのものです。それは、単なる上下や左右、前後とは関係なく、小さく折りたたまれて一連の調和音と運動になっているのです」。弦楽器は弦の張り具合で音を調整《チューニング》するため、奏でられる楽音は張り具合が変わることで変化する。素粒子もこれと同様に、励起のモードに応じて変化する緊張度に影響を受ける。われわれが目にしている事物の実体は、特定の緊張レベルにある。この緊張レベルが変わって素粒子の形態が変化すると、その素粒子は、われわれには調整不可能な振動状態に入る。つまり、それはもはや、静止した物体として目に映らなくなる。だからといって、そこに存在しないのではない。ただ単に、もうひとつの存在領域に移動しただけだ。ハル・パソフが白い粉の実験(222頁/第十一章「ステルス原子と時空」の項参照)で説明したように、そのような物体はこの世界では無重力になり、われわれになじみのこの時空の、視覚認識を超えたところに移動するのである。

たとえばルイ・シャルパンティエのような学者や作家には、あらゆる歴史的証拠に基づいて、シャルトル大聖堂こそ契約の櫃の安住の地とする者が多い。トレヴァー・レーヴンズクロフトとティム・ウォレス＝マーフィーらはもっとはっきりと、これをまぎれもない事実と主張している。にもかかわらずわれわれは、振動する実体に対するおなじみの概念にだまされて、次のような疑問を口にすることになる。約櫃は、地下聖堂に埋められたのだろうか、それとも壁の中に隠されたのだろうか？　われわれに必要なのは、薔薇十字団の古文書がもつ寓意性を通して全体像を見つめなおし、そこに、超伝導体と超次元状態についての、現代の科学知識をあてはめることである。テンプル騎士団から生まれたロイアル・アーチのシンボリズムは、約櫃がどこにあるか、失われた秘密はどうすれば見つかるかという疑問に、ずばり答えてくれる。

ダニエル・ウォード博士の説明を引用し、現役の物理学者の視点でそのヒントを探ってみよう。

「超弦理論では、物質は明滅する光のように、存在したり消滅したりします。つまり、三次元世界を出たり入ったりするのです。ところが〝事象の地平線〟では（光そのものが重力の束縛を受けるため、そこに入ったものはどんなものも、外に向けて光のメッセージを送ることができなくなって）、物体からの光が事実上、目に見えなくなる、あるいは、ただ単に三次元世界に存在しなくなります。同時に、音ルミネセンスという現象（低密度音の刺激を受けると、短波光を放つ現象）では、加速が極端になると、ワープ運転に入るスタートレックのエンタープライズ号のように、閃光を発します。これは、超伝導状態の物体が急速に収縮して、折りたたまれた別の六つの次元に入るか、入口《ポータル》を通って、完全に膨張した次元に移動するためと考えられます」

これこそ、科学的には解き明かされていなかったとしても、古代の名匠《マスタークラフツメン》たちには知られていた、〝光の軌道の領域〟、すなわちシャル＝オンの段階であり、ｍｆｋｚｔの野である。当時シャルトルで行なわれたであろう出来事を、磁束管の引き起こす当然の結果に照らして論理的に考えれば、契約の櫃《はこ》は、一三〇七年当時に置かれていたところを寸分も動くことなく、今も確かにそこにある。科学のシナリオによれば約櫃は、超伝導体が作る磁束の渦を通って、時空の入口から平行次元に移動し、今も迷路模様のオーラに包まれて、シャルトル大聖堂の中に堂々と存在しているのである。

Hic Amittitur Archa Federis ——「ここで、契約の櫃は引き渡された」

《近東研究ジャーナル》の記事によれば、ネフェルティティがアクエンアテン（モーセ）の〝気高き王妃〟と呼ばれていたからには、その出自も並外れて高貴であったに違いない。アクエンアテンがその王位を得たのは、王家一族の上級後継者だった彼女との結婚があればこそだったのだが、エジプト学者たちの多くは（アマルナ時代のファラオたちへの非難に汲々とするあまり）この事実に気も留めず、ネフェルティティの血筋を軽んじる。学者らが好むのは、かの王妃が必ずしもアメンヘテプ三世とシタメンの娘だとは限らないという説で、アクエンアテンの境界碑が、特に彼女を後継者として表示し、〝上下両エジプトの女王〟〝ふたつの国の女あるじ〟と呼び習わしていたことに、あまり注意を払わない。実際、三千年にも及ぶ王朝の歴史を通して、顔が最もよく知られているエジプト王妃は、ネフェルティティだ。しかも発見されたカルトゥーシュに、夫アクエンアテンの名を記したものがたった三つしか発見されていないのに対し、彼女のカルトゥーシュは実に六十七個も見つかっているという事実は、その偉大な影響力を雄弁に物語っている。

アクエンアテンのシナイ亡命をめぐっては、その死亡事実を示す証拠は一片も残っていない。ただ忽然と、エジプトから姿を消しているのだ。スメンクカラーについての議論は続いているが、この人物も、エジプトに死亡記録はない。スメンクカラーとアクエンアテンに関しては、議論が白熱しているひとつの墓があるのだが、これはアマルナではなく、テーベの〝王家の谷〟のもので、ＫＶ55という番号で呼ばれている。未完成で、しかも浸水によって損傷されたこの墓は、一九〇七年一月に発見された。内部には玄室がひとつしかなく、中の遺体は女性のものと確認された。当初はアクエンアテンの母、ティイ皇太后と目されたが、その身元を示すカルトゥーシュがなかったため、これは単なる憶測の域を出なかった。もっとも、黄金で覆われたティイの棺《サルコファガス》の断片は残されていたが。その後、近くの王墓KV35（アメンヘテプ二世の墓）から別の身元不明の女性の遺体が発見され、現在ではそちらがティイ皇太后であろうとされている。

この発見を受け、王墓KV55の遺体（保存状態の悪い骸骨）はなぜか性が変わり、アクエンアテンの遺骸であると主張されるようになった。この修正説の根拠は、同時代の絵画に登場する、アクエンアテンの異様なほど骨盤の丸い体格の描写だ。だが、次第に明らかになってきたように、アマルナ美術はエジプト美術の中でも特殊であり、奇抜な体形描写を随所に取り入れている。有名なネフェルティティの胸像も、非常に長い首が特徴的だ。この斬新な芸術スタイルをもとに実在の人物を探し当てようなどと考えるのは、ピカソの絵のモデルになった歪んだ人物を探すのと同じことだ。そのことに気づき、かつ遺体が女性のものだったことを認めたエジプト学者たちは、（アクエンアテン説を貫くために）こともあろうに、今度はアクエンアテンは実は男性を装った女だったのだという理論を展開している——彼とネフェルティティのあいだには六人も娘がいたという事実を完全に無視して。やはりこの遺体が珍しい体形の男性だったという説を唱える別の者たちは、これをスメンクカラーの遺骸かもしれないと考えている——しかし、彼の名を示す文字の断片すらまったく見つかっておらず、従って、この説はほとんど根拠がない。

女性の頭部が繊細に彫刻された雪花石膏《アラバスター》製の〝カノポス壺〟（防腐処置を施した遺体の内臓を納めるためのもの）が四つ、やはりこの墓から発見されたが、これらには碑文が彫られていない。かの白骨遺体はアクエンアテン（モーセ）かスメンクカラー（アロン）だろうという議論が続いているが、現存する唯一の文書の断片が、この墓が王族の女性のために作られたことを示しており、また、碑銘はひどく損傷されているものの、葬られた人物の名前の末尾は、明らかに女性名の終わり方になっている。

アクエンアテンに関して言えば、彼の正式な墓は別にアマルナに建設されている。在位期間十七年のうち六年目ごろに、岩肌を切り出して作られたらしい。ミイラを納める三重の棺（棺《サルコファガス》本体）の外棺も見つかっているが、彼のミイラを納めるはずだった内側の棺は見つかっていない。同様に、副葬品がひとつもなかったことは、この墓が結局使われずじまいだったことを物語っている。アクエンアテンの雪花石膏製カノポス櫃《ひつ》（壺を置くため四つに仕切られていた）も見つかっているが、それも中は空で汚れもなく、使われた形跡はない。櫃が墓の中に置かれたのは、カノポスの壺をいつでも収納できるよう、慣習的に、生前から準備されていただけなのだ。

付録二　出エジプト

イスラエルの民のエジプト脱出が紀元前一三三五年ごろだったことを突き止めたが、出エジ

げで、ひとつのチップに、その百倍の四十億個のトランジスタを搭載することさえ可能だという。《タイム》紙は、これは消失点へと至る究極の道だ、と書いた。「ナノ」の世界では、あらゆるものが未知の超次元へと近づいていく。そこでは、どんなことでも可能になるだろう。

付録六　テセウスとミノタウロス

テセウスは、トロイゼーンという国の大きな山のふもとで、母のアイトラーと暮らしていた。父のアイゲウスはテセウスがまだ幼いころ、山の松林にある巨岩の下に自分の剣とサンダルを埋め、アイトラーにこう告げた。息子がたくましく成長して岩を持ち上げられれば、この剣とサンダルを与え、アテナイのわが国アッティカに来させるように。

やがて成長したテセウスは、剣とサンダルを譲り受け、アテナイに向かうことになった。行く手には巨人、追いはぎの潜む荒涼たる岩山が続いていたが、テセウスは母に別れを告げ、冒険に旅立った。さほど進まぬうちに、ペリペテス、またの名〝棍棒かつぎ〟がテセウスの前に躍り出た。大きな鉄の棍棒を振り回す姿はいかにも恐ろしそうだったが、テセウスは果敢に闘いを受けて立ち、ペリペテスをその場に打ち倒した。そして棍棒を奪うと、その屍《しかばね》を越えて旅を続けた。

次はサイナス、〝松の木曲げ〟が現われた。〝松の木曲げ〟とは、二本の松の木をたわめ、そのこずえに捕らえた旅人を縛りつけて、天高く跳ね上がらせ、旅人を八つ裂きにするところからついた名だ。サイナスは松の若木を棍棒にしていたが、丈夫さでテセウスの鉄の棍棒にかなうはずがない。というわけでその日、松の木に縛られて八つ裂きにされたのは、サイナスのほうだった。また少し行くと、追いはぎのスキロンに襲われた。スキロンは、道行く者にむりやり彼の足を洗わせては崖から海に蹴り落としたが、このとき哀れな運命をたどったのはスキロンのほうだった。また、そこからあまり遠くないところに、追いはぎプロクルステスが住んでいた。プロクルステスは、見知らぬ人に声をかけ、もてなすふりをして住みかに連れ込み、客の身長が寝床より長ければ、頭か足を切り落とし、短ければ、その体を引き伸ばした。テセウスはこのプロクルステスも倒し、アテナイに向かうテセウスのうしろには、こうして、巨人や追いはぎの屍が累々《るいるい》と横たわることになった。

ちょうどそのころ、アテナイの王宮には美しい魔女メディアが住んでいた。メディアには息子があり、彼女はその息子を、アイゲウス王の没後にアッティカの王にしようと考えていた。そこで、邪魔者テセウスを抹殺するため毒草を摘み、これから訪ねてくる若者は王の命を狙う逆賊であるから、この毒薬を与えて始末するようアイゲウス王に進言した。メディアのたくらみなど露とも知らぬテセウスは、王より下された杯をあおろうとした。そのとき、アイゲウスがテセウスの剣に目を留めた。そして、若者が息子であることに気づき、テセウスの手から杯を叩き落した。

メディアは、逃れようとしてあらゆる魔術を使った。まず、川から濃い霧を立ち上らせ、竜を呼び寄せると戦車《チャリオット》に飛び乗ってアテナイを逃れ、二度と戻らなかった。人々は王のもとに集まり、トロイゼーンからアテナイに至る道中でテセウスが立てた手柄を数え上げ、その勇者ぶりを口々に称えた。アイゲウスはおおいに喜び、三日三晩、祝宴を開いた。ところがその最中、クレタから貢物を受け取る使者が到着したと知らせが入った。

昔、クレタの王ミノスの王子がアテナイで殺された。ミノス王は報復に大軍を送り込み、アテナイの貴族の子ども、男女それぞれ七人を九年に一度、クレタに差し出すよう命じた。〝貢物《みつぎ》の子どもたち〟は、ミノタウロスが貪《むさぼ》り食うといわれていた。人の体に雄牛の頭を持つ、血に飢えたこの怪物は、クレタの宮殿のそばに造られた迷宮を住みかとし、そこに足を踏み入れて無事に戻った者は、これまでひとりもいなかった。

テセウスはミノタウロスを退治して、クレタへの貢物に終止符を打とうと心に決める。そこで、くじ引きが行なわれる前に、いけにえのひとりに名乗りを上げた。アテナイの人々は大喜びし、テセウスの名は国のすみずみにまで知れ渡った。残る六人の少年と七人の少女はくじで決められ、あとはクレタに向けて船を出すばかりとなった。〝貢物の子どもたち〟を乗せた船は黒い帆を張るのが慣わしだったが、このときアイゲウス王は、ミノタウロスを無事退治したなら、これを張って戻ってくるようにと、テセウスに白い帆を渡した。

〝貢物の子どもたち〟を乗せた船がクレタに着き、ミノス王に目通りしたテセウスは、ミノタウロスを退治するつもりだと告げた。王は、その宿願を見事果たせば、テセウスはもとよりほかのいけにえたちも解放し、今後いっさい、アテナイに貢物を要求することはないと約束した。その代わり、怪物とは素手で闘うべし。王はテセウスにこう申し渡した。

いけにえたちが閉じ込められた地下牢のすぐ上は、ミノス王の王女、アリアドネとパイドラの部屋だった。ふたりは相談し、テセウスのミノタウロス退治を手助けすることにした。アリアドネは、少年少女たちが眠ったのを見てテセウスを牢から出し、パイドラとともに、悪名高い迷宮に向かった。迷宮の大理石の壁が、月明かりに白く輝いている。アリアドネがそっとテセウスに耳打ちした。「ミノタウロスを討つなら、眠っている今をおいてほかにありません。朝になっては遅すぎます。ねぐらは迷宮のまん中、いびきの聞こえるほうに進めば、わかります。剣と糸玉をお渡ししましょう。糸をたぐって帰れば、迷宮を出られます」。こういうと、アリアドネは糸の片端をしっかりと握りしめ、テセウスが剣を手に迷宮に入っていくのを見送った。

迷宮の中は、人ひとりがやっと通れるほどの道が、高い壁に仕切られて続いていた。迷路は行き止まりが多く、テセウスは何度も、来た道を戻らねばならなかった。名だたる工匠ダイダロスが造っただけあって、これほど入り組んだ迷宮はほかにない。行きつ戻りつ、入ったと思えばまた出て、テセウスは進み続けた。いびきが大きくなり、ミノタウロスのねぐらが近いことがわかる。そのあいだもアリアドネは、糸の端をかたく握りしめ、パイドラとともに入口で待ち続けた。ついに、壁をゆるがすうなり声がしたと思うと、あたりを静寂が押し包んだ。果たして、テセウスは死して横たわるのか、糸玉を失い、迷路に閉じ込められたのか。アリアドネが判断しかねていると、手の中の糸が引っ張られるのを感じた。そして間もなく、闘いに勝った王子が姿を現わした。

テセウスたちいけにえをクレタに運んできたガレー船が、浜辺で待っていた。〝貢物の子どもたち〟は眠っていたが、すぐに起こしてアテナイに戻ることにした。テセウスを手助けしたとわかると、父王からどんな仕打ちを受けるか知れず、アリアドネとパイドラも、テセウスらとアテナイに向かうことになった。途中、夜になったのでネクソス島に寄り、岩場で休んだ。翌朝早く船は島をあとにしたが、アリアドネは眠っていてこれに気づかず、取り残されてしまった。テセウスが忘れたのは、アリアドネだけでない。白い帆に張り替えることも忘れていたので、船は不吉な黒い帆を張ったまま、アテナイに戻ってきた。これを見たアイゲウス王は(息子が死んだと思い込み)、崖から海に身を投げた。

ネクソス島では、ガレー船が海の果てに消えていくのを、アリアドネがなすすべもなく見つめていた。そのとき、妙なる調べが聞こえてきた。タンバリンと葦笛の音に、シンバルの高らかな合いの手が入る。振り返ると松の林から、二頭の黒豹の引く戦車《チャリオット》が現われた。戦車には、松かさを刺した槍を持ち、ニンフとサティルスに囲まれた酒神バッカスの姿があった。哀れなアリアドネの話を聞いたバッカスは、「テセウスはそなたをアテナイに連れ帰り、妃にするべきであった。では、わたしからそなたに、テセウスでは贈ることのできない冠を授けよう」と言って、九つのきらめく星を頂く冠を、アリアドネの頭に載せた。のちに神々がアリアドネを北の空に上げたが、冠は今もそこで、あせることのない輝きを放っている。

著者略歴

ローレンス・ガードナー（Laurence Gardner）

世界的に有名な王族家系学者で、歴史家。彼が著した『聖杯の血統（Bloodline of the Holy Grail）』や『聖杯王たちの創世記（Genesis of the Grail Kings）』『指輪物語の王国（Realm of the Ring Lords）』（いずれも小社より刊行予定）は世界的なベストセラーとなっている。スコットランド古美術研究協会会員、ジャコバイト王立修史官、シュバリエ（騎士）等さまざまな肩書きを持ち、ロンドンの王立オペラ劇場で上演される演目の台本も手掛けている。英国観光局やオンタリオ州政府やロシア文化省との共同プロジェクトにも参加している。

監訳者略歴

楡井浩一（にれい・こういち）

1951年生まれ。北海道大学卒業。英米文芸翻訳家。主な訳書にビル・クリントン著『マイライフ　クリントンの回想』（朝日新聞社）、ポー・ブロンソン著『このつまらない仕事をやめたら、僕の人生は変わるのだろうか？』（アスペクト）、マーク・ヴィクター・ハンセン&ロバート・アレン共著『ドリーム』（徳間書店）、ラルフ・サーキ著『エクソシスト・コップ』（講談社）、エリック・シュローサー著『ファストフードが世界を食い尽くす』（草思社）等多数ある。

失われた聖櫃《アーク》　謎の潜在パワー

二〇〇九年三月十七日［初版第一刷発行］

著者――ローレンス・ガードナー

監訳――楡井浩一

発行者――加登屋陽一

発行所――清流出版株式会社

東京都千代田区神田神保町三-七-一　〒一〇一-〇〇五一

電話　〇三（三二八八）五四〇五

振替　〇〇一三〇-〇-七七〇五〇〇

〈編集担当・臼井雅観〉

印刷・製本――図書印刷株式会社

乱丁・落丁本はお取り替え致します。

ISBN978-4-86029-280-5

http://www.seiryupub.co.jp/